# 加强和改进思想政治工作
# 实践案例选编

中国石油天然气集团有限公司党组宣传部　编

石油工业出版社

图书在版编目（CIP）数据

加强和改进思想政治工作实践案例选编／中国石油天然气集团有限公司党组宣传部编 .—北京：石油工业出版社，2023.9
　ISBN 978-7-5183-6108-3

　Ⅰ.加… Ⅱ.①中… Ⅲ.①石油工业－工业企业－政治工作－案例－中国　Ⅳ.① D412.62

中国国家版本馆 CIP 数据核字（2023）第 126601 号

出版发行：石油工业出版社
　　　　（100011 北京安定门外安华里 2 区 1 号楼）
　　　　网　　址：www.petropub.com
　　　　电　　话：（010）64523582
经　　销：全国新华书店
印　　刷：北京中石油彩色印刷有限责任公司

2023 年 9 月第 1 版　2023 年 9 月第 1 次印刷
710×1000 毫米　开本：1/16　印张：23.25
字数：290 千字

定价：68.00 元
（如发现印装质量问题，我社图书营销中心负责调换）
版权所有，翻印必究

# 前言

思想政治工作是党的优良传统、鲜明特色和突出政治优势。党的十八大以来，以习近平同志为核心的党中央高度重视思想政治工作，习近平总书记多次作出重要论述，丰富和发展了我们党对思想政治工作的规律性认识，为我们做好思想政治工作提供了根本遵循。

中国石油天然气集团有限公司（以下简称集团公司）党组始终把思想政治工作作为一项经常性、基础性工作抓紧抓实，全面落实中共中央、国务院《关于新时代加强和改进思想政治工作的意见》，坚决担负"举旗帜、聚民心、育新人、兴文化、展形象"职责使命，牢牢把握"两个巩固"根本任务，坚持围绕中心、服务大局，不断完善思想政治工作体系，全力提升工作质量和水平，为建设基业长青世界一流综合性国际能源公司提供了强有力的政治保证和思想保障。

各单位认真贯彻落实党组安排部署，坚持加强党对宣传思想工作的全面领导，坚持党管宣传、党管意识形态、党管媒体，持续完善领导体制和工作机制，积极构建思想政治工作新格局。始终把学思践悟党的创新理论作为重中之重，坚持用习近平新时代中国特色社会主义思想凝心铸魂，不断推动理论武装走深走实。积极推进党内集中教育和集团公司主题教育活动常态化制度化，深刻领悟"两个确立"的决定性意义，增强"四个意识"、坚定"四个自信"、做到"两个维护"，进一步统一了广大干部员工的思想和行动。积极推动思想政治工作与中心工作深度融合，坚持把解决思想问题与解决实际问题相结合，注重加强人文关怀和心理疏导，充分调动了广大干部员工的积极性主动性创造性。坚持加强以石油精神和大庆精神铁人精神为核心的新时代石油先进文化建设，积极培育和践行社会主义核心价值观，充分发挥先进典型示范引领作用，努力把伟大精神和榜样力量转化为广大干部员工干事创业的生动实践。坚持讲好中国故事、传播好中国声音，积极展现中国精神、中国价值、中国力量和中国石油形象，助力提高国家文化软实力和中华文化影响力。始终坚持正确政治方向、舆论导向、价值取向，积极适应国际国内形势变化和网络信息技术要求，不断推进思想政治工作理念、手段、模式和基层工作创新，持续打造政治过硬、本领高强、求实创新、能打胜仗的工作队伍，不断增强脚力、眼力、脑力、笔力，进一步开创了思想政治工作的新局面。

为总结经验、推广交流，加强优秀实践成果转化运用，在各单位推荐的典型案例基础上，党组宣传部组织有关专家评委优选70篇予以编辑出版。这些来自实践、贴近基层的典型案例，生动鲜活、特色鲜明、油香四溢，具有较强的时代性、规律性、创造性和示范性，对于新时代加强和改进思想政治工作具有学习借鉴意义。本书编辑过程存在的不足之处，欢迎批评指正。

编　者

# 目录

## 引 领 篇

1. 真诚关爱海外员工　凝聚共同奋进力量
   中油国际 ·············· 2

2. 讲述国际贸易人真情实感　打造思想引领品牌项目
   国际事业 ·············· 7

3. 开展全员"云讲述"　弘扬严实"硬作风"　努力锻造"铁人式"员工队伍
   大庆油田公司 ·············· 12

4. 赓续红色血脉　打造思想政治工作红色品牌
   长庆油田公司 ·············· 18

5. 柴达木石油精神引领高原油田迈出铿锵步伐
   青海油田公司 ·············· 23

6. "五点五化"思想政治工作　引导青年践行使命担当
   冀东油田公司 ·············· 28

7. 以"四抓四提升"加强和改进思想政治工作
   大庆石化公司 ·············· 33

8. 以"严细实快"作风讨论筑牢企业高质量发展根基
   吉林石化公司 ·················································· 38

9. 牢记总书记嘱托　大力开展"强心"工程
   辽阳石化公司 ·················································· 43

10. 汲取百年党史"三种营养"　打造高质量发展"红色引擎"
    辽河石化公司 ·················································· 47

11. 深化"五爱"教育　筑牢发展之魂
    庆阳石化公司 ·················································· 52

12. 以"四个维度"为抓手　增强文化引领功能
    西北销售公司 ·················································· 57

13. 传承石油精神　融合海派文化　打造区外销售企业特色子文化
    上海销售公司 ·················································· 62

14. 百年辉煌红色印记　销售网络赓续红色基因
    辽宁销售公司 ·················································· 69

15. 发扬汇津战役精神　凝心聚力开拓奋进
    天津销售公司 ·················································· 73

16. 在抗洪抢险中弘扬石油精神　彰显石油力量
    河南销售公司 ·················································· 79

17. 思想政治赋能　助推项目建设
    寰球工程公司 ·················································· 83

# 实 践 篇

18. "四位一体"思想政治工作模式　护航3000万吨大油气田建设
    塔里木油田公司 …… 90

19. 外部市场"暖心大礼包"
    华北油田公司 …… 96

20. 用"三真"换"一心"　共建幸福责任"家"文化
    大连石化公司 …… 102

21. "四化"工作法让企业党建"有形有效"
    锦州石化公司 …… 107

22. 转观念　提标准　以大讨论助推高质量发展
    锦西石化公司 …… 111

23. 思想政治工作"三剂"为改革破冰助力
    大庆炼化公司 …… 116

24. "1324"工作法　成风化人　凝聚人心
    哈尔滨石化公司 …… 122

25. 以六个"三"教育机制　确保"第一议题"制度落实落地
    广西石化公司 …… 126

26. 抓"痛点"炼队伍　提升核心战斗力
    四川石化公司 …… 131

27. 念好"抓聚用"三字诀　做好员工思想政治工作
    华北石化公司 …… 137

28. 打造"共荣共存的家"文化　汇聚兴"家"合力
　　长庆石化公司　………………………………………………142

29. 常态化动态化推进党建纵深发展
　　华东化工销售公司　……………………………………………148

30. 思想政治工作"四部曲"唱响攻坚创效主旋律
　　云南销售公司　…………………………………………………152

31. 开展"大庆精神主题实践日"　聚力建设世界一流销售企业
　　黑龙江销售公司　………………………………………………157

32. "四学"模式推动理论武装走深走实
　　陕西销售公司　…………………………………………………162

33. 打造渝销讲习矩阵　构筑身边理论课堂
　　重庆销售公司　…………………………………………………167

34. 坚持"三贴近三突出"　激发"党支部＋经营"新活力
　　江苏销售公司　…………………………………………………171

35. 构建三种模式　以"支部建在团队"凝聚思想合力
　　福建销售公司　…………………………………………………176

36. "一体两翼三融合"思想政治工作模式　凝聚团结战斗合力
　　山东销售公司　…………………………………………………181

37. 科技创新力激励"三维九法"赋能高质量发展
　　东方物探公司　…………………………………………………186

38. 通过"三学"模式实现学习教育常态化长效化
　　宝石机械公司　…………………………………………………191

39. "望、闻、问、切"四诊法　推动思想政治工作落地走心
　　运输公司　………………………………………………………196

40. 念好"百"字诀　上好思政课
　　昆仑银行 ·················································· 201

## 创　新　篇

41. 创新思想工作"三导"法　画好智慧供应链　建设同心圆
　　西南油气田公司 ·········································· 208

42. 晨间小广播传递好声音
　　大港油田公司 ············································ 213

43. 思想政治工作"春夏秋冬"四季创新工作法
　　吐哈油田公司 ············································ 218

44. 强化思想政治阵地建设　做好"双向协同"
　　中油国际管道公司 ········································ 223

45. 打造"123"体系　构筑重大科研项目攻关思想政治工作"新模式"
　　勘探开发研究院 ·········································· 227

46. 打造新载体　提升思想政治工作实效性
　　抚顺石化公司 ············································ 233

47. 开设"四堂"让思想政治教育有"滋味"
　　独山子石化公司 ·········································· 237

48. 党的创新理论学习机制　提升领导干部思想政治工作能力
　　乌鲁木齐石化公司 ········································ 241

49. 从"心"出发　打通"主动脉"激发正能量
　　大港石化公司 ············································ 246

50．"三维度"做实做细一人一事一思想
　　宁夏销售公司 ················································· 251

51．新形势下做好全员思想政治工作的实践探索
　　贵州销售公司 ················································· 255

52．坚持"五心"　稳定海外员工队伍
　　长城钻探公司 ················································· 261

53．钻井一线社会化用工思想教育的探索与实践
　　川庆钻探公司 ················································· 266

54．"5+X+3"模式推进党史学习教育落地见效
　　管道局工程公司 ··············································· 271

55．赋予"干"字文化新内涵　为领军型企业创建提供精神动力
　　宝鸡钢管公司 ················································· 276

## 融 合 篇

56．活化载体　融媒联动　从党史学习教育汲取智慧办实事
　　天然气销售公司 ··············································· 282

57．"五个以"助力"融融协同"
　　中油资本 ····················································· 289

58．三代师徒耀中华
　　辽河油田公司 ················································· 294

59．"玛湖"现象级传播的启示
　　新疆油田公司 ················································· 300

60. "央企楷模"陈建军同志先进事迹的宣传案例

　　玉门油田公司 ·················· 305

61. "微平台"释放思想教育大活力

　　煤层气公司 ·················· 310

62. 守正创新　奋楫笃行　以信息化手段提升思想政治工作效能

　　兰州石化公司 ·················· 315

63. 自觉把思想政治工作贯穿纪检工作全过程

　　润滑油公司 ·················· 320

64. 化工销售企业探索党建与生产经营深度融合机制的实践与思考

　　华北化工销售公司 ·················· 325

65. 探索"3+2"新模式　以"思想脱贫"实现扭亏为盈

　　东北销售公司 ·················· 330

66. 因地制宜　守正创新推动党史学习教育走心走深走实

　　四川销售公司 ·················· 335

67. 打造媒体融合"新矩阵"　构建发展共赢"朋友圈"

　　浙江销售公司 ·················· 340

68. "四强化、四提升"主题实践活动　为加快推进公司高质量发展赋能

　　渤海钻探公司 ·················· 345

69. 着力打造有内涵有价值有意义的特色科研文化

　　规划总院 ·················· 350

70. 赓续血脉守初心　思政育人促发展

　　安全环保技术研究院 ·················· 355

# 引领篇

# 真诚关爱海外员工　凝聚共同奋进力量

中油国际

## 一、背景介绍

2020年伊始，突如其来的新冠肺炎疫情席卷全球，不仅严重影响着全球经济发展，干扰正常工作生活和生产经营秩序，更给人的健康和心理带来巨大压力。2021年全球新冠肺炎疫情持续肆虐，变异毒株不断蔓延，国内外疫情防控形势仍然严峻复杂。

疫情给企业造成的影响是全方位的，尤其对于中国石油国际勘探开发公司（以下简称中油国际）来讲，其带来的冲击和影响更为严重，由于资源国长期实施严控措施，有的冻结人员流动，有的取消外籍人士工作签证，有的商业航班停运或减运等，造成有些国家的海外员工无法正常回国休假，超期工作最长的达20多个月之久，长期与亲人得不到团聚、家中困难不能解决，加之油价震荡冲击以及部分地区和国家的不安全等诸多因素，给海外员工及其家属造成极大心理压力。

面对这场没有硝烟的战役，中油国际坚决执行党中央和集团公司决策部署，坚决贯彻落实习近平总书记关于"把人民群众生命安全和身体健康放在第一位"的指示精神，坚定把员工生命健康、安危冷暖摆在首位，创造性采取一系列切实有效的措施和手段，确保了员工思想和家庭的稳定、员工队伍和生产秩序的稳定，坚定了众志成城抗击疫情的信心与决心，凝聚了推动海外油气业务攻坚克难的强大力量，中油国际连续两年圆满完成目标任务。

## 二、主要做法

### （一）加强组织领导，统一协调推进

为团结动员广大员工众志成城，共克时艰，坚决打赢疫情防控阻击战和生产经营保卫战。中油国际党委一手抓疫情防控、一手抓员工关心关爱，专门成立关心关爱工作领导小组，中油国际董事长、党委书记任组长，相关班子成员为副组长，成员由党群工作部、后勤保障中心、HSE部、财务部、纪委办公室、财务共享服务中心、人力资源共享服务中心及退管服务部负责人组成，关心关爱工作领导小组办公室设在党群工作部。同时明确了领导小组工作任务、各部门职责、工作机制和相关要求，领导小组及时收集情况、听取汇报、研究方案、解决问题、总结经验，完善各项防控措施。从而形成了党委统一领导、部门分工负责、群团协同推进、上下联动落实的局面，进一步提高了工作效率，有效保证了关心关爱工作的精准开展和落实落地。

### （二）建立制度规范，形成长效机制

中油国际积极践行习近平总书记"以人为本、生命至上"理念，立足当下、放眼长远、胸怀全局，建立健全一系列制度规范，实施政治关怀、人文关怀、精神激励与物质帮扶相结合。先后编制了中英文版《CNODC员工新冠肺炎疫情防控管理指南》，印发了《关于疫情防控期间加强特殊需求因公出国境和回国人员管理工作的通知》；制定了《国际业务疫情防控思想政治工作方案》，印发了《关于海外项目做好新型冠状病毒疫情防控舆论引导与宣传工作的通知》《关于进一步做好海外员工关心关爱工作的通知》《关于疫情防控期间境外工作人员工资待遇等事项的通知》，就开展思想政治工作、强化舆论引导、加强关心关爱和人文关怀等做出具体安排；印发了《关于为员工及家属提供新冠肺炎疫情防控心理援助服务的通知》，制定了《海外员工家属慰问工作实施办

法（试行）》，并将关心关爱和困难帮扶工作纳入党建考核，以强有力的制度保障推动员工关心关爱工作规范化、常态化、制度化，进一步增强广大员工的荣誉感、归属感、安全感和使命感。

（三）广泛谈心谈话，稳定员工思想

中油国际党委把谈心谈话作为思想政治工作的重要方式，作为了解员工思想、温暖人心、稳定人心的有效手段。一是坚持党委班子成员带头谈，各级领导干部分别采取视频谈话、集体谈话、分组谈话和个别谈话等多种方式与海外1900余名员工进行深入交流，全面了解一线员工思想动态、疫情防控实情和急难愁盼问题，做好扎实细致的思想工作。二是各海外单位以基层党支部为单位，深入开展"四了解、八必谈"工作，采取一对一方式广泛谈心谈话，及时掌握员工思想动态、需求和困难，积极化解思想压力。三是工会、共青团和党员骨干，充分发挥联系员工和桥梁的纽带作用，随时随地进行谈心谈话，确保员工实际问题和困难及时上报协调解决，确保员工始终保持良好的精神和心理状态，全身心投入生产经营各项工作中。

（四）实施健康援助，全力服务保障

中油国际党委坚持多措并举、综合施策，积极开展"思想上解惑、精神上解忧、心理上解压、生活上解困"工作。通过搭建远程医疗支持平台、组织远程防疫知识讲座、海外医疗队与国内专业卫生机构建立联系等多项措施，积极为员工提供身体健康诊断、宣讲新冠感染疾病知识、开展心理健康辅导支持。开通"新型冠状病毒肺炎科普与解答"视频直播和在线答疑，提供60种常见大病医疗的义诊服务，委托盛心阳光持续提供员工心理帮助计划（EAP），先后对1900余名员工全面开展心理咨询指导，组织不同主题心理讲座共19期，举办海外心理健康专兼职管理员专题培训20期。开展全员心理健康评估，对有心理健康风险员工、特殊项目员工、超时工作员工开展"一对一"视频心理咨询和疏导干预，有效帮助员工消除恐惧心理、舒缓情绪压力。对特殊困难员工全力以赴实施帮助，海外员工陈怀龙右眼视网膜脱离，病情严重急需回国治疗，集团公司党组领导做出救助指示，中油国际党委全程沟通协调境内和境外部门、航空和医疗机构，克服重重困难成功回国实施手术治疗，创造了无数个前所未有的特例，中国石油报以《100小时跨国转运，一切为了员工生命健康——中国石油全力以赴救治海外员工记实》为题进行了报道。2020年，帮助11名有特殊困难的中东地区项目员工辗转33天回到祖国怀抱，组织4次海外员工的紧急跨国转运。2021年，先后组织14架次包机，成功将1124名外派员工接回国内、将300名员工送出国外返岗。

**（五）持续开展帮扶，真诚解决困难**

员工思想稳定与家庭稳定相互联动、相互影响，中油国际党委坚持"前线""后方"关心关爱工作一起抓，一方面通过谈心谈话掌握员工家庭实际困难，一方全面对员工家属进行多种方式的访谈摸底，通过汇总梳理，分类建立帮扶方案，做到特殊情况特殊解决，共性问题立项解决，两年来共收集各类困难事项883项，均在第一时间解决落实。疫情期间增加4次海外员工困难摸底、6次帮扶，解决海外员工困难198项，电话慰问海外员工家属1195人，发放海外守护卡1498张，组织党员突击队接送站454人次，转运物资400余件，组织海外传统节日慰问／超期工作慰问11000余份。员工陆海的女儿患病手术，及时组织员工无偿献血11400毫升，确保孩子及时得到救治。中油国际党委认真落实海外员工家属慰问工作实施办法，每逢重大节日都要通过登门走访、电话、短信、微信等方式送去节日问候，对于生病住院等特殊情况的家属领导专程看望慰问，做到关心关爱无死角，温暖帮扶无遗漏。

## 三、成效启示

实现领导班子成员与员工谈心谈话100%，对员工家庭访谈和慰问100%，困难员工帮扶和为员工办实事项目落实100%。两年来疫情防控和工作秩序有序，员工思想和员工队伍稳定，精神状态饱满，工作热情高涨，中油国际权益产量当量连续两年保持1亿吨的目标。主要启示：

必须把以人民为中心的发展理念落实到关心关爱员工的实际工作中。以人民为中心的发展思想，不是一个抽象概念，不能只停留在口头上、止步于思想环节，而是要固化为制度和机制，体现在实现好维护好员工根本利益上，贯穿于紧紧依靠员工办企业的全过程。

必须把做好一人一事的思想政治工作做到员工心坎上。坚持党的优良传统，充分运用好思想政治重要法宝，领导干部要带头做好人对人、面对面、心贴心的谈心谈话工作，在真诚的思想交流和感情交流中把准员工思想"脉搏"，消除思想"疙瘩"，激发热情动力，确保员工"轻装上阵"。

必须把解决思想问题与解决实际问题相结合的方法统一到"我为员工群众办实事"之中。员工中的思想问题有些是因实际问题和困难造成的，把实事办好了思想上的包袱也就自然解开了，要把解决员工思想问题与解决实际问题纳入到"我为员工群众办实事"常态化工作之中，不断创新党建工作的方式方法。

必须把党的实事求是原则体现在急事急办、特事特办之中。要牢固树立群众利益无小事思想，坚持摒弃官僚主义、形式主义、教条主义，凡涉及员工利益、健康、权力、安全等方面的问题，在法规范围内尽最大努力和一切可能去帮助解决，以党的温暖、组织的关怀增强员工凝聚力、执行力，进一步调动积极性、主动性和创造性。

（执笔人：李 杜 王欣昀 韩晓霞 陈 宁 尹迎春）

# 讲述国际贸易人真情实感
# 打造思想引领品牌项目

国际事业

## 一、背景介绍

"聆听心声"故事会是中国石油国际事业公司(以下简称国际事业公司)结合实际深入贯彻落实习近平总书记关于大力弘扬石油精神重要批示精神、践行"四个诠释"的具体举措,也是公司石油精神和大庆精神铁人精神再学习再教育活动的具体实践。随着国际贸易业务进入"十三五"收官和"十四五"开局的高质量发展关键期,国际事业公司干部员工队伍高学历、年轻化、国际化的特点日益凸显,进一步发挥政治引领作用,统一思想凝心聚力,是国际事业公司面临的重点课题。国际事业公司通过"聆听心声"故事会搭建起了生动的思想政治教育大舞台,邀请中外员工及家属登台,讲述一线员工践行石油精神、立足岗位拼搏进取无私奉献的感人故事,形式持续丰富,质量进一步提升,规模和影响力显著提升,在国际事业公司系统内外反响强烈。集团公司有关部门负责同志,以及国际事业公司合作伙伴的代表出席故事会并给予了高度评价。故事会逐步成为国际事业公司思想政治建设工作中一项备受员工喜爱的品牌项目,切实起到了凝聚员工力量、展现队伍风采、树立企业良好形象的效果。

## 二、主要做法

**（一）精心策划反复推敲，在故事细节上下实功夫**

办好故事会，"故事"是关键。国际事业公司在筹办故事会过程中始终坚持内容为王、故事性导向的原则，将弘扬石油精神、担当时代重任作为贯穿始终的主题，从为建设世界一流全球能源贸易商凝心聚力的高度精心谋划，突出国际贸易特色，强化故事的教育和引导属性，故事主题涵盖了资源保供、市场开拓、创新创效、文化融合、奉献进取、团结奋斗等多个方面。在故事选择上，注重统筹兼顾，做到四个"结合"，即中方员工与当地雇员相结合、业务人员与管理人员相结合、年轻员工与老同志相结合、先进典型与平凡岗位相结合。人选从国际事业公司的先进人物、日常挖掘到的典型人物中选取，同时充分听取各单位意见，力求将有亮点、有故事的故事挖掘出来，确保每一个故事都具有典型性、代表性，同时又各具特色，全方位立体展示国际贸易战线干部员工形象。讲述人中，涵盖了来自日本、新加坡、中国香港公司的当地员工、乌兹别克公司员工家属、集团公司劳动模范，以及青年员工和女员工代表，真正体现出"身边人"讲述"身边事"，让不同岗位的观众都能有参照、有榜样。

工作组与每位讲述人开展一对一的沟通和采访，深入启发和了解故事细节，确保故事立得住、叫得响、传得开、有共鸣。深入细致打磨文字内容，对专业术语进行语意转换，突出"讲述感"，融入讲述人的个性化语言表达习惯，使用口语化、感染力强的语言，自然流露，娓娓道来，突出"故事性"，使讲述更加朴实、生动、接地气。在与集体讲述人沟通时，邀请所在单位负责人和其他员工一起集思广益，共同挖掘出先进集体的典型案例和群体特征，通过讲述人的讲述为观众描摹出真实、生动的群像。

## （二）强化统筹精益求精，在呈现效果上下细功夫

为呈现故事会最好效果，国际事业公司组织了由企业文化部牵头、多部门参与的活动筹备小组，在国际事业公司党委主要领导的指导下反复研究优化活动方案，通过观摩央视的《讲述》《感动中国》等品牌栏目，并学习借鉴集团公司石油精神论坛、先进事迹报告会等活动的组织经验，结合国际事业公司实际创新形式、为我所用。

故事会在现场讲述的同时，面向全球进行线上直播，讲述人的现场发挥至关重要。为提升故事讲述的感染力，提升呈现效果，国际事业公司提前一周将讲述人集中，为他们熟悉文稿、登台演练彩排提供专业辅导。特别是在第二届故事会中，面对一些故事主人公身在海外、因疫情原因回国困难的情况，创新采用了同一个故事中"他人讲"和"本人讲"相结合的方式，既通过同事现场讲述，体现一种旁观者的视角，和观众产生更多共鸣，又有本人视频出镜讲述自身真实感受，两种角度互为补充，生动鲜活，起到了良好的呈现效果。

从整体活动安排上，在故事会开幕时，首先播放石油精神宣传片，充分调动观众情绪；为每个故事制作先导片，画龙点睛提炼精髓，激发观众兴趣，为故事讲述做足铺垫；全部讲述结束后，由国际事业公司领导颁发优秀讲述人奖杯合影留念，并做石油精神的专题宣讲，将整场故事会推向高潮。

## （三）多措并举鼓动宣传，在氛围营造上下苦功夫

为更好提升故事会的曝光度和影响力，国际事业公司将宣传作为故事会的重点工作同步推进，在会前预热和会后传播宣传方面做足文章。会前积极造势，制作各类电子宣传品，并为每位讲述人量身定制形象海报，通过国际事业公司官微发布，并在故事会会场展出；制作故事会预告片短视频，结合倒计时专题海报一并在国际事业公司官微发布，鼓励员工在社交媒体传播分享，充分营造活动氛围，适度预热，吸引关注。

在社交媒体裂变式传播的作用下，故事会预告片点击量在短时间内就突破了1万人次，有效实现了线上和线下的良性互动。为了持续巩固拓展故事会影响，还借助中国石油报平台，专版刊发故事会盛况，报道人物故事，同时在国际事业公司官微的"石油故事"专栏开展持续报道，推动人物故事和影响余音绕梁，持续深化；设计制作精美的故事会纪念册，通过图文并茂的方式记录精彩瞬间，进一步总结成果，提升故事会的品牌价值。

### 三、成效启示

国际化团队需要以国际化理念创新开展思想政治工作。面对国际事业公司属地化员工比例超过85%、国际化特征显著的队伍现状，为促进文化融合，凝聚中外员工力量，只有用共通的情感、共识的理念来阐释对石油精神的理解，才能起到良好的传播效果，发挥更大作用。新加坡人林福发，年近六旬从新加坡派往缅甸负责油库业务，他在讲述中说到自己当时的想法，"这么多年来我是和公司一起成长的，我对这个企业有感情，也热爱我的工作，公司选我去我就去了"。香港员工讲"我们代表着中国石油的境外形象，中国石油是代表着中国去和世界交流"。在美洲公司集体的故事中，员工在暴雪灾害中焦急地开车寻找灯光和有手机信号的场所，为的是可以继续网络办公；在公司原油部集体的故事中，面对负油价危机，团队专业高效决策，抢占贸易先机。所有的故事都围绕国际贸易主业展开，国际贸易的专业性，国际事业公司对中国石油油气产业链的重要贡献、对所在国家和地区经济发展的积极作用也通过一个又一个故事被展现得淋漓尽致，同时也把石油精神的内涵传递到每一位中外员工的心里。

真实故事真诚讲述最能形成心灵深处的触动。源于工作、源于生活的真实故事，以及不夸大、不粉饰、不刻意拔高的真诚讲述才能跨越鸿沟，直达人心，引发共鸣。故事会的成功实践充分表明，平凡事、身边事更能够获得听众由衷的掌声，从而更好达到教育、引导、启发的效果。乌兹别克斯坦办事处张鼎的爱人以家属的视角讲述牺牲个人和家庭支持爱人的石油事业，日本公司当地雇员高桥伸雄讲述大地震中紧急安排援助油品任务，又牵挂着家人的安危，这些故事真实展现了主人公的真情实感，让观众潸然泪下，让大家感受到他们始终在一种精神力量的鼓舞下无所畏惧，奋勇前行，通过这种方式实现了精神的弘扬与传承。

**新载体新形式为强化故事会效果提供了有力手段。**国际事业公司第二届故事会因为采用了更多的新媒体传播手段，关注度、热度、反馈较第一届显著提升，这也促使人们真正以创新为驱动力，对于运用新手段新方法开展思想政治工作、弘扬石油精神做更多研究，找到新媒体手段和传播需求的契合点，找到广大员工对活动的关注点，把思想政治工作做巧做活，做出更大成效。

国际事业公司将"聆听心声"故事会作为思想政治工作的品牌项目精心打磨，未来还将持续优化完善，使其内容更加丰富，形式更加鲜活，在推进企业高质量发展、率先创建世界一流的过程中发挥更大作用。

（执笔人：欧丽健　郭　泰）

# 开展全员"云讲述" 弘扬严实"硬作风"努力锻造"铁人式"员工队伍

大庆油田公司

## 一、背景介绍

石油大会战时期孕育的"三老四严",历经60余载弦歌不辍,其精神内涵与以"三严三实"高度契合,以"严""实"为重要价值准则的大庆精神铁人精神,被第一批纳入中国共产党人精神谱系,滋养着几代大庆石油人。但不可否认的是,当前受多种因素影响,队伍中存在身不在岗、心不在责、作风不严不实等个别现象,必须引起重视,采取必要措施,才能不负习近平总书记"当好标杆旗帜,建设百年油田"的殷切嘱托。大庆油田领导班子部署抓好"三件大事",将严实作风作为价值标准之基,以永远在路上的执着信念,强力推动新时代履行岗位责任、弘扬严实作风的"四条要求""五项措施"落地落实。面对新形势新任务,油田党委借势发力,进一步深化岗位讲述,依托新媒体平台,面向全员开展"践行岗位责任·弘扬严实作风"岗位"云讲述"活动,旨在以岗位责任制为切入点,推动石油精神和大庆精神铁人精神再学习再教育再实践再传播,推动严实作风内化于心、外化于行,提升队伍履职能力,助力人才强企工程,为油田高质量发展、集团公司加快建设世界一流企业贡献力量。

## 二、主要做法

**（一）深入调研摸实情，强化顶层设计**

由负责策划、研发、运营的工作人员组成调研组，聚焦"讲什么""怎么讲"两个核心问题，走访生产、科研、保障各系统单位20余家，诚邀员工代表献良策，吸纳各级组织金点子，为活动开展提供可行性意见建议，明确了"1+X"讲述内容："1"即岗位职责讲述，做到目标任务、岗位职责、技能水平、安全风险"四个讲清"；"X"即革新创效、技术技能或安全经验等，鼓励员工讲出岗位特色。为扩大活动覆盖面，把讲述推向"云"端，自主研发大庆油田工会App"短视频"板块，借鉴抖音、快手等时下最流行应用的功能优点，打造属于石油人自己的"云讲述"秀场。在此基础上，出台活动《指导意见》，由公司群团工作部牵头组织、7个职能部门协同推进，组建覆盖基层班组、二级单位、公司机关的4500人审核员队伍，围绕意识形态、技术保密、安全环保、精神文明等重要方面逐条审查，给予指导和纠偏。通过一系列高位推动手段，进一步提高全员思想认识，促进活动抓紧抓好、抓出成效。

**（二）干部先优带头讲，发挥示范作用**

要求员工做到的，干部首先要做到。油田各二级单位领导班子做表率，重点围绕习近平新时代中国特色社会主义思想、习近平总书记关于能源行业的重要指示批示精神、"9·26"贺信精神等，结合岗位职责、工作目标，带头讲给员工听、做给员工看，100多位领导干部发布讲述。劳模工匠先优群体纷纷打样，掀起"讲述潮"，全国五一劳动奖章获得者段福海，通过讲述革新井口单流向取样器，解决抽油机井口取样不准的问题，带领大家讲操作技能、讲革新创效、讲创新思维，分享出满满"干货"；黑龙江省劳动模范张有兴，讲述了用二十几元挽救几十万元设备的经历，这个"小革新解决大问题"的故事让很多员工深受启发；采气分公司第二作业区生产指挥中心副主任郭蕊，把安全风险点的识别演绎成饶有兴趣的工作小故事，打造了"小郭说安全"讲述品牌，深受广大员工好评。

### （三）全员互动比着讲，掀起活动热潮

一人"云讲述"，全员来关注；一人讲的好，全员去对标。为了让员工学有参照、赶有方向，在 App "云讲述"平台开发便捷搜索、关注收藏等功能，实现同单位、同工种、身边人的精准制导，方便与同事、同窗或好友互动，产生"多米诺骨牌"效应。第二采油厂盛迪赫亲身示范日常生产中开关阀门、流程切换、安全巡检等注意事项，生动描述标准规范操作，获赞 1.7 万，位居榜首；第一采油厂孙月娥就是因为看到了曾经同事的精彩讲述，从而激起了赶超劲头，经过学习梳理岗位职责，归纳总结操作经验，创新提出检泵操作法，有效避免启停泵操作失误，在她所在的站应用推广；还有一些油田开发技术人员在讲述区块精细调整的实践成果后，发出"英雄帖"，寻找志同道合的人一起切磋学术、交流经验。通过平台对标，广大员工怀着强烈的集体荣誉感，你追我赶较劲讲，先期的一厂、二厂、五厂以及三厂、六厂，在点赞数排行榜交替领先，高水平讲述一茬接着一茬，比拼氛围一浪高过一浪，多家单位参与率达 80% 以上。

### （四）激励丰富接地气，引发期待确幸

坚持精神与物质相结合，采取小荣誉、小奖品等多种激励方式，满足员工"小期待""小确幸"，建立评选表彰的激励机制，让活动接地气、员工更欢迎。坚持每周依据讲述质量、点赞数评选"讲述之星""创意奖""周达人"，固定周五公布获奖名单，超过 2700 多人获奖。化工集团栗瑶表示，"没想到朴实自然、不加修饰的讲述能获'讲述之星'，这让身边同事燃起了热情，纷纷主动加入到讲述中来"。在 App 端开通积分抽奖板块，员工发布讲述、点赞获赞均有积分入账，有机会抽取话费

小奖或手机、平板幸运大奖。成为幸运大奖得主的集输工王安琪、炊事员王丽红，其激动兴奋心情溢于言表："没想到能够得到这份幸运，非常激动振奋。我要像在讲述中所说，立足平凡岗位干出不平凡的业绩，回报企业的培养。""得知我获奖，不仅是我非常高兴，就连单位的领导、同事还有家人都很欣喜。他们把我的故事告诉给更多的身边人，鼓励大家讲出大庆石油人的风采。"

（五）注重讲做相促进，提升工作水平

"讲"只是方式手段，"做"才能达到目的。坚持把"云讲述"作为一面镜子，查漏洞、补短板，帮助员工纠正惯性违章、模糊性认识。很多员工借由讲述机会，用镜头记录安全隐患查摆全过程，不仅提醒自己杜绝"三违"，而且让更多人知晓风险、防范风险。坚持把"云讲述"作为一次岗位练兵，融入日常工作，讲做结合、边讲边做，真正将讲述收获运用到岗位实践。集输班中控组长闫静用"情景剧"的方式，讲述了她们历经4个小时，每10分钟对比核实一次现场参数，最终找到并解决问题的经历；一厂中十六联在"云讲述"中得到启示，把本站各岗的操作流程、关键指标、风险点源总结在一张"岗检卡"上，人手一张，督促全员"上标准岗、干标准活"；中十四联把讲述改进为交接班的规定动作，把故障处理记录存档、共享，班与班之间各负其责、相互协作，形成"交标准班、做标准事"的工作制度。各采油厂把活动与完成原油生产任务、"油公司"模式改革相融合，引导员工以讲促行，拿出"开局即决战、起跑即冲刺"的劲头组织产量运行，鼓舞了队伍士气，提振了精神状态。

## 三、成效启示

造就了思想淬火之势，释放了熔铸心灵的张力。这是一次严实作风的唤醒和回归。14周10万人参与，3600多万次的视频点击总量，有力促进严实作风内化为全员的价值准则,"今天你做到严和实了吗"成为岗位"问候语",围绕操作、安全、数据、纪律的相互提醒成为常态,重新唤起了严实意识。这是一次"在岗言岗"的宣誓和洗礼。每一次讲述都是面向19万大庆石油人的庄严承诺,极大激发起员工的主人翁责任感。即将退休的老师傅、天然气巡护工范永臣饱含深情地表态"要为油田站好最后一班岗"。有的员工因违规违纪受到处分,经过反思,主动申请"现身说法",震撼自己的心灵,收获身边人点赞。

**掀起了积极进取之势,释放了自我革新的张力**。这是一次自主学习和培训。面对镜头完成一个满意的讲述,平均需要反复录制3~5次甚至更多,广大员工主动投入"刻意练习",很多员工自愿抬高标准、乐此不疲,充分调动了主观能动性,实现从"要我学"到"我要学"的转变。这是一次问题查摆和剖析。活动驳回的讲述总计8000多次,个别员工被驳回多达5次,岗位描述不准、风险识别不清、劳保穿戴不整等问题,成为员工们查摆纠正的"关键词",倒逼员工正视问题、补齐短板。

**鼓舞了对标互促之势,释放了奋发大干的张力**。这是一次比学赶超的氛围营造。同事赛着讲、师傅带着讲、新人学着讲、夫妻互助讲,无论在食堂里、班车上还是朋友圈,还是工作业余、岗上岗下、家里家外,员工之间随处对标、随时开讲,比谁讲得生动、述得精彩、做得扎实。这是一次朝气蓬勃的岗位实践。通过讲述让员工认识到,小岗位也有大担当。采油工王瑾瑞涵得知自己管理的6口油井居然承担着全年5000吨产量任务,表示"工作起来更有干劲儿了"。由一厂中七联创新实施的"干群同向、四环四控"岗检法,借助"云讲述"在员工中快速推广,站容站貌发生大改观,各项管理指标处于前列。

"云讲述"活动的火热开展,对于在新形势下如何做好思想政治工作,产生了更为深入的思考和启示:**站位决定格局,必须坚持正确政治**

方向，符合时代所向、社会所需、企业所亟的价值，融入中心、服务大局，才能形成高位推动态势。**视角积蓄势能**，必须站在员工角度、抓准群众定位，让岗位员工用"自己的话"讲"自己的故事"，才能集腋成裘，汇集磅礴力量。**载体点燃热度**，必须发挥新媒体优势，网聚员工正能量，推动思想政治工作引领线上线下并轨，才能让思政燃起来、火起来。**兴趣释放活力**，必须尝试探索寓教于乐，通过个性的展示、愉悦的体验、期待的满足、价值的彰显，促进思想政治工作焕发勃勃生机。

（执笔人：朱国文　张凤民　陈宜才　王友库　苏　伟）

# 赓续红色血脉　打造思想政治工作红色品牌

长庆油田公司

## 一、背景介绍

党的历史是最生动、最有说服力的教科书。中国石油长庆油田公司（以下简称长庆油田）油气生产区域横跨陕甘宁蒙四省区，这里是中国共产党领导中国革命取得胜利的红色圣地，是党的历史、中国革命历史活的教材，红色底蕴厚重，红色资源富集。长庆油田党委充分利用地处革命老区的独特优势，把红色资源作为开展思想政治工作的重要依托，以用好用活红色文化为重点，开展"挖掘整理""企地共建""教育示范""品牌打造"四项重点工程，探索形成石油企业挖掘红色资源、传承红色基因的"长庆样本"，为长庆油田新时代思想政治工作注入源源不断的生机活力。

## 二、主要做法

（一）坚持系统整理，开展红色资源"挖掘整理"工程

长庆油田党委坚持把红色资源挖掘整理作为基础性工程来抓，开展线上问卷调查，部署各单位就近调研，在陕甘宁蒙四省区内系统梳理了革命先辈故居、革命旧址遗址、烈士陵园、革命历史纪念馆、革命历史非物质文化遗产、革命历史时期的参与者见证者六类资源类型，将211项红色资源纳入油区红色资源名录，绘制油区红色资源地图。长庆油田各基层党委对各类红色资源进一步细致分类，按照"就近负责"原则，

制订相应管理办法和措施，明确责任部门和责任人，编制红色基因档案，纳入各级各类员工教育培训资源，特别是在延安油区建成安塞油田展览馆，在南梁油区建成南梁展览馆，以延安精神、南梁精神为引领，推动红色资源挖掘整理在量上有提升、质上有升华、效上有突破，为开展思想政治工作奠定了坚实基础。

充分挖掘思想政治工作阵地精神内涵，用红色文化充盈思想政治工作阵地。截至2022年，长庆油田展览馆入选国资委首批100个中央企业爱国主义教育基地，入选西安市爱国主义教育基地，长庆"庆1井""将军楼"等入选中央企业工业文化遗产，长庆油田已累计建成集团公司石油精神教育基地13个，命名长庆精神教育基地29个。全国首个国有企业"延安精神示范教育基地"落户长庆油田，长庆油田整体入选全国爱国主义教育示范基地。步入长庆油田各类阵地，"不忘历史、爱党爱国，牢记使命、砥砺奋发"已经成为贯穿始终的主题。

坚持挖掘整理与规范使用并重，以成为全国爱国主义教育基地为契机，建立牌匾授权使用机制，全面推动示范基地运行管理规范化制度化，持续在油田范围内选树、授牌一批爱国主义教育示范基地，最大化发挥牌匾的视觉和标识宣传教育效应。思想政治工作的传播力、引导力、影响力持续提升。

（二）加强协同推进，实施红色资源"企地共建"工程

长庆油田党委把企地共建共享红色资源作为推动思想政治工作守正创新的重要内容，持续加强与地方政府有关部门、阵地管理单位建立对口联系制度，让石油精神"走出去"，让红色精神"走进来"。主动协调对接，按照就近便利原则，组织实施革命传统教育基地挂牌工程。在陕甘宁内蒙古四省区52个红色教育阵地挂牌"长庆油田革命传统教育基地"，将延安革命纪念馆、南梁革命纪念馆、杨家沟革命旧址等享有盛誉的红色阵地或习近平总书记视察过的红色资源，纳入长庆油田思想政

治教育阵地名录，形成覆盖全油区的红色阵地群落，为思想政治工作开辟了新路径。

长庆油田各级党组织依托革命传统教育基地，组织实地参观、故事讲述等内容丰富的主题实践活动，把红色传统从历史中、展柜里、书本上请到现实中，使思想政治工作由抽象的意识形态教育转变为具象的沉浸式教育，引导员工群众在"故地重游""情景再现"中接受思想洗礼，充分感受红色资源的思想价值、时代价值、文化价值。

坚持以红色资源为联系纽带，以红色基因为情感共鸣，鼓励长庆油田各单位开放阵地，建立生产片区内跨单位、跨行业的基层党支部党建共建共享，宁夏石油展览馆被宁夏回族自治区党委宣传部挂牌"党史学习教育参观学习点"，成为长庆油田内外党员干部党史学习教育打卡"热地"，姬九联中心站、方山作业区成为企地双方"新时代文明实践中心"，"好汉坡""将军楼"等油田精神文化阵地成为地方"党性教育基地""党员实践基地"，双方阵地共建设、活动共组织、情感共推进，拓展了思想交流平台，推动长庆油田思想政治工作走得更远，走得更深。

**（三）丰富载体形式，推进红色资源"教育示范"工程**

长庆油田党委坚持把挖掘红色资源、传承红色基因作为经常性思想政治工作来抓，常态化开展党史学习教育和红色文化培训，组织干部员工参观展览、瞻仰英雄纪念碑、慰问老红军，感悟革命信仰，传承红色基因，提高政治能力，自觉在红色历史文化知识中汲取养分，不断丰富思想政治工作载体，提升思想政治工作成效。

在党史学习教育中，长庆油田党委将红色基因与石油历史融合，历时四个月打造"党史中的石油印记"图片展，吸引油田各单位、油区周边企业、高校50多批参观团队、2000余名党员干部现场参观学习。新华网等主流媒体刊发相关新闻报道，展示了石油人磨砺初心使命、为国找油找气的精神形象，凝聚了员工学悟党史、砥砺前行的思想力量。同时开设"云端展馆",推出"党史中的石油印记"在线展播,方便油区各地干部员工观展。

2021年,中国石油挂牌成立央企第一家"延安精神研究会"。随后,长庆油田党委承办延安精神石油魂系列活动,参加"铭记百年党史,弘扬延安精神"研讨会,中国石油党组赴革命圣地延安开展党史学习教育现场学习,长庆油田两级党委中心组走进红色圣地开展现场学习共60余次,各基层单位结合实际制订红色教育方案,鼓励员工开展拍摄微视频、红歌快闪,组织红色故事讲述等活动,不断增强红色文化教育的直观性、立体感和代入感,激发员工队伍担当奉献的思想自觉和行动自觉。

**(四)树立品牌意识,深化红色资源"品牌打造"工程**

长庆油田党委始终突出中国最大油气田的鲜明定位,将红色基因融入企业文化建设,溯源伟大建党精神,传承延安精神、解放军精神、石油精神和大庆精神铁人精神,熔铸形成"忠诚担当、创新奉献、攻坚啃硬、拼搏进取"的长庆精神,长庆油田文化更加凸显,精神品牌更加鲜亮。

创新方法途径,打造"学习实践习近平新时代中国特色社会主义思想云宣讲"品牌,用接地气、有油气、冒热气的叙述方法展示长庆油田赓续红色血脉,推动国有资本做强做优做大的行动自觉和实践自信。在革命圣地延安,求是杂志社到场指导并举行赠书仪式,线上线下参与人数达到15万多人次,红色文化在生动讲述中融入员工思想,扎根千里油区。

发挥新媒体矩阵优势,构建红色文化传播品牌。依托"长庆油田革命传统教育基地",遴选长庆油田精品文化阵地,融合打造四条展示"云参观"线路,突破红色资源地域限制,实现红色资源多维度展示与多媒介推送,员工在"云上参观",在"掌中打卡",切实推动思想政治教育工作创新发展。

聚焦主责主业,打造红色文化推动油气发展示范品牌。在红军长征路过地镇原方山作业区,建成长庆产量最高采油作业区;在南梁革命老区，建成千吨级作业区。2021年，在庆阳革命老区建成千万吨级油气生产基地，并在兰州举行"庆阳市、长庆油田牢记嘱托，共同建成庆阳革命老区千万吨油气生产基地专题报告会"，全面展示企地双方牢记习近平总书记嘱托，赓续红色血脉，共建模范油区的成果经验，极大提振了干部员工士气，凝聚起全体干部员工不忘初心、牢记使命的责任感荣誉感使命感。

## 三、成效启示

长庆油田用红色资源坚定全员理想信念，全体干部员工在潜移默化中接受红色文化熏陶，红色传统洗礼，红色精神淬炼，对建设世界一流能源企业责任更加明确，信心更加坚定，紧紧端牢能源饭碗的信念更加坚决；用红色方法破解了企业发展难题，全体干部员工在红色文化中培养斗争精神，在新时代新征程上始终保持艰苦奋斗、顽强奋斗、永远奋斗的精神状态，在页岩油开发、降本增效、新能源项目建设、助力乡村振兴等重大关键项目上展示了韧劲，取得了突破；用红色文化充盈了思想政治阵地，将红色精神融入油田各类文化阵地，通过组织参观学习、党员宣誓等仪式和活动，不断丰富油田思想政治工作内涵，提高了思想政治工作实效性，为油气产量跨越6200万吨，保持6000万吨以上高质量稳产奠定了坚实思想基础；用红色基因提升企业品牌形象，创造了一批内涵更加深刻，体系更加完善，传播更加有效的文化载体，打造出以"爱国主义"为核心的，具有行业特色、地域特点、时代特征的长庆油田思想政治工作方法，创造了思想红、阵地红、品牌红、队伍红、业绩红的良好态势，激发出员工队伍干事创业的使命责任，凝聚起率先实现高质量发展、建设基业长青百年长庆的磅礴力量。

（执笔人：刘学民 孙战军 任泽 冯盼盼 王燕）

# 柴达木石油精神引领高原油田迈出铿锵步伐

青海油田公司

## 一、背景介绍

中国石油青海油田公司（以下简称青海油田）地处青藏高原的柴达木盆地，常年干旱缺氧，风沙肆虐，平均海拔 2600 至 3000 米。作为新中国最早勘探开发的油气田，青海油田历经六十余年的艰苦奋战，把一片不毛之地建设成为年产石油 200 多万吨、天然气 60 多亿立方米、加工原油 150 万吨的高原石油化工产业集群。长期在柴达木盆地这种缺衣少食，后勤不继，高寒缺氧的恶劣的环境中生活和工作，必须要有一种精神、理念和信仰作为支撑。青海石油工人为了给国家找到油、多找油，在荒无人烟的瀚海戈壁上战风沙，斗严寒，忍受缺氧、缺水、缺文化生活的痛苦，锻炼和造就了一支特别能吃苦、特别能忍耐、特别能团结、特别能战斗、特别能奉献的员工队伍，形成了具有时代特征，反映青海石油工业特点的企业精神，即柴达木石油精神：顾全大局的爱国精神，艰苦奋斗的创业精神，为油而战的奉献精神，开拓创新的实干精神。进入 21 世纪以后，根据企业发展不断变化、党对石油工业新的要求和时代的需要，青海油田又凝炼出"越是艰苦越要奋斗奉献、越要创造价值"的柴达木石油精神新时代内涵，并提出打造石油精神"青海高地"的目标要求。

## 二、主要做法

（一）以柴达木石油精神为引领营造凝聚人心、鼓舞士气的良好氛围

自然环境艰苦是柴达木盆地的一大特点。在艰苦的环境中进行石油勘探开发，人心要齐，要有高昂的士气，要有一支团结的员工队伍。凝聚人心、鼓舞士气、团结队伍，要有一种革命的精神作为号召，要有一面鲜艳的旗帜作为指引。六十多年来，青海油田各级党组织始终把柴达木石油精神作为凝聚人心、鼓舞士气、团结队伍的精神和旗帜。在二十世纪五十年代，为保盆地勘探，工资减少近半的情况下，青海石油人队伍没有乱；在二十世纪六十年代，国民经济困难，食不果腹、全身浮肿的情况下，坚守冷湖油田阵地，青海石油人人心没有散；在自己动手建管线，劈山修路平井场，重上西部建家园的艰难岁月，大家迎难而上；在组织甘青藏会战，建设三项工程，谋求新的发展时期，青海石油人冲得上去；在进行二次创业、实现"三个翻番"的火红年代，全局意气风发；面对重组改制，青海石油人抓住机遇，迎接新的挑战。进入 21 世纪以来，青海石油人坚持高质量发展不动摇，深化改革，坚持创新，使油气产量快速增长。六十多年来，青海石油人在这种精神的号召下，在这面旗帜的指引下，不管条件再艰苦，环境再恶劣，情况再复杂，都始终坚持艰苦奋斗、发展柴达木石油工业不动摇，终于使柴达木石油工业从无到有，从小到大，一步一步发展起来。

（二）以柴达木石油精神为引领打造素质过硬、作风优良的高原铁军

自然环境艰苦，是柴达木盆地无法改变的现实。在艰苦的柴达木盆地进行石油勘探开发，必须要有"吃苦、忍耐、创业、奉献"的思想准备。六十多年来，青海油田的各届、各级党组织坚持用毛泽东思想、邓

小平理论、"三个代表"重要思想、科学发展观和习近平新时代中国特色社会主义思想教育员工，坚持用柴达木石油精神，特别是经常用油田物化了的、大家身边可以看得见、摸得着的柴达木石油精神激励员工树立正确思想，培养过硬作风，使员工树立起了一种"我为祖国献石油""顾全大局、艰苦奋斗、无私奉献"的人生观和价值观，使青海油田形成了一支特别能吃苦、特别能忍耐、特别能团结、特别能战斗、特别能奉献的高原石油铁军队伍，干部员工培养了一种艰苦创业、顽强拼搏、敢打硬仗的柴达木石油作风。

**（三）以柴达木石油精神为引领，凝聚高原油田可持续发展的强大动力**

二十世纪五十年代，正是由于首批进入柴达木盆地进行石油勘探的创业者，发扬了住帐篷、啃干粮、战风沙、斗严寒、抗饥渴，以苦为荣，以苦为乐的艰苦奋斗精神，才找到了90多个可能储油构造，发现了冷湖、尖顶山、油沙山等10个油田及盐湖等3个气田，发现了日喷原油800多吨的地中4井和冷湖油田，建成了年产原油30万吨的冷湖石油工业基地，支援了中印边界反击战，跨入了全国四大油田行列，创造了"一年普查两年钻，三年出油四年炼，五年盆地建油田，年产原油30万"的奇迹。正是有了二十世纪六十年代初一手抓生产，一手抓生活，上山打猎、下湖捕鱼、开荒种地，坚守冷湖阵地的不屈精神，才保住了青海油田的发展基地，保存了一批特别能吃苦、特别能忍耐、特别能团结、特别能战斗、特别能奉献的石油骨干，为青海油田今天和未来的发展奠定了基础。正是有了六十年代末、七十年代初的"重上西部建家园"和"涩北气田会战"精神，才发现了尕斯油田和涩北气田，迎来了甘青藏石油会战，使青海油田有了第二次焕发青春的希望。正是有了"抢险南7井""挺进羊八井""苦战藏北"才建设了三项重点工程，建成了尕斯库勒油田120万吨产能、花土沟至格尔木436公里输油管道、格尔木 100 万吨炼油厂，使青海油田迈上了年产百万吨的台阶，具备了产、运、炼、销的配套能力；建设了敦煌、格尔木、花土沟基地，配套了科研、教育、卫生、娱乐等生活设施，使在戈壁荒漠上艰苦生活了几十年的青海石油人，住上了楼房，用上了自来水和天然气。正是有了"三讲三不讲""三个分不清""冷湖零点一"精神，才有了青海油田的二次创业，并在 1998 年底实现储量、产量、效益三个翻番。青海油田重组改制以后，正是由于继承和发扬柴达木石油精神，创新企业文化，青海油田才进一步驶上了发展的快车道，油气当量产量每年以 10% 的速度增长。六十多年来，正是由于青海油田各级党组织坚持继承和发扬柴达木石油精神，才有了青海油田物质文明和精神文明建设的双丰收，连续 26 年保持青海省第一利税大户和财政支柱企业地位。

## 三、成效启示

回顾青海油田六十多年的历史，青海油田的发展和柴达木石油精神紧密联系在一起，青海油田每一步发展都离不开柴达木石油精神，青海油田的发展史就是一部柴达木石油精神的形成和发展史。青海油田的发展为柴达木石油精神的形成和延续创造了条件，提供了土壤，柴达木石油精神为青海油田的创业和发展提供了精神和文化动力，促进了青海油田的发展，两者相辅相成。

**坚持党的领导，持续抓好柴达木石油精神的传承发扬。**青海油田以习近平新时代中国特色社会主义思想为指导，全面贯彻新发展理念和构建新发展格局要求，构建了"油气并举、以气为先、新能源并重、上下游一体"的发展布局。柴达木石油精神作为引领青海油田发展的精神旗帜，依然肩负着崇高的使命和责任，无论在过去、现在和将来都有着不朽的价值和永恒的生命力。只有坚持这种精神，才能在高质量发展路径中获取不竭的动力。

坚持与时俱进，确保柴达木石油精神与时代发展同频共振。柴达木石油精神之所以六十多年来都能保持旺盛的生命力，是因为始终保持与时代同步。丰富和发展柴达木石油精神，就是要不断把新时代发展要求与建设千万吨规模综合能源新高地深度融合，提升青海石油人的文化自信心和内心尊严感，使之保持活力。

坚持创新引领，推动柴达木石油精神成为干事创业的澎湃动力。创新是柴达木石油精神永葆活力的生命线，只有大力加强创新理念引领，寻求青海油田新的发展机遇，用发展的观点和创新的办法解决前进中的问题和矛盾，才能改善青海油田的经济形态，持续壮大青海油田的综合能力。

坚持典型选树，攫取柴达木石油精神中的奋进力量。青海油田创业六十多年来，累计11人获得"全国劳动模范"、14人获得"全国五一劳动奖章"、17人获"全国先进生产者"荣誉称号。要持续把先进典型做为发挥柴达木石油精神作用的重要手段，下大力气培养培育新的先进典型，突出先进性、结合时代性，扩大感召力，通过先进典型构建青海石油人的精神家园。

实践证明，柴达木石油精神对青海油田的各项发展都具有十分强大的影响力，对今天乃至未来的青海油田仍将发挥无可替代的作用。柴达木石油精神经过千锤百炼和几代人的践行，已经被大多数人所认同，成为青海油田的鲜明的文化符号和文化象征，满足油田员工的心理需求，满足企业发展的现实需要，必将引领高原石油员工向着千万吨规模综合能源新高地建设目标迈出更加铿锵的步伐。

（执笔人：鲁忠涛　吴德令　陈利平）

# "五点五化"思想政治工作
# 引导青年践行使命担当

冀东油田公司

青年员工是一个特殊的群体，他们富有活力、想象力、创造力，但由于缺乏工作和生活经验，容易受到各种思潮、变革和诱惑的影响。中国石油冀东油田公司陆上作业区（以下简称作业区）创新思想政治工作方式，通过"五点五化"引导青年员工坚定理想信念，把握好人生前进的"方向盘"，在推进冀东油田高质量发展的新征程中建功立业，践行新时代青年的使命担当。

## 一、背景介绍

陆上作业区有40岁以下青年员工508人，占作业区员工总量的52%。作业区紧紧围绕建设"一体两翼两支撑、多区域协同发展"新型清洁能源公司战略目标，以"五点五化"为思想政治工作抓手，引导青年勇挑重担，奋力开创作业区可持续效益开发的新局面。

## 二、主要做法

### （一）以教育引导为切入点，促青年思想健康化

"线上＋线下"学习，加强正面引导。作业区持续夯实线下学习"阵地"，设立图书室、读书日，夯实"学"的基础；开展党建带团建、支部共建交流、青年岗位轮训等活动，扎紧"学"的纽带；定期开展读

书分享、知识竞赛比拼等活动，收获"学"的果实。充分利用新媒体、互联网等载体做好线上教育，组织青年参加学习强国和铁人先锋各类竞赛答题活动，组织开展线上朗诵党史打卡活动，组建青年员工理论学习交流群，及时推送学习资料，使理论不再枯燥乏味，思想政治工作更加贴近青年员工。

"宣讲+互动"学习，深化理论认识。以"宣讲+互动"的学习方式，充分发挥领导宣讲、专家讲堂和青年互动思辨两方面优势，兼顾理论高度与学习广度。作业区领导班子成员深入一线为青年员工讲形势，鼓干劲，并与一线青年进行座谈交流；举办法制教育、心理咨询、健康养生等知识讲堂，邀请专家为青年员工进行专题辅导。

"实践+体验"学习，坚定理想信念。针对青年员工学习方式多样化的需求，作业区适时组织青年员工参观学习西柏坡、铁人纪念馆等基地，聆听红色故事，重温历史、缅怀先烈，坚定理想信念；开展团员奉献日、团建等活动，通过多种形式的教育活动，进一步坚定了团员青年"听党话、跟党走"的理想信念。

（二）以阵地建设为落脚点，促青年思想工作常态化

拓展宣传教育阵地，提高青年思想政治工作的"影响力"。以"转观念、勇担当、高质量、创一流"和"共命运、同心干、促发展"主题教育为依托，作业区采取"配餐式"和"点餐式"宣讲方式，增强教育的吸引力和感染力；持续开展"一人一事"思想政治工作，掌握青年的日常思想动态，2021年对4名青年进行大病救助帮扶，让青年切实感受到组织的关怀。

拓展网络教育阵地，提高青年思想政治工作的"传播力"。作业区积极探索运用"互联网+党建"模式，开展"红色APP党员连心桥""线上答题100天"等活动，创新开展掌上"微课堂"等，通过签到、答题、竞赛、讨论等方式推动员工教育管理规范化、常态化，实现

网络教育覆盖率100%。

拓展文化教育阵地，提高青年思想政治工作的"感召力"。作业区组织开展"喜迎建党一百周年"主题征文等活动，引导广大青年增强爱党爱国爱企的忠诚情怀和社会责任担当。在基层采油区、队站设立创新工作室、阅览室等多个文化活动场所，丰富精神文化生活。午间排球赛、篮球联谊赛、订制生日贺卡等特色活动将青年紧密团结在一起，增强了青年干事创业的动力。

（三）以创搭平台为着力点，促青年发展多元化

创建志愿服务品牌。围绕中心工作，作业区成立了20余人的青年志愿者服务团队，在春运期间前往唐山火车站为旅客提供志愿服务，打造了"助力凤凰高铁，展示石油形象"的"青"字号服务品牌。每年3月份，开展"3·5"雷锋日志愿服务活动，连续十多年为困难地区的儿童捐赠衣物达三千余件、书籍两千多本。

评选创新创效成果。作业区利用青年员工爱学习、爱钻研，思维活跃的特点，积极开展青年科技论坛、油藏分析大赛、创新成果评选等活动，鼓励青年员工为冀东油田发展献计献策，调动青工创新创效的积极性。青年技能专家赵东波的12项创新成果推广运用，为采油区年节约成本400余万元。

文体活动凝聚士气。作业区对青年员工的才艺才能进行摸底，为青年员工搭建展示才艺的舞台，针对不同群体开展了演讲、朗诵、书法、厨艺等才艺展示活动。在器乐大赛中4名青工获得了冀东油田曲艺大赛金奖、铜奖和最佳人气奖的好成绩。青年员工赵雅娟获得冀东油田演讲大赛三等奖。

（四）以岗位竞赛比拼为重点，促青年技能专业化

岗位练兵夯实基础能力。开展岗位大练兵是加强队伍建设和提高专业技术水平的重要途径，作业区坚持周练兵、月抽查、季考核的方式，

组织"老带新""先进带后进"技能提升活动，一对一签订合同进行指导，加快成长速度。

**技术比武涌出技术尖兵。** 作业区坚持用以赛促学的方式，增强员工的技能水平。开展油水井分析专项竞赛、办公软件比赛、采油工技术比武、维修电工技能竞赛等14项活动，参与人次达600多人次，青年员工在竞赛中岗位技能稳步提升。通过各项竞赛活动，涌现出油田技能专家赵东波、技术能手赵蒙、技能标兵邓秀伟等多名技术尖兵。

**劳动竞赛提升生产管理水平。** 以劳动竞赛为抓手，大力营造比学赶超的浓厚生产氛围，作业区设置了9个劳动竞赛项目，各采油工区分别开展了争创技能提升明星、油水井管理明星、安全生产明星等竞赛，将劳动竞赛和岗位工作紧密结合，达到了以竞赛促技能提升，以技能促生产发展的目的。

（五）以榜样引领为支点，促青年对标精准化

**寻榜样、挖典型、树立标杆。** 作业区开展"十大杰出青年"、优秀青年和"老黄牛"员工、优秀共产党员、岗位标兵等先进典型人物的选树与表彰活动，选出优秀青年26名，挖掘出"老黄牛""冀青之星"、先进工作者等先进典型42名。通过选树群众身边看得见、摸得着、学得到的先进典型，树立了青年员工学习的标杆。

**学榜样、讲事迹、弘扬精神。** 听"老黄牛"员工讲述自身经历；看先进典型人物事迹宣传片；到石油精神教育基地感悟先进典型思想；在会议室、显眼门厅、重要橱窗等地点悬挂榜样的照片和事迹进行展播。通过"听、看、悟、展"四种方式掀起学榜样热潮，引领青年奋斗建功。

**重激励、尊劳动、营造氛围。** 在"七一"总结表彰暨"老黄牛"员工表彰大会上，16名任劳任怨、扎根基层的员工受到表彰，奖励"老黄牛"员工每人2000元。在劳动竞赛中，对获得竞赛红旗的集体奖励基金也提升到3000元每次。作业区以"奖勤赏优"为价值导向，树牢"幸福都是

奋斗出来的"工作理念，切实调动全员工作积极性、主动性、创造性。

## 三、成效启示

通过"五点五化"思想政治工作的不断开展，青年员工凝心聚力攻坚克难，为作业区发展取得了较好的工作业绩。

开发生产效果不断改善。作业区14个开发单元的管理负责人均为青年技术人员。近年来，作业区平均每年生产原油超44万吨、天然气超3800万立方米，完成油田配产配注任务，原油产量连续三年保持箭头向上。自然递减率、综合递减率同比分别下降0.3、1.0个百分点，递减率持续减缓。

基础工作进一步夯实。作业区25个基层队站的班组长均为40岁以下青年员工，青年班组长在急、难、险、重工作任务中贡献率达80%以上。青年员工甘当提质增效排头兵，通过各种措施精细实施，作业区生产经营成本大幅下降。

青年员工综合素质稳步提升。通过搭建各类平台，青年员工自身勤学苦练，员工综合技能素质进一步提升。作业区青年技师人数占技师总数的69.8%。涌现出集团公司优秀共产党员刘宝忠、集团公司先进工作者王佳音、河北省国资委"冀青之星"赵东波等一批先进典型。在急难险重工作任务面前，青年员工勇于担当使命感明显增强。

（执笔人：席清玲　贺继美　周正林）

# 以"四抓四提升"加强和改进思想政治工作

大庆石化公司

## 一、背景介绍

作为国有大型企业，中国石油大庆石化公司（以下简称大庆石化）在长期的生产实践中，始终将思想政治工作为"传家宝"，用思想政治工作统一思想、教育员工、凝聚力量。随着国有企业改革的不断深化，引导干部员工解放思想、转变观念、凝心聚力、共谋发展的任务越来越重。面对网络传播大众化，社会思潮多元化，利益诉求多样化的现实，企业基层思想政治工作难度越来越大。2020年大庆石化发生了一起重大刑事案件，案件教训惨痛、发人深省。大庆石化党委认真反思，积极应对，结合企业生产经营、改革发展实际和工作中的短板，以案为鉴、以案促改，通过"四抓四提升"，将思想政治工作与企业高质量发展融为一体，围绕党建、思想政治工作、队伍管理的重点、难点、薄弱点和关键点，加强顶层设计，出台一系列措施，取得了阶段性的成果和进展。

## 二、主要做法

### （一）抓反思反省，提升思想认识

2020年的刑事案件表面是员工因怨寻仇的个案，但也暴露出大庆石化党建工作在基层没有落地生根、不稳定因素排查责任没有压实、思想政治工作虚化弱化等问题。在多次召开反思会的基础上，大庆石化党委责成组织、宣传、办公室等部门，将该起案件作为课题进行了深入研究，系统思考企业在党的建设、思想政治工作、员工队伍管理等深层次问题，提出案件警示和工作建议，并在党委工作会议进行专题总结剖析。大庆石化党委设立了思想政治工作"警示日"，每年在警示日当天召开相应的主题活动。2021年警示日，大庆石化党委举办了基层思想政治工作交流会，结合落实党中央、国务院新时代加强和改进思想政治工作相关要求和大庆石化下一步的改革发展，就如何用好"传家宝"，守好"生命线"提出了具体要求和部署。大庆石化成立7个工作组，深入生产经营压力大、改革任务繁重的14个单位召开典型案例警示现场座谈会，引导基层单位从中汲取经验，引以为戒。结合多种经营单位改革的逐步深入，加强对任务重、矛盾多的单位开展思想政治工作监管，建立思想政治工作季度度沟通交流机制，通过多种方式，每季度了解被监管单位思想政治工作方式、频次、措施、效果，以及遇到的困难、问题等，做到动态监督。为进一步加强理论研究，大庆石化党委承担了央企和集团公司党建思想政治工作研究会课题项目"新时代加强和改进思想政治工作"起草工作，在内部积极发动各单位各部门开展思想政治工作课题研究，现已形成立项选题48项，力争形成一批优秀研究成果指导实践。

（二）抓机制完善，提升管理水平

大庆石化坚持法治思维、制度思维，进一步完善员工思想政治、舆情管控、法制教育、不稳定因素排查和疏解等管理机制。从非常时期的应急处置机制方面，出台了《公司舆情事件责任人员处分规定（试行）》《党委宣传部突发事件舆情应急处置预案》；从日常工作的深耕厚植机制方面，下发了《关于进一步发挥公司各基层党组织及群团组织作用的通知》《关于加强和改进车间、班组工会工作的意见》，起草了《公司思想政治工作管理管理办法（讨论稿）》；从经常性的长期养成，超前主动工作机制方面，大庆石化党委要求，大庆石化和各基层单位每半年开展一次思想政治工作调研，及时了解员工思想动态。制定《大庆石化公司维稳信访工作管理办法（试行）》，把矛盾解决的关口前移。大庆石化党委建立横向到边、纵向到底的矛盾排查网络，以分组承包、分片管理的形式，将所有二级单位和大庆石化机关划分为6个组，每组各派2人负责，每周利用一天时间到基层车间了解员工最新动态，实现小问题6个工作日解决，大问题6周解决，努力将问题发现在基层、矛盾化解在基层、人员稳定在基层、机制固化在基层。同时对"四清""五必谈""六必访"制度进行了完善，提出了相关要求。各级群团组织积极开展互帮互助和心理疏导活动，利用员工心理服务中心、幸福大讲堂等载体加强员工人文关怀和心理疏导。通过各种会议、厂务公开栏、网站主页、微信公众号、微信群等多种形式，广开民主渠道，把涉及员工利益的问题讲清说透，以公开促公正促公平。

（三）抓培训教育，提升队伍素质

大庆石化针对干部队伍，大多数是搞管理、搞技术出身的实际情况，在管理人员培训中，加大了思想政治工作内容的授课比例和实践经验交流。组织经验丰富的基层党务和行政干部，与机关职能部门一起研究制定思想政治工作培训重点，分别从"思想政治工作相关理论与要求、对思想政治工作的正确认识与误区、行政干部和党务干部如何做好思想政治工作"等多个方面开展系统培训，解决一些干部在执行政策，贯彻落实上级精神方面，不会解读、转化，上下一边粗的问题，培养敢于担当的意识，提升处理问题的能力，强化"一岗双责"作用发挥。针对全体员工，大庆石化党委以形势任务教育为重点，通过汇编学习资料、组织大庆石化机关7位处级干部成立宣讲团开展专题宣讲、召开不同层面座谈会等形式，全面开展形势任务教育，引导干部员工在解放思想中开阔思路，在深入交流中形成共识，为大庆石化深化改革发展稳定凝聚力量。同时，结合刑事案件的惨痛教训，对全员的法治教育工作也加大了力度，落实"管业务、管普法"责任制，制定培训计划，下发工作清单，聘请专业律师深入所有二级单位开展《民法典》《治安管理处罚法》专题教育和普法讲座。

（四）抓融入管理，提升工作实效

坚持"抓生产从思想入手、抓思想从生产出发"，大庆石化将思想政治工作与"转观念、勇担当、高质量、创一流"主题教育相结合，大力倡导以"价值创造者为本"的理念，通过建立公平竞争机制，让机会和资源向价值创造倾斜，营造"企兴我荣、企衰我耻、以业绩论英雄"的价值导向。为进一步将思想政治工作与企业深化改革相结合，大庆石化分别召开生产单位、经营服务单位、基层班组长等不同层面，不同人员座谈会，领导班子与基层代表面对面，就如何落实改革三年行动实施方案、如何加强基层"三基"工作、如何在企业深化改革中保持员工队伍稳定谈热点难点问题，谈思路想法。会后，有关部门将座谈会相关领导讲话，意见与建议整理下发，组织基层学习讨论。党群部门、重要生产厂优秀干部到安全环保形势严峻、维稳工作压力大的基层单位任职，充实基层力量。与此同时，大庆石化将思想政治工作与员工关爱工程相结合，构建"员工发展与企业发展融为一体，员工价值与企业价值同步提升"的命运共同体。在员工中倡导"严格管理、快乐工作、健康生活"理念，在工作、生活、健康、精神等方面，持续为员工做好事、办实事，解难事。2021年结合党史教育"我为员工群众办实事"实践活动，大庆石化各级党组织为员工群众办实事5650件（项）。

## 三、成效启示

经过努力，大庆石化不仅扭转了刑事案件带来的负面影响，员工队伍日趋稳定、士气高涨，企业效益也蒸蒸日上。2021年大庆石化营业收入在中国石油炼化企业排名首位，创造经营业绩新的里程碑，实现了"十四五"强势起步。新形势下，思想政治工作只能加强不能削弱，要真正发挥思想政治工作在企业改革发展中"生命线""稳压阀"和"推进器"的作用。大庆石化将结合集团公司党组部署，把握新要求，探索新途径，继续突破传统思维定式，用辩证系统的思维、发展的眼光研究新情况新问题，理清工作思路，谋求新突破，实现"两手抓、两手硬""两不误、两促进"。

（执笔人：秦志斌　柳文杰　祝丽茹）

# 以"严细实快"作风讨论
# 筑牢企业高质量发展根基

吉林石化公司

## 一、背景介绍

2021年8月1日至10月31日，中国石油吉林石化公司（以下简称吉林石化）按照集团公司总体部署和要求，为坚决纠正部分干部员工在安全生产上软、散、懒作风问题，坚决刹住部分单位在安全生产责任和制度要求上"严格不起来、落实不下去"的不良现象，坚决整治习惯性违章屡禁不止、屡查屡犯的典型顽疾，系统查找并整改安全管理上的短板和深层次问题，着实提升安全生产管理水平，开展了为期三个月的"反违章专项整治"活动。

"严细实快"作风讨论作为"反违章专项整治"重要内容之一，旨在教育引导干部员工瞄准强化全员作风建设、确保责任担当意识有新提升目标，深入学习习近平总书记关于安全生产的重要论述和指示批示精神，"严细实快"作风的核心内涵、吉林石化优良传统和管理经验，紧密围绕"安全管理特别是反违章管理，是否做到了'严细实快'"等问题开展讨论，重点在思想意识、严格管理、执行落实、履职尽责、担当奉献等方面进行查摆，把自己摆进去、把职责摆进去、把工作摆进去，深挖思想根源，从现象看到本质，使查摆过程成为责任意识、担当意识、红线意识和从严精细管理意识再教育、再强化的过程，进一步推动从严管理再深入、基础工作再提升、思想作风再转变、本质安全再强化，为企业高质量发展奠定了坚实的思想基础和作风保证。

## 二、主要做法

吉林石化党委审时度势，在党史学习教育不断深入、2021年大检修刚刚收尾、装置进入新一轮生产周期的关键时刻，组织吉林石化开展"严细实快"作风讨论，通过抓好"三个环节"，注重"三个层面"，突出"三个特色"，促进从严管理再深入、基础工作再提升、思想作风再转变、本质安全再强化，有力推动了"反违章专项整治"工作，收到了基础性、战略性的良好效果。

（一）抓好"三个环节"，做到规定动作不走样

吉林石化党委统筹抓好集中学习、讨论查摆、整改提升等三个环节，稳步推进，层层深入，拓展延伸，使作风讨论工作取得了预期目标。**集中学习环节求深**。围绕习近平总书记关于安全生产的重要论述和指示批示精神，吉林石化"严细实快"作风的核心内涵、优良传统和管理经验等内容，利用党委理论学习中心组、班子会、班组安全活动等时间，组织学习1118次，结合岗位实际撰写学习心得体会5399篇，使学习更有针对性、实效性、实用性，做到学习广度和深度兼顾。炼油厂、化肥厂等单位将安全作为理论中心组每周集中学习的重要内容，由厂党委书记领学并对所学内容进行解读，促进"严细实快"作风在工作中实践应用。**讨论查摆环节求细**。围绕"安全管理特别是反违章管理，是否做到了'严细实快'"，重点在思想意识、严格管理、执行落实、履职尽责、担当奉献等方面进行深入查摆，并结合实际拟定讨论题目342个，累计查摆安全管理上存在的"严格不起来、落实不下去"、工作作风上存在的"软懒散"等各类问题11000余条。有机合成厂、揭阳分公司等单位组织各车间和科室对照讨论题目，通过自我诊断、集体会诊、跟踪

整改、全面总结、持续完善的方式，累计查摆问题514个，使讨论活动实现了全覆盖、全过程、无死角。**整改提升环节求实**。围绕查摆出的差距和不足，逐项明确整改时间、整改目标、整改措施，做到销号管理，最终形成整改清单8000余份。合成树脂厂、乙二醇厂等单位将"改"字贯穿始终，坚持边学边查边改，针对"票证书办理被查处的问题仍然较多"问题，开展票证书办理专项培训，从源头解决票证书办理不规范的问题。

（二）注重"三个层面"，做到层层落实不偏离

吉林石化党委在抓好规定动作的同时，把各基层党委、车间、班组三个层面作风讨论作为思想工作的切入点，分别明确不同层面工作重点、提升目标，凝聚了全体干部员工干事创业精气神。**党委层面注重抓好统筹**。党委充分发挥把方向、管大局、保落实作用，突出谋划抓好统筹、突出重点抓好关键、突出中心抓好融合。动力二厂党委重温"7·22"事故教训，结合阶段重点工作，组织3次全员集中查摆反思活动，开展防汛检查、雨季安全反思、秋季防火和冬季储煤专项提醒，做到严守重点区域不放松、强化检查监管不放松、严防季节性事故不放松。**车间层面注重紧盯关键**。车间主任、党支部书记及管理骨干、班组长，利用车间例会和班组安全活动等时间，组织员工结合阶段性安全生产重点、难点和岗位实际情况，对照"严细实快"标准开展讨论查摆。乙烯厂、丙烯腈厂等单位围绕"重复性问题为什么经常出现"等5方面问题开展集中讨论57次，撰写心得体会182篇，保证了作风讨论深度融入生产实际。**班组员工层面注重解决问题**。把作风讨论与增强员工安全意识、提升安全技能、形成安全思想目标相结合，使"安全压倒一切，一切服从安全"的安全管理思想更加深入人心，把活动成果体现在了安全生产操作各环节。铁路运输部机务车间成立"反违章专项整治"工作组，制定习惯性违章清单，强化落实"操作前思考30秒"，严格把

控每一次伸手、每一次操作、每一次作业。

(三)突出"三个特色",做到思想作风再提升

吉林石化党委坚持规定动作不走样、自选动作有特色,突出灵活形式学、嵌入管理查、结合实际改,为"反违章专项整治"取得实效奠定坚实思想基础和作风保证。**突出形式多样学**。创新学习形式,通过安全哲理故事、员工讲岗、经验分享等多样形式,确保干部员工学有所思、学有所获。电石厂、矿区事业服务部组织开展"找茬儿"活动,通过整理现场典型违章图片组织员工找出违章行为,说出正确应该怎样做。**突出融入管理查**。将作风讨论工作深度嵌入管理实际,通过整理汇总讨论查摆出的问题,深挖表面原因和深层管理问题、思想问题,做到了透过现象看本质、转变思想再提升。动力一厂嵌入开展"四查、四治、四促"机关作风建设大讨论活动,查思想,治"慵懒散",促争先创优;查纪律,治"推拖绕",促担当作为;查作风,治"虚假空",促真抓实干;查执行,治"宽松软",促动真碰硬,切实把问题找准、原因分析透、措施制订好。**突出结合实际改**。将安全管理水平提升情况作为检验作风讨论工作成效的"标尺",组织每名员工针对问题制定措施、持续跟进、跟踪销号。建修公司、联力公司等单位形成《查摆问题及整改清单》,进行销号管理。物流公司组织老员工充分发挥传帮带作用,向年轻员工讲解行车注意事项;组织岗位人员加强车辆关键部位技术状况检查和要害部位的风险识别。

## 三、成效启示

经过吉林石化各级党组织、广大党员干部的共同努力,在集中学习环节,利用党委理论学习中心组、班组安全活动等时间,组织学习1118次,结合岗位实际撰写学习心得体会5399篇,使学习更有针对性、实

效性、实用性，做到学习广度和深度兼顾。在讨论查摆环节，重点在思想意识、严格管理、执行落实、履职尽责、担当奉献等方面进行深入查摆，结合实际拟定讨论题目 342 个，累计查摆工作作风上存在的"软懒散"等问题 11000 余条。在整改提升环节，围绕查摆出的差距和不足，逐项明确整改时间、整改目标、整改措施，做到销号管理，最终形成整改清单 8000 余份。基本实现了"推动从严管理再深入、基础工作再提升、思想作风再转变、本质安全再强化"的预定目标，汇聚了奋进"第一方阵""领军企业"的强大力量。

通过"严细实快"作风大讨论，广大干部员工深刻认识到，提升企业安全生产管理水平，首先要形成安全管理思想，开展作风讨论是切实可行、效果明显的管理举措。作为国企思想政治工作重要载体之一，开展作风讨论能够有效地教育和引导广大干部员工统一思想，凝聚共识，解除员工困惑，破除惯性思维，推动解决企业在安全管理中显露的深层次问题，推动企业在高质量发展进程中砥砺奋进。

（执笔人：赵 极 张 鹏 唐 哲）

# 牢记总书记嘱托　大力开展"强心"工程

辽阳石化公司

## 一、背景介绍

2018年，在新一届领导班子的带领下，中国石油辽阳石化公司（以下简称辽阳石化）一举扭亏为盈，结束了连续12年亏损的局面，翻开了企业发展的新篇章。当年9月27日，习近平总书记在辽宁考察的第一站就来到辽阳石化，观看装置，听取生产技术情况汇报，亲切地与员工握手，并发表重要讲话，鼓励员工再接再厉，砥砺前行，始终坚持"两个一以贯之"，始终做好两个"种子队"，打出更好的成绩。这是辽阳石化的巨大荣耀，也是公司改革发展历程中极具重要意义的一件大事，辽阳石化干部员工倍感鼓舞和振奋。教育引导干部员工始终牢记总书记嘱托，增强信心、决心，迅速持续贯彻指示要求，是当前以及今后一项重要的政治任务。

## 二、主要做法

### （一）突出讲政治，迅速开展专题教育

辽阳石化迅速开展"学习总书记讲话　推动高质量发展　当好国企'种子队'"专题教育。组织全员、全面、深入地学习总书记重要讲话，通过中心组学习、主题党日、党委会、专题会、组织生活会、"三会一课"、班组会等形式，反复学、持续学、深入学，每个人都要谈认识、写体会，深刻领会讲话精神，增强全体干部员工的责任感和使命感。全面开展"推动高质量发展，当好国企'种子队'"大讨论，围绕"如何

充分认识总书记考察辽阳石化、我们与国企"种子队"的标准还有多大差距、我们如何把总书记的要求落实到岗位工作中、我们如何推动高质量发展"等四个重点题目组织干部员工开展大讨论，结合自身实际，细化讨论内容，抓好讨论环节，做到全员覆盖、人人受到教育。

（二）保持热度，每年开展主题教育

在每年"形势、目标、任务、责任"主题教育中，辽阳石化党委都以"牢记总书记嘱托"为中心主题，结合实际丰富完善主题内容，突出开展特色形势任务教育，如在主题教育第一阶段开展了"牢记总书记嘱托，推动高质量发展，打造特色产业特色产品巨人，当好国有企业'种子队'"形势任务教育，组织大学习、大宣讲、大讨论和算账对比、提质增效实践活动，反复学习领会和落实习近平总书记视察讲话精神。

（三）营造氛围，精心做好宣传引导

辽阳石化各级党组织、机关部门分工负责，周密组织。领导干部、公司机关各处室负责人、基层党支部书记先学一步、深学一层，深入联系点带头宣讲。注重加强宣传引导。门户网站开通专题教育活动网页，公司媒体开设"总书记和我们在一起"专栏，择优刊发干部员工学习体会，选树宣传先进典型，全面反映辽阳石化活动情况和工作成效。围绕"辽化四种精神"的传承和弘扬，召开专题研讨会，从历史和现实的维度深入研究、指导实践。

（四）丰富载体，固化教育内容

辽阳石化分批建设完善企业精神教育基地，日常组织干部员工实地参观学习；特别是收集习近平总书记视察辽阳石化时的视频和文字资料，作为企业精神教育基地的重要内容，将油化厂中心控制室等习近平总书记视察过的地方作为形象展示窗口，分批次组织优秀生产骨干、班组长、管理人员、科协会员等，重走习近平总书记考察路线，重温习近平总书记重要讲话，传承和弘扬"辽化四种精神"。

## （五）固化模式，构建长效化机制

辽阳石化将 9 月 27 日确立为特有的红色纪念日，每年都开展庆祝活动。每年 9 月 27 日，辽阳石化都在油化厂中控室南侧广场召开"牢记总书记嘱托、推动高质量发展、当好国有企业'种子队'"现场推进会，重温习近平总书记重要讲话精神，总结辽阳石化发展变化，激发员工干劲，鼓舞士气，团结动员全体干部员工继续为做强"种子队"、当好"排头兵"奋斗。二级单位开展"总书记和我们在一起"主题开放日活动，向优秀员工颁发"9·27"徽章。

## （六）典型引领，打造示范单位

辽阳石化结合实际打造共产党员示范路、共产党员示范机组、共产党员示范区。在油化厂，有一条特殊的路，叫做共产党员示范路，这条路就是总书记视察时曾走过的路。油化员工自豪地说，走在这条路上，就感觉是习近平总书记和我们一直在一起。共产党员示范路，将传承伟大建党精神深化为全体员工爱岗敬业、忠诚奉献的行动自觉。打造共产党员示范机组，用先进典型之光照亮前行之路，传承伟大建党精神实质化。将学、悟、干作为着力点，将伟大建党精神和主题教育相结合，打造共产党员示范机组，将传承伟大建党精神实化为干部员工苦干实干的具体行动。以徐勇为代表的攻关团队"睁眼在单位，下地到现场"，被称为"嫁给装置的人"，先后实施催化烟机八次在线除垢，实现"零"摄氏度以上发电，将耗能巨大的"用电老虎"变成节能降耗的"功勋机组"。打造共产党员示范区，牢记初心使命争取新的更大光荣，传承伟大建党精神可视化。将危险程度最高、管理难度最大的烷基化装置生产区域，打造为共产党员示范区，将伟大建党精神细化为从严精细化管理的油化标准，成为学党史悟思想的实践之地。烷基化党支部以"高质量运行 200 天，喜迎华诞 100 年"的承诺，创下中国石油同类国产装置运行周期最好纪录，各项改革工作走在前列。

## （七）检查指导，实施 PDCA 工作法

围绕深入学习贯彻习近平总书记对中国石油的重要指示批示精神，

特别是视察辽阳石化时的讲话精神，辽阳石化坚持按照PDCA（计划、执行、检查、处理）管理方法持续改进，不断完善任务台账，建立健全反馈、监督和评估机制，定期开展专项督查和"回头看"，形成贯彻落实常态化长效化机制。辽阳石化党委组织党群部门和相关处室负责人成立专题教育活动督导组，深入各基层单位指导检查，总结典型经验，评估活动效果，定期通报情况，进行绩效考核，督促整改落实。

## 三、成效启示

通过"牢记总书记嘱托""强心"工程，干部员工队伍实现了"四个显著提升"。

**政治站位显著提升**。干部员工坚定拥护"两个确立"，更加自觉落实党的全面领导，进一步增强"四个意识"，坚定"四个自信"，做到"两个维护"，始终在政治立场、政治方向、政治原则、政治道路上与党中央保持高度一致。

**信心决心显著增强**。更加坚定了心向党、听党话、跟党走的信心和决心，更加坚定了当好国有企业"种子队"的信心和决心，更加坚定了打造特色产业特色产品巨人的信心和决心，转化为工作的动力。辽阳石化安全环保取得新成效，特色产业迈出新步伐，2021年主营业务收入大幅上升。

**责任意识显著增强**。主题教育转化为创新思想政治工作的方法，党员干部强化了宗旨意识，深入践行党的群众路线，构建完善了为员工群众办实事长效机制，充分调动了员工的积极性、主动性、创造性。

**战斗力显著提升**。党员干部加班加点奋战在工作岗位上，领导干部节假日履职奉献率达95%。在辽阳石化遭遇历史罕见暴风雪和疫情防控出现反复的重大挑战面前，辽阳石化干部员工沉着迎战，保证了安全平稳生产。

（执笔人：解文健　黄朝晖　高祥福）

# 汲取百年党史"三种营养"
# 打造高质量发展"红色引擎"

辽河石化公司

## 一、背景介绍

2021年,是中国共产党成立100周年,是国家向着第二个百年奋斗目标奋进的起步之年,是中国石油辽河石化公司(以下简称辽河石化)建成投产50周年,乘势而上开启全面建设一流特色精品企业的第一年。

站在新起点迈向新征程,机遇与挑战并存,优势与困难同在。随着国际国内环境日趋复杂,市场形势瞬息万变,炼化行业面临着传统油气需求增速放缓、替代加快、碳约束日趋严格等带来的多重压力,市场环境异常严峻。在客观面对不利因素的同时,要充分认识到辽河石化自身优势,加快从"生产型"向"经营型"转变,从"燃料型"向"材料型"转变,奋力开创辽河石化高质量发展新局面。

如何开创辽河石化高质量发展新局面?固本强基是关键。辽河石化以党史学习教育为契机,以思想政治为引领,以人文关怀为纽带,扎实开展思想政治工作,教育引导广大干部员工进一步统一思想、达成共识、增强信心、凝聚力量,在新时代赶考路上,始终牢记习近平总书记殷殷嘱托,扛起历史使命,激发干事创业热情,切实把百年党史当作"营养液",打造高质量发展"新引擎",贡献辽河石化力量,彰显辽河石化担当。

## 二、主要做法

### （一）汲取百年党史"信念营养"

**坚持红色学习"主基调"。** 严格落实"第一议题"制度，抓住领导干部"关键少数"，采取"学习＋研讨""线上＋线下"等形式，中心组领先学、党支部跟进学、全体员工灵活学，围绕指定书籍、"四史"、习近平总书记重要讲话精神等开展学习，深入学习党的百年奋斗历程、重大成就和历史经验等，各级党组织落实"三固定"原则，共开展集中学习797次、专题研讨371次、专题辅导96次、现场研学28次，覆盖学习人数6000余人次。

**配活红色学习"营养餐"。** 组织党员利用铁人先锋、学习强国、微信群、即时通等载体进行自学，开展"书记讲故事""党史播报十分钟"等主题突出、特色鲜明的学习活动，举行主题党日活动274次，参与党员8267余人次，学出信仰担当，形成百年党史大学习、大交流的生动局面。

**用好红色学习"指挥棒"。** 坚持理论学习中心组领学，分别召开扩大会和专题学习研讨会，集中学习传达习近平总书记重要讲话精神，真正学出信仰信念、学出方法智慧、学出使命担当。各党（总）支部借助调度会、班前班后会、党建"三联系"等渠道，通过出板报、写笔记、解读相关媒体报道等形式，集中力量对"七一"重要讲话精神、十九届六中全会精神等进行全方位学习、多角度宣传宣讲，深入学习习近平新时代中国特色社会主义思想，实现员工学习全覆盖。

### （二）汲取百年党史"智慧营养"

"红色教育＋特色活动"相辅相成。开展"向党说句心里话"、线上党史知识竞赛、主题征文、摄影书法绘画短视频大赛等活动，共1758名员工参赛；分批次组织31个支部952名党员观看红色电影；参观红色教育基地，重温革命历史，追寻红色记忆，丰富红色活动内容，使干部员工学有所悟，悟出坚强党性，实现党史学习教育和员工群众"零距离"。

"线上宣讲+线下讨论"相融互促。利用党委理论中心组集中学习、举行宣讲报告会、举办网络培训班等时机，对"七一"重要讲话精神、十九届六中全会精神等进行再学习再领会再贯彻，真正把学习体悟融入到打造一流特色精品企业的建设中，达到聚人心、提干劲、鼓士气的目的。各党支部书记采取"三会一课"、主题党日等形式，坚持"宣讲+讨论""线上讲+线下学"等方式，充分发挥"指尖""耳边""眼前"的学习、宣讲优势，在辽河石化上下形成党委支部联动、重要节点带动的立体学习贯彻模式，掀起学习宣贯热潮，共开展学习67次，参加人数1918人。

"100年"+"50年"相得益彰。时值中国共产党成立100周年，辽河石化迎来建成投产50周年，辽河石化党委积极组织谋划，以员工喜闻乐见的形式，开展健康企业健步走等系列纪念活动，引导广大干部员工忆往昔、看今朝、展未来，凝聚起爱厂如家、团结奋进的企业发展力竞争力，进一步巩固拓展学习教育成果。

**（三）汲取百年党史"奋斗营养"**

筑牢"作风墙"。大力开展"学党史、转作风、抓落实、创一流"主题实践活动，狠抓作风建设，以转作风为突破口，集中梳理干部员工在作风建设中存在的突出问题，深入整治6类16方面突出作风问题，形成真抓实干热烈氛围；与专题组织生活会相融合，引导党员深刻检视剖析，整治突出问题，形成推进辽河石化高质量发展的政治自觉、思想自觉和行动自觉，以主题实践活动为抓手，着力锻造"三强"干部队伍，全面推进"三大基地"建设。辽河石化按照集团公司戴厚良董事长在谈到干部队伍建设时强调的"大力推进干部末等调整和不胜任退出，对政治上不合格、工作不在状态、能力素质不适应、作风形象差的干部，及时予以调整"要求，对一段时间以来，存在工作管理不规范、工作履职不尽责、"画像"考核不称职、年度考核排名靠后、专业考试在末位等方面存在问题的 17 名领导人员进行了调整任免，交流 6 人，兼职 2 人，退出 9 人，切实在干部中形成履职尽责，勇于担当，积极向上的工作氛围。

*织密"职责网"*。助力装置检修，在焦化装置窗口检修期间，各参检单位通力协作、组织严密、行动迅速，领导干部靠前指挥、专业技术人员周密部署、员工群众主动作为，提前两天高质量完成了检修任务，实现了工作态度更加严谨认真、制度执行更加规范有序、工作标准更加精细务实、协调配合更加紧密高效。强化为基层减负行动，机关处室结合实际，系统梳理要求基层填报的各类表单和台账，经过科学整合，删减重复性内容，删减内容 38 项，合并或减量 12 项。开展"降本增效、节约挖潜"合理化建议征集活动，引导干部员工以安全环保、平稳运行、结构优化、成本控制、科技创新、节能降耗等方面内容为重点开展攻关，力求做到全员参与，人人献策，全年共征集合理化建议 127 条，切实把员工思想和行动统一到降本增效上，为辽河石化高质量发展献计献策，助力辽河石化做好节能降耗和优化增效工作。

*守好"保障关"*。注重整改实效，各党支部对照专题组织生活会要求，开展"三必谈"，共征集问题和意见建议 358 个，党支部检视存在问题 278 个，已全部完成整改。全体党员结合"学党史、转作风、抓落实、创一流"主题实践活动指出的突出问题，从 6 个方面检视剖析，整改提升，不断开拓新思路，提出新办法，更好适应新形势新任务的要求。

## 三、成效启示

**立好了思想政治"风向标"**。通过多样化学习教育形式,把习近平总书记重要讲话和关于石油行业的重要指示批示精神贯彻落实到谋划公司发展、制定工作措施、完成重点任务、推进高质量发展的实践中,推动习近平新时代中国特色社会主义思想进班组、进岗位、进头脑,帮助广大干部员工坚定了理想信念,深化了对党史和重要讲话精神的理解、领会和把握,不断提高了政治判断力、政治领悟力、政治执行力,自觉把思想统一到上级党委和辽河石化党委工作部署上来。

**激活了担当作为"新引擎"**。辽河石化领导班子将百年党史学习作为砥砺初心使命的"必修课",牢牢把稳"方向盘",通过"学党史、转作风、抓落实、创一流"主题实践活动,以转作风为突破口,深入整治6类16方面突出作风问题,带领广大干部员工扛起政治责任,寻求突破、改革创新、勇于担当、善于作为,锤炼"严细实"工作作风,形成真抓实干热烈氛围。

**实现了生产经营"新业绩"**。通过各种举措,广大干部员工强化了党性锤炼,扛起政治责任,寻求突破、改革创新、勇于担当、善于作为,在辽河石化领导班子的坚强领导下,在全体员工的共同努力下,近年来,辽河石化利润水平创建厂以来同期最好水平。

(执笔人:李荣峰 吴 君 李 岩 陈硕一 张 婕)

# 深化"五爱"教育　筑牢发展之魂

庆阳石化公司

## 一、背景介绍

2021年是中国共产党成立100周年，恰好是庆阳石化公司建厂50周年，在半世纪的发展中成长为"小"而"精"的炼化企业，吨油利润连续五年板块排名前三。按照中央有关精神，根据集团公司党组有关安排，庆阳石化统筹将党史学习教育、"转观念、勇担当、高质量、创一流"主题教育活动和公司建厂"奋进50年·建功新时代"活动融合于爱党、爱国、爱中油、爱庆化、爱岗位的"五爱"教育主线上，通过回顾总结在党的领导下，庆阳石化扎根红色革命老区，牢记"绿色发展，奉献能源，为客户成长增动力，为人民幸福赋新能"的价值追求，在陇东石化事业发展进程中不断开拓进取，实现富民兴陇的峥嵘岁月，引导干部员工切实弘扬伟大建党精神，汇聚起全体干部员工推进企业高质量发展的磅礴力量，继续以"爱岗敬业、艰苦奋斗、敢于拼搏、乐于奉献"的奋斗姿态，建功新时代，为建设效益突出的城市型精品炼化企业做出更大贡献。

## 二、主要做法

（一）用好教育资源，把牢政治方向

加强对系列活动内容把关，把握好政治方向和价值导向，旗帜鲜明同以习近平同志为核心的党中央保持高度一致，坚持团结稳定鼓劲、正面宣传为主，通过"第一议题"、中心组学习、红色故事播讲、开展专题辅导讲座等方式系统研读有关书目，深刻领悟"两个确立"的决定性意义，增强"四个意识"、坚定"四个自信"、做到"两个维护"。充分利用邻近延安、地处南梁、身在革命老区的地理优势，运用丰富的红色资源开展现场学习教育，赓续红色血脉，挖掘厂史资料，总结奋斗经验，加强固"根"铸"魂"，夯实全员"五爱"思想感情根基，引导党员干部带领广大员工以党的百年华诞为新起点，以习近平新时代中国特色社会主义思想为引领，坚决落实党的决策部署，把学习教育成效转化为推动建设效益突出的城市型精品炼化企业的强大力量。

（二）把握时代旋律，聚焦主责主业

通过党史学习和对企业党的建设、经营业绩、提质增效、科技创新、安全环保、乡村振兴、疫情防控、社会责任等专项工作经验的总结宣传，系统回顾庆阳石化在党的领导下，牢记"国之大者"，始终坚持把"两个一以贯之"作为企业发展的灵魂，坚守主责主业，促进国有资产保值增值；守护生态文明，助力安全环保绿色清洁；担当央企责任，扎根革命老区助推发展；弘扬石油精神，炼就庆化精神传承赓续的各项辉煌成绩，展望企业改革发展的光明前景，教育引导广大干部员工深刻认识"能源的饭碗必须端在自己手里"的重大责任使命，唱响"我为祖国献石油"的主旋律，紧紧围绕"十四五"减油增化、转型升级战略目标，推进企业可持续、高质量发展，让庆祝活动成为员工群众自觉接受"形势、目标、任务、责任"主题教育活动的生动载体。

（三）内外互动参与，形成强烈共鸣

坚持面向基层、面向群众，创新工作理念和活动内容，强化时代元素，精心策划实施"媒体开放日"活动，与市委宣传部、环保监督及主流媒体互动，搭建与地方业务部门、主流媒体和周边群众的沟通桥梁；运用员工群众喜闻乐见的方式，搭建员工群众便于参与的平台，在网站开设"庆化 50 年"专栏，通过员工文学的庆化、员工故事里的庆化、光影记录里的庆化、新闻报道里的庆化、我心目中的庆化等回顾和展望企业过去、现在和未来，传承文化，凝聚人心；举办 50 年纪实摄影作品展及职工书画作品展，线上线下同步直播主题文艺晚会，观看人数超 11 万人；开展"苦练 30 天，喜迎 50 年"劳动竞赛活动，最大限度调动员工群众参与活动积极性。

（四）汇聚创作智慧，弘扬优秀文化

紧密联系干部员工思想实际，注重反映员工生产生活、精神面貌发生的巨大变化，策划"奋进 50 年，建功新时代"主题晚会，以各个历史时期的重大人物和重要事件为素材，以大合唱、舞蹈、歌舞、情景表演、诗朗诵等形式创作编排节目 14 个；精心拍摄电视专题片《峥嵘五十载·奋进新时代》，通过真实影像资料回顾企业发展历程，引起老中青几代员工思想共鸣；设计厂庆主题形象 LOGO 标志，成为员工网红打卡背景；集中组织各单位和部门合影，征集全员祝福语，以不同形式吸引全员参与，充分体现了文化性、艺术性、群众性，增强了吸引力、感染力、说服力。

（五）务实为民办事，体现以人为本

把"我为员工群众办实事"作为系列活动的重要载体，着力解决员工烦心事、操心事、揪心事，通过解决员工房产证办理、配置健身器材、设置共享单车、调整通勤路线等 15 件实事，得到广大员工群众认可和好评。"七一"前，组织开展走访慰问获得党内功勋荣誉表彰的党员、生活困难党员、老党员活动。厂庆前，组织发放消费扶贫产品、慰问困难员工；重阳节前，青年员工代表看望 80 岁以上的退休老前辈，表达真情问候和浓浓敬爱；在公司内部开展"爱心消费帮扶活动"，累计帮扶 6 个定点帮扶村、消费扶贫合作社农产品 7.2 万元，疫情紧张时期向西峰区青年志愿者和帮扶村送去价值 2 万多元的防疫物资，巩固扶贫成效，助力乡村振兴深入人心，村民们送来锦旗和感谢信，进一步增强了员工群众的获得感、幸福感和安全感，让员工群众更加深切感受到了党组织的温暖。

### （六）注重立体宣传，打造品牌形象

厂庆期间，组织内外部各类媒体共发布文字、图片、视频等新闻报道 50 多篇，在《中国石油报》《石油商报》等行业媒体刊登专版，呈现庆阳石化锻造效益突出的城市型精品炼化企业记略，宣传企业发挥国企核心骨干作用、推动科技创新促企业发展等生动实践；在《甘肃日报》《甘肃工人报》《陇东报》等省市媒体刊登专题，充分展示庆阳石化积极履行社会责任为陇东炼油事业作出的重要贡献；邀请庆阳当地媒体，将厂庆大会和文艺晚会利用全媒体矩阵进行了全方位、多平台报道；内部出版《庆化通讯》纪念版，编辑发布了党的建设、安全环保、科技进步、生产经营、企业管理、社会责任等专稿，以内外结合的方式，全面展示了庆阳石化良好的企业形象。

## 三、成效启示

**有效激荡了全员爱党深情，汇聚了石油力量。** 系列活动紧紧围绕庆祝中国共产党成立 100 周年这一重大主题，有机结合建厂 50 周年活动，奏响了礼赞百年风华、奋斗崭新时代的昂扬主旋律，广大干部员工进一步增强了贯彻落实习近平新时代中国特色社会主义思想的思想自觉、政治自觉、行动自觉，汇聚了庆化人矢志"我为祖国献石油"的奋斗力量，以推动地方经济社会持续发展的责任意识，以保障庆化生存发展的担当意识，圆满完成全年业绩指标，在"十四五"开局之年交出了一份亮丽答卷。

**集中强化了企业五爱教育，弘扬了石油精神。** 全员广泛参与系列活动，全面弘扬了以"苦干实干""三老四严"为核心的石油精神，传

承了"艰苦奋斗,爱岗敬业,敢于拼搏,乐于奉献"的庆化精神,得到员工及社会各界一致好评,提振了员工"我当个石油工人多荣耀"的自信心,"爱党、爱国、爱中油、爱庆化、爱岗位"的良好风尚蔚然成风,员工队伍精神面貌焕然一新。

**切实聚焦了企业发展大局,展现了石油形象。**成功举办系列活动,全方位、多角度、多层次向干部员工和社会各界,展示了公司在党的领导下改革发展 50 年取得的突出业绩、重大成果,彰显了美丽庆化的良好石油形象,深化了和谐油区建设和企业地方关系,赢得了社会尊重和公众点赞,进一步激发了广大干部员工大力弘扬"庆化精神"为企业发展贡献力量的信心和决心。

(执笔人:张豫锋　黄小莉　何宇春　刘晓宇　刘　珊)

# 以"四个维度"为抓手　增强文化引领功能

西北销售公司

## 一、背景介绍

企业文化是企业的灵魂,是生产经营活动的"统帅",是企业行动的"思想指南",是精神文明建设的重要组成部分,在企业的生产经营和发展中具有不可替代的核心作用。因此,高度认识和充分发挥企业文化作用,对于思想政治工作目标的实现至关重要。

中国石油西北销售公司(以下简称西北销售)作为一家有七十余年历史的成品油销售企业,历史悠久、文化深厚。近年来,西北销售坚持以习近平新时代中国特色社会主义思想为指导,大力培育践行社会主义核心价值观,传承石油精神和大庆精神铁人精神,汲取中华传统文化、行业文化和地域文化的优秀基因,在创业实践中孕育出"服务创造价值"核心理念,以及"爱国敬业、顾全大局、苦干实干、三老四严、合作共赢"的五种企业精神,"石油销售摇篮"的文化积淀更加厚实,细耕石油热土、厚植文化根基、丰润道德滋养,"文化引领"成为西北销售提升发展动能、推动高质量发展的强大引擎,助力取得10年来最好经营业绩,西北销售发展呈现良好态势。

## 二、主要做法

### (一)突出长效机制,实施四大举措,增强文化引领"硬度"

西北销售扎根西北、服务西北,投身西部火热的石油销售事业,为中国石油销售事业发展作出历史性贡献，为建设幸福美好大西北、开创富民兴隆新局面作出积极贡献。西北销售党委深刻认识到，要让老企业持续焕发新的生机，实现基业长青，就必须在文化建设上有更高的追求。西北销售党委高度重视文化建设，通过实施"以文化人、以文铸魂、以文培元、以文弘业"等四大举措，切实把企业政治优势文化优势转化为竞争优势发展优势，实现文化建设与经营管理同频共振。以创建全国文明单位为契机，与省、市、区三级文明办建立常态化沟通衔接机制，赴全国文明单位开展学习借鉴，加强特色文化创建和资料管理，完成100余项创建重点计划，形成12大类16册350余万字的《文化工作成果手册》和《文明工作图文集》，构建形成"长效化"文化建设机制，实现了企业的规章制度、经营管理、行为规范、社会责任和品牌推广的有机融合，以春风化雨、润物无声的方式体现在工作的方方面面和员工的一言一行中，使文化真正成为推动公司发展的无穷动力。

（二）突出守正创新，构建特色文化，延伸文化引领"深度"

西北销售突出"守正创新"抓创建，实施"文化铸魂"工程，以文化人，凝聚文明力量。开展石油精神和大庆精神铁人精神再学习再教育再实践活动，把其作为新员工入职教育、员工培训学习必修课，深挖石油精神时代内涵，讲好高质量发展故事、服务炼销故事、脱贫攻坚故事、爱岗敬业故事，筑牢共同思想基础。以石油文化、道德文化、廉洁文化建设为主体，深入挖掘西北销售历史积淀和精神宝藏，梳理历史资料、历史故事、历史人物，让档案说话，让历史发言，形成"服务创造价值""五种精神""四个不变""石油金桥"等一批厚重殷实的企业文化理念。持续加大文化产品创作力度，创作微电影《手机里的油爸爸》，形象宣传片《服务创造价值》，抗击新冠肺炎疫情短片《战不缺席》等视频作品近20多部，编撰形成《企业文化手册》《纸上展览馆》《摇篮逐梦》《墨韵光影》等30多项文化产品，20余项文化成果获亚洲、全国、行业重量级奖项，其中 1 项获亚洲微电影节"金海棠"奖。落实"全员健身""全员阅读"行动，制定《健康西销行动计划》，建立职工之家、青年之家等阵地，举办职工运动会、主题歌咏比赛、迎新春茶话会、全员"健步走"等文体活动，展示职工昂扬向上的精神风貌。

（三）突出社会责任，完成脱贫任务，提升文化引领"温度"

履行社会责任、热心公益事业是西北销售文化建设成果的有力体现。在群众需要之时、社会期盼之处、急难险重的关键时刻，西北销售始终自觉践行社会责任。西北销售党委全面贯彻落实甘肃省委下达的脱贫攻坚任务，累计投入资金 1400 多万元，选派 7 名帮扶干部驻村挂点，打造形成柿子产业、杂粮产业、蔬菜种植基地等优势产业项目 8 个，7 个帮扶村全部实现脱贫摘帽，西北销售精准扶贫工作连续 4 年被评为优秀等次，获得甘肃省脱贫攻坚先进单位称号，1 人荣获全国脱贫攻坚先进个人，展现出文明央企的新担当。始终把安全保障和政治责任放在第一位，在地震、洪涝、新冠疫情等重大自然灾害和公共卫生事件突发时，第一时间保障油品供应，及时伸出援手扶危济困，同时全力支持和参与兰州市创建文明城市工作，组织爱心活动 80 余次，开展"脱贫攻坚、文明同行""慰问交通劝导员""关爱抗疫医务工作者和抗疫民警"等新时代文明实践志愿服务活动，促进企地文明共建共享。坚持开展社会公益活动，先后向甘肃贫困村民、环卫工人、贫困学子等捐款捐物，向武汉、西安、兰州等奋战在新冠疫情防控一线人员捐赠防疫物资，形成"温暖环卫工人、温暖中小学生、温暖贫困村民"三大志愿服务品牌。建立志愿服务机制，完成 1000 余人在中国志愿网的注册工作，注册志愿者参与率达到 90% 以上，文明风尚行动和"学雷锋树新风、学铁人立新功"志愿服务活动蔚然成风。

（四）突出文明实践，强化示范激励，淬炼文化引领"纯度"

劳模、先进是西北销售干部员工的优秀代表，发挥着示范和引领作用。西北销售实施"先锋模范"工程，弘扬劳模精神、劳动精神和工匠精神，推出了一批叫得响、过得硬的先进典型。近年来，9名个人荣获中央企业劳动模范、甘肃省劳动模范、甘肃省五一奖章等荣誉，培育集团公司标杆油库3个、甘肃省"工人先锋号"2个、"五一巾帼奖"1个、"创新型班组"5个、劳模创新工作室4个。常态化开展"身边人讲身边事"系列道德讲堂活动，举办"兰州好人"画像展，选树"劳动模范"20人、"油库最美女工"10人、"孝亲敬老好儿女"10人、"最美逆行者"11人、"贤内助"10人、"最美志愿者"29人，形成爱岗敬业、崇德向善、见贤思齐的良好氛围。特别是面对2021年"7·20"郑州特大暴雨，所属郑州分公司党委成立党员突击队，6名党员连续奋战192小时，7月20日连夜发运抢险油品97吨，21日紧急向郑州大学第一附属医院抢发应急发电"救命油"15吨。"围着市场转、盯着效益干，提质增效攻坚战一定能打赢。"业务营运部支部书记坚持事前算赢，事中干赢，2020年西北销售吨油运费首次控制在150元以内。实践证明，先进典型凝聚着企业厚重的文化底蕴，先进典型集中展示着企业的文化精神，是推动西北销售高质量发展的动力源泉。

## 三、成效启示

西北销售成功创成"全国文明单位"，"公司兰州营业所成立代电"入选中国石油首批工业文化遗产，西北销售展览馆被评为集团公司石油精神教育基地和兰州市科普教育基地，形成"出人才、出经验、出荣誉、出成果"的四出文化成果，切实把企业政治优势文化优势转化为竞争优势发展优势。

总结成效，主要有"四点启示"：

**抓好文化建设是推动公司高质量发展最深层最持久的力量。**企业发展短期靠产品，长期靠文化。成功的企业始终致力于企业文化建设。要让老企业焕发新动力，实现基业长青，就必须在文化建设上有新作为。

**抓好文化建设是提升公司"软实力"最强大最有力的举措。** 加强企业文化建设有利于更好地凝聚企业力量、塑造企业品质、彰显企业价值、提高企业竞争力，是推动公司永续发展的精神脊梁和活力根基。

**抓好文化建设是提升队伍文明素质最直接最有效的途径。** 有利于打造优秀团队、培养文明新风、形成工作合力，是一项修心养性、凝魂聚气、铸魂育人的综合素质提升工程，能够激发活力、增强内生动力。

**抓好文化建设是满足员工精神食粮最现实最需要的载体。** 能够不断满足广大职工的精神需要，拓展丰富广大职工的精神世界和精神生活，切实增强广大员工的获得感、幸福感和安全感。

（执笔人：李　江　陈　斌　任东阳）

# 传承石油精神 融合海派文化
# 打造区外销售企业特色子文化

上海销售公司

## 一、背景介绍

植根于大庆精神铁人精神的坚实土壤，发端于中国石油南方市场战略的实践历程，中国石油上海销售公司（以下简称上海销售）在20年区外销售市场开发和经营销售中积淀了深厚的企业文化，形成了独具区外销售特色的文化。2009年，顺应集团公司集约化、专业化、一体化整体协调发展的战略举措，上海销售完成最近一次管理体制调整。面对体制深度调整和改革发展的新任务、新形势，上海销售首次确立了"不求最大、但求最好"的发展定位和"一二三四五六"的发展战略，配合新的历史定位和发展战略，明确打造上海销售特色子文化作为传承大庆精神、铁人精神的具体实践，作为推动公司持续、稳健发展的动力源泉，进行重点培育和打造。

近年来，上海销售以集团公司企业文化建设纲要为指导，汲取石油传统文化的精华，系统梳理公司近20年的文化积淀，融合海派文化，不断创新与公司发展相适应的文化理念，培育了具有鲜明石油特色、时代特征、区位特点和公司特质的企业文化。上海销售将文化引领、铸魂育人的理念贯穿发展始终、贯穿经营销售始终，"五位一体"文化培育和传播布局推动石油文化和上海销售特色子文化"落地生根"，推动价值理念与行为规范、理念文化与行为文化的有机统一，形成了一系列根植基层的文化建设、文化传播品牌，塑造了良好的企业形象，先进的文化资源持续转化为竞争优势和发展优势，为上海销售率先建成世界一流水平销售企业提供了强有力的精神动力和文化支撑。

## 二、主要做法

上海销售按照"继承创新、系统衔接、立体推进"工作思路，适应市场化、国际化发展需要，立足区位、把脉时代特征，努力建设了符合公司实际、具有时代特征和石油特色的企业文化，为上海销售科学发展提供了强大精神力量。

（一）夯实基础，构建企业文化体系

**高位部署企业文化建设工作。**根据集团公司企业文化建设纲要，结合实际，上海销售制定了《进一步推进企业文化建设的实施意见》《公司企业文化建设纲要》，将企业文化工程作为公司党建"五大工程中"重要一级，部署了大庆精神铁人精神宣传教育、特色子文化体系构建、丰富群众文化、打造文化榜样等子模块，在文化传承、文化培育、文化繁荣和文化导向上下功夫，全面推进上海销售企业文化建设工作的有序开展。

**健全组织保障机制。**把企业文化建设纳入上海销售党委重点工作，党群工作处下挂企业文化处，形成了领导负责，专业部门组织协调，各职能部门分工落实，全体员工广泛参与的组织体系。统筹安排企业文化建设、群众性文化活动和各类文化体育场所的资金，保证企业文化建设的基础性投入。

**开展企业文化基础理论研究。**针对上海销售文化建设实际，每年在政研论文课题安排中注重对弘扬石油精神、发展特色子文化的理论研究，形成了《大力弘扬石油精神、发挥特有文化优势》《浅谈如何利用新媒体推进石油企业文化建设》《试论新时期大庆精神铁人精神的传承与发扬》《职工文化在企业文化建设中作用的思考》《提升企业文化软实力的研究》等课题。通过基础理论研究，进一步回答了对石油精神继成和发扬的问题，回答了新时期、新使命上海销售特色文化建设的思路、原则、措施和保障，延展了职工文化、精细管理文化、安全生产文化等多元文化的内涵，以及如何培育、实践与发展等重大问题。

**建立系统完善的企业文化体系**。2009年重组整合后，上海销售围绕中长期发展战略对企业文化建设工作进行了系统的研究和定位，以集团公司六统一为统领，以销售公司企业文化为指针，注重继承和有序衔接，确保上层理念落地；以上海销售发展目标、发展思路为战略引领，以特色子文化为支撑，以专项文化和优良传统为补充，注重创新和广泛认同，推动上海销售发展愿景、价值理念与行为规范、理念文化与行为文化的有机统一，建立了系统完善的立体式企业文化体系。

（二）强化认同，"五个一"推动文化落地

**建成一个企业文化教育基地**。不断整合、优化资源和载体，发挥文化阵地的教育、引导和示范功能，企业文化教育基地展览馆落成，组织了全员企业精神教育活动，在重温上海销售发展历程和辉煌成就的过程中，进一步理解20年来的文化特色，进一步增强对上海销售特色子文化的理解，形成企业与员工"同发展、共奋进"的良好氛围。开展形式多样富有特色的教育活动和对外参观展示活动，发挥企业文化教育基地记载历史、体现传统、承载文化、传播形象的的功能。展厅开馆不到半年就接待参观超过30批次，参观人数达3000余人。

**编制一本企业文化手册**。按照"入眼、入耳、入脑、入心"的思路，做好企业文化宣传推广，编发特色文化宣传册，编印《上海销售公司企业文化手册》2016版和2018版，使广大干部员工能够随时随地感受到文化的约束和熏陶，使文化理念渗透于企业管理制度和员工的思想行为之中。

**拍摄一部企业形象宣传片。**以《加油·上海》为题，完整记录上海销售改革发展历程，展示发展丰硕成果，每年实时更新片子内容，增强了员工对企业文化的认同，增强了社会公众对上海销售的理解和认知。

**推进一套企业文化理念上墙。**为大力弘扬和传承石油传统文化，宣传上海销售特色文化，使大庆精神铁人精神教育经常化、系统化，在全体员工中构筑共同的思想基础，上海销售规范了加油站、二级单位企业文化理念上墙的内容，制作统一上墙展板，用三个月时间实现了基层库站文化理念上墙100%。

**开展优秀企业文化成果展。**挖掘、提炼各单位、处室、库站实践中形成的优秀文化文化理念、文化格言和文化典故，组织开展"企业文化成果巡展"，进一步发展和繁荣上海销售上海销售特色子文化体系。丰富形成了"高效务实、精益求精，做城区加油站引领者"的浦西公司文化，"勇当探路人、争做排头兵"的同盛文化，"学习扬帆、执行为纲、业绩至上、服务优良"的宝嘉文化等，挖掘了6次拜访、铁人精神在洋山岛、流动党旗别样红等文化故事，形成了"今日的创新，明日的市场"、作风就是生产力等文化格言。

### （三）延展载体，"五大工程"丰富文化品牌

梳理形成了先进典型、管理制度、品牌工作、特色形象、优质服务、群众等"五大"文化品牌，推进上海销售文化品牌建设向纵深发展。

**推进先进典型选树工程，使企业文化"人格化"。**选树一批有"油"味、有时代感先进典型，选树了集团公司特等劳模、上海市劳模刘国超，集团公司十大金花站经理庞爱宁，上海市五四青年奖章张猛，上海市人大代表、五一劳动奖章袁婷婷，上海市巾帼文明标兵鲁叶，上海市青年岗位能手王喜庆等一系列先进典型，典型时时有、行行有、层层

有。广泛宣传各类典型先进事迹，解析各类典型的石油基因和人格特质，以"身边人身边事"激励广大干部员工创新思路、主动作为、攻坚克难、开拓进取，以实际行动助力企业发展。刘国超管理与效率革新创新工作室获评上海市劳模创新工作室，是加油站行业唯一一家获评创新工作室殊荣的集体，极大提升了企业影响力，塑造了传统行业的创新形象。

**推进专项文化、库站文化建设工程，使企业文化"体系化"。**在石油精神的框架下，持续推进安全文化、质量文化、廉洁文化、和谐文化等专项文化建设和库站文化建设，把文化理念融入各项管理制度、行为规范和操作规程，石油精神与制度体系的有效对接，渗透到生产经营管理的各个环节，形成传承精神的完整制度体系。

**推进特色文化加油站建设工程，使企业文化"多元化"。**把基层建设和特色文化示范点建设相结合，协同规划，携手联动，切实把上海销售上海销售特色文化落实到基层的管理活动和岗位操作中。各单位结合自身特点，打造了振兴创新特色文化、杨思"家"文化，肖塘加油站以打造 HSE 标准站为契机，建成了 HSE 文化加油站，长兴岛丰富路加油站在生态岛主打"花园式"加油站，临港新城申港加油站借上海建设海洋极地世界契机打造"导游式"加油站，在千年静安、百年常德路上的常德路加油站融入周边环境，打造"海派"文化加油站。

**推进文化品牌建设工程，使企业文化"实践化"。**文化融入企业管理全过程，打造了一系列体现上海销售文化特质的特色工作、管理经验和成功案例。与形势目标任务宣讲结合，举办"送信念"到一线巡回演讲，凝聚发展共识共同度过低油价寒冬；与安康杯结合，积极推进安全文化建设，获得2017年度全国"安康杯宣传先进单位"；贴合上海销售创新发展战略，发布创新管理机制，引领广大员工积极投身经营管理创新、技术创新和"五新五小"活动，累计形成创新课题40余篇，金点子过百条，每年召开创新成果发布会，营造浓厚创新氛围，实现了文化与管理相融相促，在提升企业管理水平中展现出更加旺盛的生命力。

推进群众性文化建设工程，使企业文化"人本化"。充分发挥文联组织阵地作用和专业协会协调作用，选举产生了上海销售文联体协领导机构，完善了 11 个专业协会的组织机构，充分发挥文联阵地作用，组织开展了丰富多彩的活动，活跃一线员工文化生活，营造了繁荣的群众文化。11 个协会组织累计组织超过百场活动，月月有活动；举办员工运动会、迎新棋牌比赛、六一亲子摄影书画展、端午学民俗、金秋文化嘉年华、健步走、宝嘉好声音等活动，各球类协会联通驻沪多家企事业单位组织友谊赛，极大丰富了员工的文化生活，更加生动地展现了石油人昂扬向上的精神风貌。

## 三、成效启示

企业文化更加繁荣，文化软实力持续激活。贯彻落实集团公司企业文化"六统一"，大力弘扬石油精神，像担当"三大责任"那样，担当起文化责任，文化自信不断坚定；建设公司安全、业绩、服务、廉洁、和谐等专项文化，文化活动渐成品牌，文化内涵不断丰富，文化载体不断创新；上海销售涌现的刘国超、庞爱宁、张猛等先进典型在系统内外的知名度和影响力大幅提升，文化导向不断强化。

员工士气更加昂扬，队伍战斗力持续提升。常态化推进大庆精神铁人精神教育和企业文化建设，画出员工的思想"同心圆"，增进文化认同和文化自觉，全体员工在企业使命、战略目标、经营理念、行为规范等基本方面达成共识，增强了与企业共成长、同奋进的情感连接，近年来员工流失率逐年下降，各业务条线、各层级先进典型持续涌现，党员、团员模范带头作用持续发挥，队伍凝聚力和战斗力日益提升。

**文化支撑更加强劲，上海销售竞争力和影响力显著增强。**大庆精神石油精神是石油人的精神底色，"一二三四五六"发展思路指明了上海销售发展方向和发展路径，"强精特优"经营理念彰显了上海销售的文化品格，体系完整、价值鲜明的企业文化对全体上海销售人思想和行为起导向和凝聚作用，对企业整体的价值取向和经营管理起导向作用，在社会和公众中形成了良好的品牌效应。近年来面对经济增速持续放缓、市场需求整体下降、低价资源冲击市场、经营环境空前复杂等诸多困难和挑战，上海销售经营持续向好，年年盈利，实现了全面、稳健、可持续发展。上海销售党委被中组部评委"创先争优先进基层党组织"，上海销售获评上海市"文明单位"。

**石油文化薪火相传，历久弥新，**团结带领着百万石油员工推动石油事业不断向前发展。石油文化要传承，更要创新，在区外销售的实践中，上海销售以社会主义核心价值体系为统领，用石油精神提振队伍士气，用优良传统凝聚发展力量，高唱"我为祖国献石油"主旋律，坚持文化自觉、文化自信和文化自强，找到区位特点、与广大员工思想观念、价值取向与石油精神的契合点，在多元价值交汇中凝聚发展共识，让与时代共生长的石油精神成为上海销售独特的文化优势、全体上海销售人的思想基础。以改革创新精神推进企业文化建设，将先进的文化资源转化为强大的竞争优势和发展优势，为率先建成世界一流水平销售企业提供坚实的思想保障和不竭的精神动力。

（执笔人：杨昌陶　潘　雁　高　明）

# 百年辉煌红色印记　销售网络赓续红色基因

辽宁销售公司

## 一、背景介绍

习近平总书记指出，在党史学习教育中，要充分运用红色资源，教育引导广大党员、干部坚定理想信念、筑牢初心使命，不断增强斗争精神、提高斗争本领，做到在复杂形势面前不迷航、在艰巨斗争面前不退缩。中国石油辽宁销售公司（以下简称辽宁销售）作为国有重要骨干企业、党和国家最可信赖的骨干力量，地处辽宁红色沃土，拥有丰富的红色资源和浓厚的历史氛围。如何有效利用地域特色，用好身边资源，唤醒沉睡的"红色记忆"？如何充分发挥销售网络优势，激活党员红色基因，描绘家乡的"红色地图"？如何让红色精神与石油精神形成文化共振，将加油站打造成有担当的"红色名片"？辽宁销售党委深挖企业特色与红色资源的地域联系、历史联系与文化渊源，积极运用新媒体、时空互动的形式，开展"百年辉煌　红色印记"系列活动，推出了8期具有石油特色的红色主题微记录。通过加油站党员讲述身边的革命历史和辽宁发展的红色记忆，做到一段红色文化一座加油站，一座加油站赋上一个"红色印记"，用有"油味"的故事讲出有"党味"的历史，传承石油人对党忠诚、奉献能源的红色基因。

## 二、主要做法

**（一）用好红色资源，唤醒身边的"红色记忆"**

用好红色资源的关键不仅在于如何"用"，更要有效体现"好"。内容好、方式好、样子好都不能称得上"好"，党员学得好、群众反响好、工作成效好才能算是"真好"。远水不能解近渴，身边情真意更切。"百年辉煌 红色印记"系列活动充分发挥辽宁抗日战争的起始地、解放战争转折地的资源优势，以加油站为第一视角，发动基层一线党员结合所在地的遗迹遗址，讲述身边的党史故事、革命历史和发展历程。在"百年辉煌 红色印记"系列活动中，第1期内容"英雄的城市，鸭绿江边的宝石花"讲述了王萍加油站与相聚600米的抗美援朝纪念馆之间的时空互动，站内员工始终坚守岗位、服务油品供给，不仅利用业余时间担任纪念馆的义务讲解员，更做到了几十年如一日地免费提供旅游线路及景点指引等咨询服务。在6分钟的纪录片中，基层党员用真情实感讲述了一代代石油人对志愿军战士英勇顽强、不畏艰难困苦的革命精神的传承，用服务奉献让顾客在加油过程中感受到红色旅游中的石油精神，用实际行动向社会展示了央企的责任担当。

**（二）发挥网络优势，描绘家乡的"红色地图"**

革命的星星之火照亮了百年党史的光辉历程，辽宁省的360余处遗址遗迹和130余处爱国主义教育示范基地绘制了党史资源的"红色地图"。在这张"红色地图"上，错落分布着1300余座中国石油加油站，构筑起辽宁销售的经营网络。地图与网络之间的精神流动为辽宁红色资源和加油站点搭建起一座无形的精神桥梁。辽宁销售党委有效发挥加油站"点多面广"的经营特点，在综合省内红色资源的历史特色、地域特征和示范代表性等情况下，打造了8座加油站与毗邻的8个历史景点的"红色印记"。这其中有沈阳昆山加油站与九一八历史博物馆之间的时空互动和警钟长鸣，有大连宫家加油站与关向应纪念馆之间的精神反哺和"向应菜园"，有抚顺雷锋路加油站与雷锋纪念馆之间的时代精神和优良传统，有锦州士英街加油站与辽沈战役纪念馆之间的热血豪情与砥砺奋进，多角度、全方位、立体化呈现出石油人眼中最有情感、最富感染力、最能打动人心、最有家乡味的红色文化"盛宴"，激活了石油精神的红色基因，打通了党史学习教育"最后一公里"。

（三）推动文化共振，打造有担当的"红色名片"

党的历史是一代代革命烈士浴血奋斗的结晶，石油精神是王进喜等一辈辈石油铁人艰苦奋斗的传承。通过开展"百年辉煌 红色印记"系列活动，利用"景点＋站点""党味＋油味"的精心构思，既传承了建党百年的伟大精神，又传播了辽宁的红色文化，既落实了习近平总书记持续用好用活红色资源的讲话精神，又让党建红色文化、辽宁地域文化、企业文化真正"活"了起来、"火"了起来，真正做到了推动党史学习教育往深里走、往心里走、往实里走，形成了"1+1大于2"的文化共振，以红色文化的小切口打开了党员教育的生动讲堂、搭建了展示企业形象的大舞台，让中国石油加油站成为了辽宁地区亮眼的"红色名片"。

## 三、成效启示

近年来，经过"不忘初心，牢记使命"主题教育、党史学习教育等活动的洗礼，党员教育已不再满足于单一形式。"互联网＋党建"、现场观摩、沉浸式体验等新模式得到了更广泛地推广应用。在策划上，"百年辉煌 红色印记"系列活动有新意、有"心"意，能够运用多种形式深挖历史内涵、深度结合基层实际；在方式上，"百年辉煌 红色印记"系列活动有巧思、有妙想，能够将人员不易集中的"难点"转变为因地制宜、多点开花的特色"亮点",将加油站销售网络与百年党史脉络相衔接,强化基层党组织的归属感、信赖感和荣誉感;在成效上,"百年辉煌 红色印记"系列活动有共鸣、有共振,激发党员在思想上的共鸣,实现了广泛参与、广受触动的良好效果,更通过新媒体宣传展示了新时代石油人的良好风貌,以石油精神和央企担当履行了社会职责。总体上讲,"红色印记"通过创新与融合方式开阔了党员视野,让党史教育"沉浸"不"沉闷"、"热烈"不"割裂",用红色历史为加油站注入了"红色基因",打造了"星星之火可以燎原"的学习教育新模式,为赓续精神血脉提供丰富了文化滋养。

(执笔人:曾晓康　方　雪)

# 发扬汇津战役精神　凝心聚力开拓奋进

天津销售公司

思想政治工作是企业凝心聚力、拓展市场、提质增效的重要手段，是企业改革发展稳定的有力保证。2020年以来，面对新冠肺炎疫情和油价双重影响，中国石油天津销售公司党委（以下简称天津销售）认真贯彻落实集团公司党组和销售公司提质增效专项行动方案，扎实开展主题教育活动，上下团结一心，积极应对复杂市场形势，全力以赴增销创效，取得了阶段性成效，并涌现出了一批践行"石油精神和大庆精神铁人精神"的生动案例和工作方法，为天津销售改革发展贡献了智慧和力量。

为充分发挥典型的示范带动作用，凝聚改革发展正能量，进一步引导和激励广大干部员工立足本职、苦干实干，开拓进取、勇争一流，培养锻造一支敢打硬仗、善打胜仗的干部员工队伍，结合实际，天津销售党委决定在全公司开展深入学习"汇津战役精神"的活动。

## 一、背景介绍

2020年二三月，疫情肆虐，油品和非油品销量断崖式下跌。成品油销售告急！非油品销售告急！天津销售静海分公司党委一班人不等不靠，主动应对，冷静分析，科学研判，积极制定策略，在津冀交界最恶劣的竞争环境和市场最薄弱的环节发起"汇津战役"。

汇津战役是在油站长期低销亏损、内外部市场形势极其严峻恶劣下展开的，汇津战役的胜利集中体现了：不轻言放弃、不怨天尤人、积极进取的守土有责、担当敬业精神；在挫折中锲而不舍、愈挫愈奋、不断寻找战机实现突破、不达目的绝不罢休的自强不息、顽强拼搏精神；主动舍弃没有效益的销量，客户公关由周边价格敏感型的低端客户向长途优质高端客户转型、改革非油分配机制、推广董淑凤非油销售法、努力实现毛利最大化和油站扭亏为盈的实事求是、开拓创新精神；发扬"困难面前有我们，我们面前无困难"、站经理和共产党员冲锋在前、放弃节假日和休息、全员拧成一股绳、下定决心埋头苦干、坚决消灭亏损站点实现高质量发展的苦干实干、爱岗奉献精神。

## 二、主要做法

汇津加油站位于静海区与河北省的交界处，周边沿线民营加油站高度密集，竞争异常激烈。汇津站倍受挤压、饱受冲击，销量长期低迷、效益连年亏损。受疫情和油价双重影响，2020年2月日销量仅0.8吨。

静海分公司党委将"敢于亮剑、敢于战斗、敢于胜利、团结协作、攻坚克难"的雍阳阻击战精神作为锐利的思想武器，按照集团公司党组和天津销售党委关于提质增效专项行动的一系列部署，广泛宣传教育、深入思考研究，寻求破解困局、杀出血路的突破口和良策。

（一）战严冬、求生存，一往无前、拼搏奉献，捍卫市场地位和生存根基

在快速引流揽客、抢夺市场份额的战役初期，静海分公司党委向全体党员和骨干发出号召，"敢打善拼、冲锋在前，团结协作、无私奉献，决战用我，用我必胜！"

汇津联合党支部书记、站经理东福瀚冲在前线不怕疲劳，24小时坚守油站，旭华道联合党支部书记、站经理刘洪帅和金角联合党支部书

记、站经理李鸿飞前来支援，三位加油站支部书记携手并肩、共同奋战。机关和兄弟站党员组成志愿分队轮班帮扶。静海分公司党委成员示范在前，与加油站员工一道服务顾客、举牌宣传。非油销售状元董淑凤调入参战，更是开启了汇津站非油销售收入"换字头"的模式：一千多、两千多、五千多……每天都在飙升，一举创造了油品日销量 73 吨、非油日销售收入 2.7 万元的静海分公司历史纪录。

（二）转观念、勇担当，实事求是、主动负责，落实量价平衡的要求和量效齐增的目标

在快速上量，初战告捷之际，静海分公司党委和汇津站党支部并没有盲目的乐观和自满。硬拼价格、重量轻效终究是舍本逐末，量价平衡、量效齐增才是企业的根本任务和价值。身为共产党员、国企员工，就要有实事求是的精神、勇于担当的意识。

大家沉入周边市场，摸清对手底细和客户心理；深入交流讨论，运用 SWOT 分析法，找准优势劣势，分析机遇威胁；反复权衡研究，寻找毛利最大化的量价平衡点和引流吸客量效齐增的发力点，自我加压、迎难而上，制定了循序推价筛客、逐步稳量提效的方法和目标。党支部书记东福瀚白天忙碌现场，深夜研究顾客特点、客户群结构，多次主动提出推价的精准建议。站内党员主动请缨，在业余时间依然做好站外宣传和客群维系工作。销售状元董淑凤积极分享销售技巧和窍门，带动全站非油销售快速提升。通过突出品牌优势、打好质量诚信牌，强化系统优势、打好客户管理牌，采取小步快跑的方式踏准推价节奏，汇津站实现了扭亏为赢、量效齐增。

（三）强体魄、上台阶，深化改革、强化创新，实践提质增效的战略和良性发展的理念

变"熬冬"为"冬训"，强内功而致胜。静海分公司党委和加油站党支部把深化改革、强化创新作为强体魄、上台阶，巩固汇津战役成

果、促进长远发展的支点。

一是强化非油创新、优化品种结构、拓展销售途径、丰富营销策略，在提升非油销售规模的同时提高以非促油的能力。二是强化服务创新，打造有温度、有精度、有力度的服务体系和平台。三是深化薪酬改革，业绩记录到人薪酬计算到日，提升多劳多得的动力。四是深化劳动效率改革，班组竞赛、个人考核、末位淘汰、动态轮岗，激发良性竞争的活力。五是发挥典型带动作用，把董淑凤的非油销售法和热爱销售的职业精神推广传授，凝聚共同发展的合力。

经过近三个月的激战，将一座战前油品日销量不足 3 吨、非油收入每天不到 1400 元的双低站，提升为销量接近万吨站水平、非油收入每天达到万元以上的双高站，一举实现扭亏为盈。

这骄人业绩是继承发扬"雍阳阻击战精神"，解放思想，开拓创新，不畏强敌，主动应战，科学施策，精准营销的结果，为天津销售双低站治理提供了科学的认识论和方法论。首先，紧盯客户，把客户作为上帝，一切为了消费者，一切服务消费者，紧盯客户的需求，深入开展客户商圈分析和客户细分，快速引流，及时锁客，精准营销，下大力气加强客户开发和维系；其次，紧盯市场和竞争对手，深入开展优势劣势机会威胁态势分析（SWOT 分析），在与竞争对手，特别是与民营加油站的对战中，突出品牌、突出服务、突出质量取胜，并且向竞争对手学习，取长补短，眼睛向内，练好内功，保持合理的价差，不把胜败完全寄托在打价格战上，锁住优质客户，并不断扩大优质客户群，这是提质增效的核心；第三，紧盯效益，算好盈亏平衡账，以合理的价差、量效的平衡、油非的互促以及节能降耗实现毛利最大化，堵住出血点，坚决抑制没有效益的量的冲动；第四，紧盯员工思想观念的转变，及时改革调整管理方式和营销策略，坚决纠正和克服"一讲营销策略就要大幅降价、就要多重优惠叠加、不管什么客户都采取大水漫灌的价格政策、片面追求量的提升忽视效益"等错误思想和做法，牢固树立精心服务、精准营销、精细管理的理念，不逞一时之勇，不打价格战，大力加强"物流线"建设，主攻线上营销、外地客户，优化客户结构，一人一客制定差异化营销策略，积极推广董淑凤"四步十六字"非油销售法，在提高服务质量水平上下功夫，以优质服务赢得客户。对天津销售这样双低站占到三分之二的企业来说，汇津战役中所体现出的思想认识和经验做法，给了员工解决双低站的信心、决心和勇气，提供了治理双低站的方法和路径，指明了提质增效的努力方向。

## 三、成效启示

汇津战役的整个过程集中反映了面对严峻市场形势，如何扭转双低站长期亏损的被动局面，是实现高质量发展的一个典型战例，对天津销售如何破解双低站治理难题，实现提质增效，提供了科学发展的认识论和方法论，具有重大而现实的指导意义。

在天津销售党委的号召下，天津销售上下迅速掀起学习"汇津战役精神"热潮，全力推进提质增效见实效。

**高度重视，精心组织。** 各级党组织把"汇津战役精神"作为重要学习内容，高度重视，精心组织，通过中心组学习、支部主题党日等多种形式广泛开展学习，将学习活动贯穿主题教育和提质增效专项行动全过程，教育引导广大干部员工在推进提质增效专项行动中，立足岗位实际，汲取榜样的精神力量，解放思想转观念，学习先进的销售方法，奋勇争先创佳绩。党员干部发挥表率作用，带头学习、亲自讲解，作出表率、作出示范，把学习成果体现在改革发展成效上。

**推广交流，营造氛围。** 各级党组织把"汇津战役精神"作为主题教育活动的生动教材，以库站、支部为单位，通过逐级宣讲、座谈讨论、现场交流等多种形式广泛学习宣传，迅速掀起学习热潮，将"汇津战役"的精神实质和典型经验学深学透、入脑入心，全面加以推广和应用，着力营造全员转变观念、干事创业、改革创新、提质增效的良好氛围，凝聚起全员提质增效的强大合力。同时，对照"汇津战役精神"，联系思想工作实际，主动找差距、找不足，深刻检视剖析，有的放矢整改，破除高枕无忧、安于现状、等靠要、推卸责任等倾向。开展了大学习大讨论，讨论交流"怎么看、怎么办、怎么干"，谈学习体会、谈责任目标、谈落实举措、谈精神状态。

**认真部署，抓实抓好。** 各级党组织认真部署，用好中心组理论学习、"三会一课"、主题党日等形式，切实抓紧抓好，杜绝形式主义和走过场。天津销售党委把此次学习活动开展情况纳入了基层党建工作量化考核的重要内容，定期督导检查。各级党组织引领广大干部员工崇尚先进、崇尚实干、崇尚业绩，以先进典型为榜样，坚定信心，振奋精神，紧扣提质增效任务目标，勇担发展重任，勇克困难挑战，全力以赴推进提质增效专项行动。

（执笔人：潘海军　王欣月　余　童　梁　鹏）

# 在抗洪抢险中弘扬石油精神彰显石油力量

河南销售公司

## 一、背景介绍

2021年7月20日，河南部分地区遭遇了极端强降雨的侵袭，郑州、新乡、焦作、安阳、鹤壁等地区普降大暴雨、特大暴雨，城市发生严重内涝，一些河流出现超警水位，部分铁路停运、航班取消，给广大人民群众造成了重大生命和财产损失。中国石油河南销售公司（以下简称河南销售）累计受灾库站374座、占运营库站总数的44.7%，1800多名员工受灾。为保障全体员工的生命安全和中国石油财产安全，支持属地政府抢险救灾，河南销售党委注重员工思想教育和引领，动员全体干部员工上下一心，顽强拼搏，大力弘扬石油精神，积极开展生产自救，全力保障物资供应，加快推进复工复产，取得了良好成效，守住了"员工生命安全和不发生环保事件"两条底线，展现了河南销售人的精神风貌和央企的责任担当，在抗洪抢险中集中彰显了石油精神和"石油力量"。

## 二、主要做法

（一）在抗洪抢险中，突出党员的示范带动，凝聚思想合力

灾情发生后，河南销售党委深入贯彻习近平总书记对防汛救灾工作作出的重要指示精神，第一时间召开紧急会议，动员全体干部员工统一思想，坚定信心，坚决贯彻河南省委和国资委党委、集团公司党组部

署，第一时间启动应急预案，争分夺秒抢险救灾，千方百计保障供应。广大干部员工识大体顾大局、舍小家为大家，党员干部率先垂范，共产党员冲锋在前，奋勇当先抗洪抢险。郑州53站党员站经理王治在暴雨来袭时，迎着困难上，带着1名同事和滞留的3名客户手拉手一起往站外撤，在齐胸深的洪水中艰难腾挪，他用自己近1米9的大体格紧紧护住前行的"战友"，拼尽力气爬上站外高地，用党员的担当带领大家成功化险为夷。郑州分公司78站经理闫志杰，冒雨耗时4小时在7月21日凌晨3点，将20升汽油送到黄委河南水文水资源局。焦作分公司成立党员突击队，涉水步行1千米，顶着大雨在没膝深的水中连续奋战10多小时，将30余吨沙子装成沙袋进行驻堤布防。郑州分公司15站位于暴雨的核心区，也是来郑救援车辆的必经路段，为了给救援车辆提供用油保障，站经理吴丹带领员工连续奋战48小时，高效完成自救和复业。安阳分公司党员突击队，面对凶猛的洪水，拄着木棍，相互搀扶有序组织员工撤离，全力转移站内贵重资产，通过"人拉、肩扛、手扒"的方式帮助守护在医院旁边的相七路加油站，最大限度降低洪灾影响。新乡分公司3个抢险突击队连夜赶赴辉县、延津、获嘉灾情严重地区奋战18小时，用沙袋、抽水泵有效控制住了延津4站、获嘉3站现场积水上涨，连夜转移了辉县3站、辉县6站因水库泄洪受困的8名员工。针对涌现出的典型经验和感人的事迹，河南销售党委宣传部和分公司党委配合，深挖各层面抗洪典型，以小见大，捕捉真情实感，宣传报道小人物的大情怀，引发员工共鸣，宣传报道各类典型15个，多个典型被外部媒体和行业媒体广泛宣传，极大地鼓舞了公司干部员工，凝聚起了全体干部员工抗洪抢险的精神合力。

（二）在保供担当中，深挖石油精神时代价值，突出思想引领

河南销售党委把践行初心使命、履行央企担当放在第一位，向社会承诺"救援队伍走到哪儿，保障队伍就跟到哪儿，油品就供应到哪儿"，

并组织120余人，分成18个保供突击队参与抢险保供，向279个受灾或救援单位提供送油服务。**借助互联网统一思想凝聚共识**。为打通高效保供快速通道，织就一张"24小时在线"的油品保供网，建立电力保供微信群28个，专项应急保供群16个，车辆调度对接群6个，统一思想凝聚共识，"群"策"群"力提高效率。**大力弘扬苦干实干的石油精神**。突击队员们把罐车当阵地，把座椅当睡床，24小时保供在路上，得到了国家应急管理部消防救援局有关领导的充分肯定。**深入挖掘和宣传保供价值**。送油进社区，让居民小区亮起温暖的灯光；保供郑州大学第一附属医院的发电车用油，让"亚洲最大医院"的患者医疗有了保障。河南销售党委宣传部根据这些故事采写的纪实通讯《"救援队伍走到哪儿，油罐车就跟到哪儿"》，被人民网、大河网等20余家内外部媒体发布，同时与中国石油报联合采写的通讯《筑起冲不垮的"堤坝"》，在人民网客户端的阅读量突破80万。在精神力量的感召下，河南销售60多支青年、党员突击队，筹备1000个专用加油桶，千方百计保障供应，24小时"油品保供网"在大街小巷延展，全力保障重点单位用油。期间，河南销售累计送油1400余次，为武警医院、郑州市铁路局、国家电网等十余家应急单位保供油品656吨。

（三）在推动发展中，总结弘扬防汛抢险精神，传承精神力量

为激励和动员河南销售各级党组织与广大党员干部弘扬抗洪抢险精神，总结经验，传承精神力量，河南销售党委及时总结了"7·20"特大暴雨防汛救灾工作的经验和成果，对18个防汛抢险先进集体和76名先进个人进行了表彰，并将河南销售抗洪保供精神总结为"生命至上，安全第一；上下一心，众志成城；坚忍不拔，无私奉献；迎难而上，不怕牺牲；求真务实，敢于胜利"的崇高精神，用先进群体的崇高精神和思想境界传承精神力量，极大增强了河南销售全体员工的自信心和自豪感，激励干部员工在推动高质量发展的新征程上奋勇前进。

### 三、成效启示

面对突如其来的暴雨灾害，河南销售全体干部员工闻"汛"而动，听令而行，扛牢责任、逆水出征，用实际行动践行了石油精神和伟大抗洪精神。此次防汛救灾，充分展现了党的领导和社会主义制度的显著优势，展现了集体力量的强大，展现了石油人的良好精神风貌，也为河南销售全体员工上了一堂特别的"思政课"。河南销售得到了社会各界的广泛赞誉和高度关注，河南省政府、省发改委、省电力公司等纷纷发来感谢信。中央广播电视总台"焦点访谈""朝闻天下""正点财经"相继报道中国石油抗洪自救及油品保供情况。人民网、新华网、中新网及河南日报、河南卫视、大河网等多家媒体对中国石油抢险保供进行各种类型、不同角度报道。据不完全统计，"中国石油郑州抗洪抢险"网页正面信息达到 300 万个，各类媒体正面报道 700 余篇，集中彰显了中国石油的品牌形象，凝聚起了"石油力量"。

此次防汛救灾再次证明，以习近平同志为核心的党中央坚强领导是战胜灾害的根本保障，集团公司整体形成的强大实力是从容应对惊涛骇浪的深厚底气，完善的应急响应体系是有效应对各类突发灾害的重要法宝，全体干部员工同心同德是战胜艰难险阻的力量源泉。我们必须继承和发扬好以"苦干实干""三老四严"为核心的石油精神，勇于担当、甘于奉献、敢于负责，坚持用伟大精神鼓舞斗志、锤炼作风，把"石油工人心向党"的坚定信念转化为"我为祖国献石油"的生动实践。

（执笔人：贺　颖　杨丽红　边　蕾　李松波　魏翔宇）

# 思想政治赋能　助推项目建设

寰球工程公司

## 一、背景介绍

广东石化炼化一体化工程项目是中国石油"十三五"期间一次投资最大的项目，被列为中国石油"一号工程"。中国寰球工程有限公司（以下简称寰球公司）作为整个项目的总体院、拿总协调院和主力承包商，在项目建设实施阶段，承担了化工区以及部分炼油区关键装置和主项的总承包任务，工程量占整个项目三分之一以上。该项目是寰球公司迄今为止合同额最大、二级单位参与最广、管理难度最大的"航母级"超大型项目。为做好重点项目建设保障，寰球公司在广东石化项目成立党工委统一领导，强化项目党建引领，在化工区晚交地6个月的前提下，突出发挥思想政治工作优势，围绕中心，服务大局，加强党建"三基本"和"三基"工作有机融合，围绕项目建设中心任务，发挥一体化优势，在短时间内攻克了多个急难险重的任务，使总体工期偏差缩短至1个月以内，项目总体进度从年初的33%达到90%，多个主装置月施工进度超过10%，超额完成既定任务。

## 二、主要做法

**（一）突出政治核心优势，布局寰球"一盘棋"**

寰球公司党工委从强化自身着手，把各参建单位党组织整合起来，统一思想认识、统一目标任务、统一现场旗帜，把全体参建单位的思想引到寰球公司发展大局上来，引到为业主提供优质服务上来，引到为集团公司做好服务保障上来。党工委积极贯彻落实集团公司广东石化项目建设专题推进会精神，把党史学习教育和"转观念、勇担当、高质量、创一流"主题教育活动结合起来，弘扬篝火学"两论"优良传统，结合"两个教育"，在现场深刻剖析制约项目建设的"难点、痛点、堵点"，开展"中交怎么保、成本怎么降、品牌怎么创、文化建设怎么融、质量安全怎么抓"大讨论，明确方向，明晰任务。以庆祝建党100周年为契机，在项目现场开展"庆七一、争排头、夺标杆、创一流"岗位实践活动，划分"党员责任区"，组建"党员突击队"，在急难险重任务中攻坚克难。同时在项目现场开展了以"保质量、树品牌、增效益、创一流"为主题的劳动竞赛，做好"气候窗"的管理，抢抓晴好天气的有利时机，鼓足干劲，在雨季到来前基本完成了地下土建攻坚；雨季到来后，党工委引领各单位深入分析台风、暴雨等制约因素，及时完善地坪、防雨棚等手段措施，和强降雨打起"游击战"，在设备材料到场后快速实现了塔器灯亮。

（二）突出思想阵地建设，打造攻坚"桥头堡"

扎实推进理论学习，打造政治过硬的"石油铁军"。寰球公司党工委坚持把贯彻习近平新时代中国特色社会主义思想作为首要政治任务，带头落实"第一议题"制度，集体学和自学相结合、专题党课学和联合党日学相结合、线上学和线下学相结合，深入领悟党史、党领导下的石油史，用党的创新理论武装头脑、指导实践。"大党建"凝心聚力办好实事。党工委全力构建"大党建"工作格局推动业务，把"为员工群众办实事"作为学史力行的落脚点，构建起现场疫情防控、安全、环保、维稳联动工作机制，在"大排查、大整治""屡查屡有，屡改屡犯"专项行动中起到了稳大局、促落实的作用。"五维立体"深耕意识形态"责任田"。党工委围绕树立"主战场"思维，把握"主动权"，抓好"主阵地"，建立"主力军"，唱响"主旋律"，2021年在寰球公司内部刊发新闻369篇，在人民网、中新网、中国石油报等外媒刊发报道212篇，出版项目建设简报《粤东战报》26期，鼓士气、聚人心，增强了干部员工干好项目的信心和决心，凝聚起了干部员工团结一致、众志成城打响项目攻坚战的磅礴力量。**"走廊文化"点燃觉悟提升"发动机"。**充分用好条幅、宣传展板、电子屏幕、食堂视频等载体，发布项目要求、文化理念，促进行为养成，利用会议前的5分钟时间，分享党史小故事，从党史故事中悟心得，激发全体队员的战斗活力。充分用好周边红色资源，集中学习和潜移默化相结合，把党性教育融入日常、抓在经常，在细微中提升员工思想认识。**身边榜样讲出中国石油"好故事"。**充分用好榜样在身边的优势，大力宣传全国劳模白景阳、全国技术能手农华科、广西工匠张仕经等人的事迹，开展岗位讲述活动，用身边人讲述身边事、用身边事教育身边人，引起员工的"共鸣"，推动实现"共振"。同时，针对完成攻坚任务的"党员突击队"，及时请他们分享好的措施做法，及时提炼总结经验，为后续攻坚任务提供了参考。

（三）突出作风建设保障，炼就一线"铁脊梁"

寰球公司党工委一手抓劳动竞赛，一手抓作风建设，"两大举措"同时推进，让过硬的作风成为项目建设的坚强保障。**抓正作风，在服务群众上出实招。**坚持"以人民为中心"的思想，把"为员工群众办实事"作为学史力行的落脚点，紧盯现场施工作业面，充分发挥一体化优势，设计、采购、施工各专业联动，设计人员与现场同步开展劳动竞赛，同步加班，"5+2"提供服务支持；项目主要领导带队赶赴厂家催交急缺物资，组织工艺管道供货商参观现场、召开推进会，打响"管道采购催交百日会战"，保证了现场的物资材料供应，为施工作业队伍提供了充足的"粮草弹药"；现场管理人员强化作风建设，夜间安排值班人员，24小时为作业队伍提供服务支持，确保了现场作业面，避免了一线作业队伍的窝工。**疏通堵点，在温暖人心上见实效。**紧紧牵住农民工工资支付这个"牛鼻子"，多方联动，提前清查农民工工资支付问题，从上到下理顺各个环节，找出农民工工资支付的"堵点"，五一、七一、国庆、春节等特殊敏感时期升级管理，充分暴露问题、解决问题，确保项目建设大局稳定。寰球公司党工委发动各基层党支部的力量，全力打造"家"文化，冬送温暖、夏送清凉，邀请专家医生为员工群众身体健康"把脉问诊"，现场搭起休息棚，营地盖起健身房，确保食堂饭热菜香，让员工群众有一个舒心的工作生活环境。**建章立制，在净化生态上立长效。**寰球公司党工委结合现场工作实际，形成了加强机关作风建设的"十一条规定"，明确了服务靠前、管理下沉。制定了《领导干部请示报告制度》，政治纪律和政治规矩进一步建立。发布了《疫情防控升级管控办法》，明确了外出申报审批，筑牢了疫情防控常态化防线。各分项目部结合劳动竞赛，在管理人员中评选月度"服务之星"，让获得表彰的优秀员工登上"光荣榜"，增强员工的荣誉感、自豪感，形成了"快决策、快落实、快推进、快见效"的风气，有力地促进了项目建设。

## 三、成效启示

作为中国石油"一号工程"，广东石化炼化一体化项目担负着集团公司南方战略布局和炼化转型升级的重任。项目历经坎坷，伴疫前行，特别是化工区晚交地6个月，工期极度压缩，加上台风、暴雨、高温、酷暑的影响，使项目建设面临着前所未有的挑战。寰球公司广东石化总项目部党工委充分发挥"把方向、管大局、保落实"的作用，把各参建单位紧紧团结在一起，通过"两个教育"、党课学习、主题讨论、岗位实践等方式，不断提高各参建单位员工的政治站位；通过抓思想、建阵地，鼓舞起了干部员工战胜困难的决心，坚定了干好项目的信心；通过抓作风、办实事，温暖了一线员工的心，凝聚起了干部员工干事创业的磅礴力量。全体干部员工紧盯项目进度这"一个矛盾"，通过劳动竞赛和作风建设"两大举措"，做到党史学习教育、"转观念、勇担当、高质量、创一流"、"庆七一、争排头、夺标杆、创一流"岗位实践活动"三个结合"，实现了设计、采购、施工、管理"四个飞跃"，安全、质量、环保、文明施工"四个提升"，13个主项中交或机械完工，多个主装置创下月施工进度超过10%的纪录，多次获得集团公司工程和物装部、炼化板块和业主的肯定与表扬，把思想政治工作赋能进了火热的施工现场。

（执笔人：魏彦昌　苑世明　徐　冰　陈晓岚　马斌珂）

# 实践篇

# "四位一体"思想政治工作模式
# 护航 3000 万吨大油气田建设

塔里木油田公司

## 一、背景介绍

2018年，习近平总书记深刻审视我国能源供给形势，做出加大勘探开发力度、保障国家能源安全的重要批示。集团公司党组把塔里木盆地作为增储上产的主战场，明确提出塔里木油田要在2020年高质量高水平高效益建成3000万吨大油气田。

当时的塔里木油田，新区资源不靠实，老区生产负荷高，集输处理能力不配套，人力资源不充沛，加之上产时间又十分紧张，部分员工出现了畏难情绪。与此同时，油田良好的经济效益，也让部分员工滋生了小富即安的想法。

这困难那困难，国家缺油少气就是最大的困难。面对习近平总书记殷切期望，面对集团公司党组部署要求，中国石油塔里木油田公司（以下简称塔里木油田）党工委牢记嘱托、勇担使命，以坚定的理想信念和强烈的责任担当，从思想引领、精神传承、岗位实践、人文关怀四个环节入手，打造"四位一体"思想政治工作模式，激发干部员工责任感使命感，为高质量建成3000万吨大油气田和300亿立方米大气区提供了有力的思想政治保障。

## 二、主要做法

（一）做实思想引领，充分凝聚"保障国家能源安全、助力端牢能源饭碗"的精神合力

人心齐，泰山移。塔里木盆地是我国最大含油气盆地，尚处在勘探开发早中期，上产潜力巨大，关键是抓好思想引领，提高全员为党工作、为国找油的思想认识，凝聚齐心协力推动塔里木油气事业大发展的精神合力。

在坚定全员理想信念上下功夫，深入学习习近平新时代中国特色社会主义思想，学习总书记关于国有企业和能源行业重要讲话和重要指示批示精神，结合"不忘初心、牢记使命"主题教育和党史学习教育举办读书班、研讨班、培训班，邀请中央党校、国防科技大学等专家学者到油田开展宣讲辅导，组织干部员工前往马兰军博园感悟"两弹一星"精神，提出并践行提高政治能力"20个必须做到"，增强塔里木石油人听从党的指挥、为国寻油找气的责任感和使命感。

在树立全员共同目标上下功夫，用好用活"形势、目标、任务、责任"主题教育活动，坚持一年一主题，组织全员围绕建设3000万吨大油气田、落实勘探开发"3+2"战略部署等中心工作，深入开展大学习、大宣讲、大讨论、大实践，让率先建成世界一流现代化大油气田战略目标深入人心。特别是在冲刺3000万吨目标的关键时期，主要领导带头开展党课宣讲、会议宣贯、基层宣介，系统回答了3000万吨大油气田为何要建、有没有条件建、怎样去建等问题，解开了个别员工的思想疑虑，坚定了全员信心，凝聚了勠力同心奋进3000万吨的强大精神合力。

在全面建成3000万吨大油气田后，塔里木油田对甲乙方干部员工思想状态进行了一次调研，结果显示，97%被调研者以是塔里木油田一员而自豪，93%被调研者认为本单位员工队伍总体状态积极进取，油田

员工思想状态空前良好、空前积极、空前团结。

（二）做深精神传承，大力弘扬"只有荒凉的沙漠、没有荒凉的人生"的豪情壮志

精神是企业的灵魂。一代代塔里木石油人像胡杨一样扎根戈壁荒漠、战风沙、斗酷暑，建成我国陆上第三大油气田，靠的就是精神。今天的塔里木石油人不再住地窝子，不再吃夹沙饭，不再喝苦咸水，但困难和挑战丝毫不亚于艰苦创业时期，传承弘扬伟大精神的需求和呼唤一如既往。

大力弘扬石油精神和大庆精神铁人精神，积极倡导"艰苦奋斗、真抓实干、求实创新、五湖四海"的塔里木精神和"只有荒凉的沙漠，没有荒凉的人生"的人生观，培育壮大克拉2精神、山地精神等基层特色文化，大力选树宣传先进典型，广泛开展系列图片展、书法展、集邮展和征文活动，让优秀精神文化融入血液、变成基因。推动伟大精神创造性转化，创新提出"五个不让步"工作原则、"六心工作要求"，不断增强干部员工事业心、责任心、执行力、战斗力。

集团公司劳动模范陈新伟，坚守沙漠腹地二十多年，始终保持无穷的干劲，笑称"如果为了干一番事业，你就注意不到荒凉；如果混日子，那肯定看啥都荒凉。"川庆钻探90002钻井队平台经理刘泽明，扎根塔里木30年，高质量打井50余口，没有报废一米进尺，没有发生一起安全生产事故，让"他乡成故乡，故乡变远方"。在3000万吨夺油上产竞赛中，像陈新伟、刘泽明这样的先进典型还有很多，他们以铁的作风、铁的纪律、铁的意志奋战在塔里木各条战线，把精神的旗帜插满塔里木千里探区。

（三）做大岗位实践，广泛搭建"挑战世界级难题，推动高质量发展"的建功舞台

成事之要，关键在人。3000万吨大油气田建设时间紧、任务重、困

难多，特别是随着油田勘探开发不断向超深层迈进，一系列地质油藏、工程技术、开发管理难题亟待攻克，这也给广大员工展示自我、实现自我创造了千载难逢的机遇。

为充分调动全员攻坚克难、岗位建功的积极性和主动性，塔里木油田党工委想方设法搭台子、铺路子、压担子，围绕重点工程、重点项目、重点工作广泛开展劳动竞赛、岗位练兵、技术比武，大力开展"金点子""金哨子"、创新创效、全员隐患排查整改等活动，积极构建有利于激发科技创新的体制机制和科研环境，创新实施揭榜挂帅、赛马制、"三总师"会审，重奖重用科技功臣，全面调动员工参与改革管理、勇于创新创造的积极性和主动性，形成比质量、比进度、比水平、比奉献的火热氛围。

三年时间里，油田上下万众一心、众志成城，大胆挑战世界级勘探开发难题，不断突破超深层油气勘探开发理论禁锢和"卡脖子"技术，成功开辟秋里塔格、寒武系盐下两个战略接替区，落实博孜—大北、富满油田两个集中建产区，找到一批超深油气藏，老油气田开发重回合理秩序，推动油气产量三年净增542万吨，把3000万吨从规划数字变成了实打实的产量。同时，通过深化改革管理，实现油田体制从生产型向生产经营型转变，为率先建成世界一流现代化大油气田打下坚实基础。

**（四）做细人文关怀，积极践行"一切为了大发展，一切为了老百姓"的发展理念**

塔里木油田地处南疆，长期在荒漠戈壁工作生活，部分干部员工特别是工作不久的大学生，难免羡慕大城市的丰富资源和多彩生活，逐渐产生心理落差、负面情绪甚至辞职想法。为此，塔里木油田党工委创新提出"一切为了大发展，一切为了老百姓"的理念，想方设法解决子女入学、生病就医、员工住房等难题，改进提升工作生活质量，确保队伍团结稳定、积极向上。

推进库尔勒和泽普石油基地基础设施改造，实施果木入园、健身步道建设、幼儿园扩建、充电车棚安装等一大批民生工程。以团购模式帮助员工购买高性价比商品房2000余套，解决住房需求。每年组织集体婚礼、联谊交友活动，解决青年员工婚恋交友难题。及时开展重点工程、重大发现、重要任务、重大节日走访慰问，让科研生产人员在忙碌中感受到组织的关怀。广泛组织大合唱比赛、篮球赛、慰问演出等各类文体赛事和文化惠民活动，丰富员工生活，干部员工心气顺了、腰包鼓了，团结奋进、干事创业氛围也更浓了。

新冠肺炎疫情期间，油田在基地小区成立千余人志愿服务队，帮助隔离员工家属买菜送饭、购药送医，开展心理辅导疏导，最大限度降低了疫情对群众生活影响，让"人心"成为油田高质量发展的坚实堡垒。哈得油气开发部大力推进"家"文化建设，给员工过集体生日，经常性组织各类文体比赛，在沙漠边缘建起一片片员工果园菜园，推行柔性管理、自主管理，凝聚起夺油上产的强大合力，推动年产量从不足100万吨直接冲上200万吨。

## 三、成效启示

通过四年的持续发力，塔里木油田"四位一体"思想政治工作模式日臻完善，取得良好成效。一是干部员工爱党爱国、兴油报国的政治立场更加坚定，扎根沙海、为油拼搏的思想认识更加深刻。二是干部员工工作作风更加严实，业务水平更加精湛，在戈壁大漠锻造出一支战无不胜、攻无不克，不断挑战深地极限的石油铁军。三是企业发展气势如虹，2020年如期高质量建成3000万吨大油气田，2022年产量达到3310万吨，多项生产经营指标名列集团公司上游板块第一，荣获全国脱贫攻坚先进集体、全国民族团结示范企业等荣誉。

在实践过程中，塔里木油田也取得以下五点认识。一是必须始终坚持党的领导，加强干部员工思想引领，筑牢全员共同奋进的政治基础和思想基础。二是必须传承弘扬石油精神和大庆精神铁人精神，加强特色企业文化建设，用信念提升境界，用精神激励斗志，用典型指引方向。三是必须不断做强做优做大塔里木油气事业，以伟大事业吸引人、凝聚人、号召人。四是必须重视和发挥产业工人的主力军作用，广泛搭建建功立业平台，焕发广大员工劳动热情、释放广大员工创造潜能。五是必须始终践行"以人民为中心"的发展思想，坚持全心全意依靠员工办企业，汇聚改革发展稳定合力。

（执笔人：陈泽昊　祁明浩　王　翔　宋蕾玲　杜　冬）

# 外部市场"暖心大礼包"

华北油田公司

开放经济是我国石油工业发展的必由之路。当前,中国石油正致力于共建创新包容的开放型全球石油工业体系,随着石油行业改革进程的不断深入,油气生产的合作开发程度越来越高。面对激烈的市场挑战和企业发展机遇,如何提升外闯市场干部员工的归属感和凝聚力,提升开发外部市场的积极性,推动企业外部市场高质量发展,已成为迫在眉睫的重要课题。

## 一、背景介绍

近年来,华北油田大力实施"创新、资源、市场、多元化"战略,进一步加强外闯市场业务,充分发挥技术、管理和人才优势,健全完善以内蒙、陕西等地区为主的国内市场以及中东、非洲、南美等海外市场。目前外闯市场员工3500多人,占比达12%,并随着外部市场的拓展不断增加。面对新形势新要求新目标,华北油田公司党委坚持做大输出平台,会同相关职能部门,研究制定劳动保护、休假慰问等系列政策,将企业改革发展成果更多更好惠及从事外部市场的干部员工。坚持"一盘棋"思想,党政工团一体化推动,加强市场需求调研,优化整体运行,提升服务质量,精准做好支持,打造华北品牌。在此大背景下,华北油田公司党委全面增强协同发展观念、"一家人"意识,从凝聚各方力量、加大关爱帮扶入手,形成充满生机活力的外部市场。

## 二、主要做法

为全面推广外部市场"暖心大礼包",华北油田公司党委成立外部市场"暖心大礼包"工作推进领导小组,党委书记担任组长,并形成了"1+N"组织机构:财务资产部负责外部市场暖心工程资金落实,监督资金使用情况;党委组织部(人力资源部)负责外部市场人员培训、薪酬待遇、职务职称晋升等方面政策制定和组织实施,监督落实情况;质量健康安全环保部负责相关 QHSE 举措的方案编制、组织实施及监督落实工作;党委宣传部负责组织开展外部市场开发先进事迹宣传;群团工作部负责关爱、慰问外部市场员工,荣誉奖励等举措方案编制、组织实施及监督落实工作;公司其他部门负责协助相关业务的落实,各单位负责本单位实施方案的组织落实。

(一)"三项举措"打造健康暖心大礼包

从员工身心健康入手,加强健康设备配备。为所有外部市场工作人员配备健康手环;为公司所有驻外项目单位配备健康设备;人员规模50人(含)以上,配备 AED 除颤仪台式血压计和标准小药箱。加强职业健康体检。针对中年员工全部增加心脑血管、恶性肿瘤等相关类别的体检项目,针对不同年龄段员工健康体检费用实行阶梯式管理,女员工在上述标准基础上增加妇科体检费用。优化健康医疗问诊平台。利用"互联网+"技术优先安排外派员工开展现场及远程问诊和辅导;根据外部市场人员分布及工作环境,利用员工倒休时间,优先安排外派员工参加心理咨询班。

(二)"三个升级"打造安全暖心大礼包

从外部市场员工安全防护入手,升级劳保。根据区域和岗位需求,优化升级劳保用品配备,为严寒地区外派人员配备冬季劳动防护用品。升级应急设备。根据岗位需求,配备可燃气体检测仪、正压呼吸器等应急救援相关设备设施。升级风险管控。开展外部市场人员工作、生活环境安全隐患排查，强化安全风险防控措施，参照所在地集团公司防暑降温时长和标准，细化完善驻外人员防暑降温费发放标准。

（三）"两个改善"打造生活暖心大礼包

改善外部市场员工生活条件。安排专项资金用于改善外部市场员工住宿、就餐、娱乐、运动、健康、心理等方面的设施设备，每年拿出固定维改资金额度列入各单位基层站点维改资金。改善驻外人员困难家庭生活水平。成立驻外后勤服务小组，以项目单位在全公司各单位建立微信群，及时了解驻外人员家庭生活困难，制定针对性解决方案，解决驻外人员后顾之忧。

（四）"两个加强"打造文体活动暖心大礼包

从丰富外部市场员工业余文化生活入手配备文体器材，引导员工科学合理健身，增强体质。加强驻外一线队站场地文体设施设备配备。制定健身器材及文化娱乐活动设备设施配备标准，专门配备跑步机、健身器、跳绳、握力器等文体活动"八件套"，引导员工科学健身，增强体质。加强一线读书角升级改造。结合调研征集员工读书需求，建立468个一线读书角，配备12.5万余册书籍。制定文化书籍配备标准、书籍目录和更新周期，协助建立借阅管理规章制度，指导开展读书阅读分享活动，进一步丰富员工精神文化建设。

（五）"三送活动"打造走访慰问暖心大礼包

根据外部市场规模和分布区域，核定专项资金，结合季节特点，开展"送文化、送健康、送安全"专项慰问活动。公司采取现场慰问、公司工会慰问或委托项目单位慰问等形式，实现油田所有外部市场人员全覆盖。根据外部市场规模和分布区域，常态化开展"一线行"活动。近年来，华北油田持续组织送文艺到一线、送健康到一线和送安全演讲到一线等系列活动，引导带动员工增强健康安全意识，进一步提升文化素养。

### （六）"三个优先"打造培训教育暖心大礼包

利用外部市场人员倒休时间，优先安排外部市场人员参加标准化操作、安全风险预防、法律法规、合规管理、市场开发等专业培训。优先组织送培训到岗位，组织技师、高级技师向外部市场岗位人员手把手传授技艺。优先增加外部市场人员培训名额，持续提升其专业技术能力和素质。依托网络培训平台，推送安全案例分享、职业健康知识、安全队站经验、岗位技能小技巧等内容，增强线上教育实效。先后为3500余名外部市场人员提供各类教育培训百余次，进一步提升自身素质。

### （七）"三个主动"打造管理服务暖心大礼包

主动走访各油田公司、社会企业，主动征求客户意见，增进互访互信，公司对渤海钻探、东方物探等重点客户回访。主动组织各单位对重点市场、重点业务进行联合攻关，开展业务对接与合作洽谈，统筹资源配置，统一华北油田公司品牌，形成市场开发合力，提高外部市场占有率。主动加强统筹规划，紧跟行业前沿，加大新材料、新设备、新工艺、新技术、新发展理念、新商业模式、新运营模式、新管理模式的应用，支持外闯单位品牌升级，提高创收创效项目的科技含量，进一步提升外部市场服务能力。

### （八）"三个制度"打造政策倾斜暖心大礼包

制定外部市场员工奖励制度和工作年限奖励实施意见，增发驻外人员工作年限奖；建立内外部市场管理制度，修订公司《市场管理程序》和《外部市场开发管理暂行办法》，保障外部市场单位的内部市场份额，减少外部市场单位外闯市场后顾之忧；完善外部业务自主管理制度，公司备案后可自主选择满足外部业务需要的"三商"，放开外部业务材料采购、市场价格，进一步提升外闯市场竞争力。

### （九）"四个完善"打造个人成长暖心大礼包

完善鲜明选人用人导向，优先为市场单位选配富有基层经历、市场开发经验和突出工作业绩的优秀干部，向外拓市场单位选派优秀管理干部、技术人才和新分大学生。完善驻外人员职称晋升机制，外部市场专业技术人员在外部市场合作单位工作期间，与合作单位所获得的非华北油田科技成果、论文等予以认定。完善外部市场专业技术核心骨干人员激励机制，按照一定比例和二级工程师年度业绩兑现标准，提高专业技术核心骨干人员的待遇。制定《外部市场开发专项奖励暂行办法》，进一步完善外部市场激励机制。

### （十）"双激励机制"打造荣誉跟踪暖心大礼包

建立外部市场评先选优机制，统筹考虑党内表彰、先进个人名额分配，向外部市场单位和偏远基层一线适当倾斜，同等条件下外部市场人员可优先加分，进一步激发外部市场人员工作积极性和干事创业热情，有效促进公司稳健发展。加大外部市场宣传机制，开展外部市场先进事迹宣传、先进经验总结交流，掀起外部市场比、学、赶、超劳动竞赛热潮，营造外闯市场、内强管理、团结奋进的良好氛围。

## 三、成效启示

"暖心大礼包"的深入推广，为参与华北油田对外合作项目的干部员工提供了健康、安全、生活、文体活动、走访慰问、培训教育、管理服务、政策扶植、个人成长和荣誉跟踪10个关爱举措，加快了建设现代化能源企业的步伐，夯实了外部市场发展基础。

**市场开拓攻坚打开了全新局面。** "暖心大礼包"在政策、管理和服务等方面给予针对性支持和保障，进一步发挥了外部市场干部员工的自身技术和管理优势，在充分发挥人力资源力量、"做大、做实、做优"

外部市场、积极抢占外部高端高效市场等方面起到重要作用,对外业务实现了"由点到面"向深度发展的跨越。

**员工队伍战斗力得到了全面提升**。通过"暖心大礼包"相关培训和员工成长等方面政策的持续推进,员工思想素质、技能素质进一步提升,服务意识和攻坚意识进一步增强,市场服务观念和敬业精神进一步树立,奋战在外的员工都能够清晰看到自己发展的道路和途径,切实推动了外部市场干部员工以饱满积极的工作状态全身心投入到公司部署的各项工作中来,有效提升队伍向心力、凝聚力、战斗力。

**组织凝聚力得到了全面增强**。通过实施健康安全、荣誉跟踪、生活保障等暖心举措,拓宽了"服务面"、做好了员工"思想事",解决了员工急难愁盼、消减了员工后顾之忧,近20名从事外部市场的集体个人被选为集团公司、河北省和油田公司先进典型。引导干部员工轻装上阵,全身心投入到外闯市场各项工作,员工的获得感、幸福感不断提升,组织的号召力、凝聚力显著增强。

**油田开放式发展格局进一步确立**。"暖心大礼包"的有力推进,为加强公司油气合作、开放发展注入"强心剂",尤其随着改革的深入,广大干部员工进一步转变了经营观念、增强了市场意识,与更多业务关联单位建立起合作共赢的市场伙伴关系,员工的韧劲、干劲、闯劲、拼劲充分调动,公司在顺应改革形势变化和市场变化、创新发展思维方面,打开一片新天地,闯出一片新气象,创造了实实在在的工作业绩。

(执笔人:许德杰 宋东兴 杨学勇 王基地 王利敏)

# 用"三真"换"一心"
# 共建幸福责任"家"文化

大连石化公司

## 一、背景介绍

"只有社会和谐稳定，国家才能长治久安，人民才能安居乐业"。如何围绕"人民对美好生活的向往"，把"和谐"融入企业管理，是新时代加强和改进思想政治工作的重要课题。

中国石油大连石化公司（以下简称大连石化）消防支队用工组成相对复杂，有合同制员工149人，平均年龄49岁，劳务用工140人，平均年龄28岁。合同制员工年龄普遍偏大，上有老、下有小，面对稳定的工作激情难再，而劳务用工年龄普遍较小，有生机、有活力，面对"铁打的营盘"难免心如流水。针对这种客观条件，消防支队领导班子立足"抓生产从思想入手、抓思想从生产出发"，把中国优秀传统"家"文化与支队管理相融合，用"三真"换"一心"，通过真正重视、真情关怀、真心爱护，使员工切切实实感受到"家"的温暖，主动承担"家"的责任，凝聚了员工"万众一心"为企业安全平稳、高质量发展保驾护航的智慧力量，有力增强了工作的动力。

## 二、主要做法

（一）真正重视，让"回家看父母"成为员工最"展扬"的事

展扬是大连话，意思就是"骄傲、有面子"。人，除了有物质需求，

还有精神需求，二者相辅相成。而牢牢抓住员工精神层面的需求，往往能达到事半功倍的效果。家是每个人的港湾，父母是我们每一个人的牵挂。基于这些理念，消防支队结合"家"文化建设，将"百善孝为先"作为思想政治工作的一个重要发力点。

**转观念，变"走访"为"陪员工看望父母"。**不仅在重要节日陪着员工一起回家看父母，平时也利用员工获奖、员工家庭出现特殊困难或员工有特殊需求的时候陪同员工探望父母。

**转方式，变"闲聊"为"向父母汇报"。**改变以往放下慰问品，问声叔叔阿姨好，简单聊几句客气话就齐活的程序化走访方式，做好"探清一家情，讲好三件事"的访谈策划。"一家情"包括四个方面：员工父母身体状况、员工家庭负担、员工家庭氛围、员工家庭实际情况。"三件事"包括：讲好员工优点亮点闪光点，讲好支队工作的重点难点出发点，讲好企业发展的愿景背景和前景。通过"探清一家情，讲好三件事"，让员工和父母感受到单位的重视，传递企业对员工的赞赏，让父母为孩子高兴，让员工在父母面前"展扬"。

**转机制，变"有事上门"为"系统家访"。**把"家访"作为经常性思想工作的重要载体，由领导班子、部门领导、中队长组成慰问组，从年长的员工开始，分批次走访慰问。让组织的重视和关怀，成为思想工作的重要内容，形成机制，形成传统，形成合力。充分的准备，真挚的交流，得到了员工父母真心的认可。拍摄一张张温馨的全家福定格员工与父母相拥的幸福瞬间，送给员工，让温馨幸福时刻永远留在员工全家的心里。

（二）真情关怀，让"家属看岗位"成为员工最"神气"的事

家人的理解、鼓励是员工士气的重要来源。消防支队实行准军事化管理，日常训练强度大。年复一年日复一日的体能训练、技能训练磨练消防员们的意志；一圈又一圈的道路巡视、一次又一次的监护磨砺消

防员们的品质。为了帮助员工强化职业荣誉感，始终保持良好的备战状态，消防支队除了日常对员工的关心关怀外，还找到了一种"创造新动能"的方式——举办以"四个一"为主要内容的"小家到大家"开放日活动，定期选取年轻的劳务工优秀代表，带着爱人、孩子来队参观。活动包括四个环节：

一次体验。炫酷的消防车和先进的抢险救援装备让家属，尤其是孩子们感到格外的新鲜。消防接警出动演习、消防水枪、消防机器人射水、高喷车打靶等操作更是让大人和孩子目不转睛、连声赞叹。穿上防火衣，孩子们一边系纽扣，一边说道："衣服和鞋子也太重了，我都走不动。爸爸每天都穿这身衣服工作真的太辛苦了，我要好好照顾爸爸！"来到支队的荣誉墙前，讲解员向家属们一一介绍支队这些年来取得的成绩，"小朋友们，你们知道，是谁获得的这些荣誉么？""是爸爸？""对！就是你们的爸爸，让我们一起为爸爸们鼓掌！"在孩子们的掌声中，消防战士们的笑容更加灿烂，腰板挺得更直了！

一场座谈。在"心与心"的沟通交流座谈会上，各中队长和家属们唠"家常"，在交流中让家属增加对员工工作的认知和理解。王忠旅的妻子说："以前对老公的工作不是特别了解，更不知道他在队里的表现，原来他工作起来这么认真、这么辛苦，今后一定在家当好他的后勤，让他少分心，更好地干好本职工作。"

一张传单。为每位家属准备一份消防急救常识宣传单，培养员工家庭增强"学消防、懂消防、用消防"的意识，掌握消防安全知识，提升避灾自救能力，同时鼓励家属们成为消防意识、消防知识的传播者。

一份礼物。活动结束前，送给每个家庭一份纪念品。感谢家属当好后盾为员工、为企业作出的贡献。通过纪念品为每个家庭留下一个与亲人、与单位温馨、美好的回忆。

## （三）真心爱护，让"温暖送亲人"成为最"煽情"的事

**建言送团队。** 激发员工"家"人的主人翁责任感，组织员工参与日常管理，为支队管理、发展、战训检验献策，日常征集合理化意见，年底根据优化措施实施效果评价打分，将优秀的建议书挂上光荣榜，时时提醒员工做企业的主人。

**感恩送家属。** "给员工家属写一封信"活动已开展了三年，一封封由领导班子集体署名的"感谢有你"感谢信，承载了消防支队对每一位员工和家人最诚挚的情感和最深情的问候。

**关怀送战友。** 针对支队劳务用工比例大，员工离职较为频繁的特点，对离职的劳务用工，坚持"三留三相送"，即留联系方式、留合影、留寄语，送问候、送关心、送帮助。塑造"人走茶不凉"的人情味。此外，各中队还将离队队员的照片贴在自己的"家庭树"上——根紧紧相连，枝叶繁盛茂密，让老队员人离队感情不离"家"。在此基础上，支队还建立了主动与离职人员建立沟通联系的机制，开展"一路相伴"送温暖活动，帮助离职人员在新的岗位上渡过难关，让劳务派遣员工感受到支队"家"的温暖，增强他们对企业的归属感和安全感，提高队伍凝聚力、向心力，打造幸福美满、和谐安详的消防大家庭。2020年4月8日，消防支队领导带领政工员、团支部书记及班长等一行6人来到红沿河核电站消防队。当一封饱含大连石化消防支队满满"爱"的信件交到红沿河核电站消防队副队长李伟兴手中时，他激动地说："感谢大连石化消防支队对我的栽培与教育，我才能够拥有现在的岗位！"

## 三、成效启示

真正重视、真情关怀、真心爱护，让员工实实在在感受到"家"的温暖，换来的是员工万众一心的凝聚力和主动担当作为的责任感。消防

支队抓工作从思想入手，把中国优秀传统文化与队伍建设管理相融合，让员工切切实实感受到"家"的温暖，将员工和家人的感动转化为不断提升团队治理能力、打造和谐团队的源源动力，切实为企业发展提供了可靠的安全保障。

从大"家"关心爱护员工小"家"入手，消防支队向员工层层传递温暖与希望，让员工及家属从这个过程中不断提升获得感、幸福感、安全感，进而收获员工对企业这个"家"的认同感、责任感、归属感，形成了"心往一处想、劲往一处使"共建幸福责任"家"文化的合力。

在陪同员工包树龙看望父母时，包树龙的父亲感慨说："这是我79年来，最开心的一天，消防队没把我们作父母的当外人，老传统又回来了！""家对面就是社会救援消防队，每次警铃一响，警车出动，我就忍不住挂念，厂里今天怎么样，儿子今天当班么？今天听了咱们队里的管理，我这悬着的心就放下了。"

如今，老队员带着新员工练本领、钻业务，编制《石油石化生产安全突发事件应急处置案例汇编》等五部消防专业书籍，获得省市竞赛名次11人次。支队建设专业化、职业化队伍的经验频频在石化消防科技创新和发展论坛等行业专业平台分享推广。消防支队先后荣获集团公司安保防恐工作先进集体、大连市"五四"红旗团支部等荣誉称号，队伍向心力、战斗力、凝聚力不断提升。

（执笔人：林　蔚　张浩宇　姚剑飞　肖应军　胡　森）

# "四化"工作法让企业党建"有形有效"

锦州石化公司

国有企业是中国特色社会主义的重要物质基础和政治基础。坚持党的领导、加强党的建设，是国有企业的"根"和"魂"，是我国国有企业的独特优势。不断提高企业党的建设质量，探索新思路、新方法，既是当前"打基础"的迫切任务，更是今后"利长远"的战略要务。

## 一、背景介绍

面对新时代党的建设新要求，破解党建工作"虚功难于实做"的问题，创新方式方法是重要手段。项目化管理作为先进的管理模式，机制成熟、经验成型。将其引入企业党建工作实践，从总体规划、过程控制、效果评估等方面入手，清单式管理、项目化推进党建工作，可将复杂的党建工作简单化、数量化、专业化和规范化。以项目化管理推进党建工作，既是破解党建工作难题的创新举措，也是提高党建工作科学化、规范化水平的有益尝试。

近年来，锦州石化公司党委（以下简称公司党委）坚持以习近平新时代中国特色社会主义思想为指导，积极构建"大党建"工作格局，反复研究党建与中心工作相融互促的有效载体，反复探索规范、系统、操作性强的实施方法，逐步形成了具有鲜明特色的"责任清单化、方案模板化、过程项目化、问责制度化""四化"工作法，推动党建工作从"无形"向"有形、有效"转变。

## 二、主要做法

公司党委坚持顶层设计、系统优化和问题导向，在压实党建责任、夯实党建基础、提升党建实效等方面，做了一些探索实践。

（一）聚焦"实"字，强化履职尽责，"责任清单化"让基层党组织知道"干什么"

推行党建工作清单化，使目标更清晰、任务更明确。建立责任清单。2018年以来，公司党委陆续以文件形式，下发了《落实全面从严治党主体责任清单》《落实党建工作责任清单》等制度，从组织上明确党委、总支、党支部的党建工作机制，从岗位上理清党支部书记、支部委员、党小组长等岗位党建责任体系，压紧压实党建工作责任链条。建立任务清单。公司党委每年下发《党委工作要点》《党建工作要点》，并将"两个要点"细化为任务清单。对照任务清单，各级党组织工作有方向、有目标、有抓手。公司党委实施台账式动态管理，建立有计划、有节点、有跟踪、有推进、有督促的闭环管理机制，形成全流程过程控制，确保党建工作引领企业中心工作，渗透到生产经营、安全环保、发展改革等全过程、各环节。

（二）聚焦"细"字，强化流程标准，"方案模板化"让基层党组织知道"怎么干"

推行党建工作模板化，助力党建工作质效"双提升"。推行党建基础工作模板化工作。公司党委建立了"三会一课"、发展党员、换届选举等8类党建基础工作模板，每个模板均由"一个清单、一个流程、一个方案和若干个附件"组成。用思维导图的方式展示党建工作流程，让党务人员快速了解工作全貌和具体内容，让党建工作"看得见、摸得着"，进一步提升工作规范化水平。推行重点会议、重点工作模板化工作。聚焦公司职代会、党代会等重点会议，围绕公司党委规范性文件制发、督察督办等重点工作，公司党委确定了会议模板9个、工作模板18个。近年来，公司党委注重党务干部与行政干部双向培养，分级分类抓好素质能力提升工程，努力培养既懂业务又懂党建的复合型人才。

（三）聚焦"合"字，强化组织领导，"过程项目化"让基层党组织知道"谁来干"

推行党建工作项目化，推动"各自为战"向"协同作战"转变。2021年至今，公司党委积极推进基层党建"三基本"建设与"三基"工作有机融合实践探索，以生产经营管理的重点难点问题为切入点，结合实际，精准立项，确定了17个重点工作项目，并以此为基础形成了《党建工作过程项目化任务分解表》，明确了牵头人、负责人及项目组成员，制定了切实可行的落实措施。部分常态化重点推进项目，还列入公司管理提升项目当中。成立党建工作项目组的好处在于，组成人员不再局限于单一部门，而是多部门协调联动、形成合力、齐抓共管，改变过去"单打一"的做法，形成"你中有我、我中有你"的良性互动机制。公司党委每月听取工作推进情况，适时验收工作成果，总结固化经验，及时加以推广，充分发挥"样板效应"，通过"以点带面"，进一步促进公司党建工作整体水平提升。

（四）聚焦"严"字，强化评价考核，"问责制度化"让基层党组织知道"干不好怎么办"

刚性抓好制度执行，全面落实党建工作考核和问责机制，用好考核"指挥棒"。公司党委持续优化改进考核方式方法，建立以基本评价指标、专项评价指标和约束评价指标为主的深度融合考评体系，坚持全面考核与单项考核相结合、年终考核与日常考核相结合、上级党组织考核与员工群众评价相结合，准确掌握各级党组织工作开展情况。对党组织采用"多维度定性＋专项定量"方式赋分考评，对党组织书记通过"述职考核评议＋星级考试＋年度综合考核"方式进行排名，对党员领导干部实施"年终述职述廉＋横向民主测评＋纵向部门互评"方式综合考评，使专项考核、年度绩效考核、任期考核等结果互为因果、相互印证，确保考准考实。公司党委先后2轮修订党建工作责任制定量考评指标，评价要点压减34%。每年对履职情况较"差"的党组织书记进行约谈提醒，督促限期整改。

## 三、成效启示

通过推行党建"四化"工作法，主要有以下三点成效。

履行党建责任意识更强。党建"四化"工作法，是公司党委抓严抓实党建工作的新抓手，四个方面既是工作方法，也是工作体系。通过层层压紧、压力传导，用机制倒逼基层党组织书记认真履行第一责任，班子成员认真履行"一岗双责"，形成一级抓一级、层层抓落实的工作格局，推动全面从严治党各项决策部署有人抓、有人管、有人落实，提升各级人员管党治党水平和能力。

党的基础建设工作更扎实。党建"四化"工作法，通过明确履责标准、完善考核监督、固化标准流程，全面夯实党建工作基础。通过统筹兼顾、整体推进、突出重点、狠抓关键，提升了党建工作规范化、标准化、科学化水平，提高了基层党组织工作质量和效率。

抓党建工作合力更凝聚。党建"四化"工作法，强化了党群部门工作"一盘棋"思想，形成了"整体统筹、系统协同、上下联动、齐抓共管"的组织体系和运行机制，凝聚起强大的组织力、行动力、战斗力。

（执笔人：徐　刚　郝亦凡）

# 转观念　提标准
# 以大讨论助推高质量发展

锦西石化公司

## 一、背景介绍

习近平总书记在全国宣传思想工作会议上强调，中国特色社会主义进入新时代，必须把统一思想、凝聚力量作为宣传思想工作的中心环节。2020年以来，新冠肺炎疫情持续蔓延，世界大变局加速演变，能源行业发生深刻变化，企业发展面临极大挑战。面对复杂严峻形势和艰巨任务，中国石油锦西石化公司（以下简称锦西石化）党委清醒地认识到：与同行业先进企业相比，尚存在多方面的差距，但最大、最根本的差距还是观念的差距。如果干部员工的思想观念不转变，企业就难以缩短与先进企业的差距。当务之急，必须坚持思想先行，着力转变干部员工的思想观念。

锦西石化党委以习近平新时代中国特色社会主义思想为指导，深入贯彻落实新发展理念，紧扣企业生产经营重点工作，运用"大讨论"这一思想政治工作的有效方式，加强形势任务教育，突出问题导向、目标导向、结果导向，在解决"为何转、转什么、怎么转"的问题上狠下功夫，引导广大干部员工聚力攻坚、开拓进取，圆满完成首次全厂性"四年一修"、改造升级任务，打赢了技术指标和经济效益翻身仗，把习近平总书记提出的"要把思想政治工作作为企业党组织一项经常性、基础性工作来抓，把解决思想问题同解决实际问题结合起来"的要求落到实处。

## 二、主要做法

2020年以来，锦西石化党委以解放思想、转变观念为先手，结合公司重点工作，精心策划大讨论活动主题，在全公司范围内，先后开展了"转观念、提标准"大讨论、"贯彻落实集团公司市场营销工作会议精神"大讨论、"四查"大讨论、"抓落实"大讨论等四次大讨论活动，通过半年一次大讨论，在短时间内实现了锦西石化上下思想的统一，为圆满完成阶段性工作任务，推动公司高质量发展提供了思想保证和动力源泉。

（一）开展"转观念、提标准"大讨论，助力大检修目标实现

2020年，针对装置首次"四年一修"，公司党委结合大修废催化剂招标成功案例，树立"企业利益至上"的原则、克服"毛巾已经拧干"的思想、打破"过去就这么做"的观念，审时度势开展了一次"转观念、提标准"大讨论活动，推动思想的再解放、精神的再动员。各级党组织通过学习案例、组织讨论，结合本单位实际，围绕提质增效、大检修等重点工作，提出新的工作思路与举措，最终征集成果172个，提炼转观念案例54个。一个个典型案例，引发了广大干部员工的深入思考，更促进了思想观念上的积极转变。锦西石化通过生产优化、提质增效、管理创新等措施，全年降本增效3.7亿元，完成了生产经营任务，实现"十三五"圆满收官，向建设一流石化企业的目标迈出了关键的一步。

（二）开展"贯彻落实集团公司市场营销工作会议精神"大讨论，提升市场营销意识

2020年11月，集团公司召开首次市场营销工作会议，为深入贯彻落实集团公司市场营销工作会议精神，进一步明方向、增意识、转方式、强能力，推动锦西石化市场营销工作提质量、上水平，锦西石化党

委利用两周时间，在全公司范围内开展"贯彻落实集团公司市场营销工作会议精神"大讨论。通过学习、报告、研讨、座谈四个环节，查找公司在营销工作上存在的问题，提出改进意见和努力方向。公司层面组织开展了2场讨论会，各单位围绕"如何立足本职增强市场意识，强化以销定产、以产促销，以实际行动做好本职工作"分别召开座谈会，共征求意见建议298条，为加强和改进锦西石化营销工作提供了决策参考。

（三）开展"四查"大讨论，提升精细化管理水平

为贯彻落实集团公司党组书记、董事长戴厚良关于安全工作"查思想、查管理、查技术、查纪律"的"四查"要求，结合"转观念、勇担当、高质量、创一流"主题教育，2021年4月下旬，锦西石化公司党委在全公司范围内开展了为期一个月的"四查"大讨论活动，进一步提升公司精细化管理水平。经过思想动员、学习讨论、成果汇总三个阶段，各单位以"识别大风险、消除大隐患、杜绝大事故"为工作重点，组织干部员工对安全管理制度流程进行再学习再理解，对安全管理理念进行再提高再深化，对风险隐患及管控措施进行再识别再摸底，共开展讨论418次，参与讨论7069人次，收集意见建议491条。大讨论促进了干部员工思想认识、基本素质、风险管控能力的全面提升，为企业安全生产奠定了坚实基础。

（四）开展"抓落实"大讨论，提高全员执行力

2021年下半年，为深入学习贯彻习近平总书记"七一"重要讲话精神，贯彻落实集团公司2021年领导干部会议精神，锦西石化党委以历练"实话、实事、实招、实效"八字功，力戒"拖、等、绕、推"四字诀为主要内容开展"抓落实"大讨论活动。大讨论历时一个月时间，重点在各级领导班子和领导干部中查摆问题。各单位共开展大讨论376次、参与讨论6405人次、查摆问题585个、征集意见建议276个。锦

西石化成立专项督导组，加强检查指导，对各单位进行"好、一般、差"三个等级的综合评定，对评为"一般"单位进行了"回头看"。大讨论的开展，促进了各级领导班子和领导干部作风转变，提高了全员执行力，确保各项工作落到实处。

### 三、成效启示

锦西石化以开展大讨论的形式，从企业中心工作的重点、难点中，努力寻求和探索思想政治工作同生产经营管理的最佳切入点、结合点，将思想政治工作的成效体现在强化企业管理、促进效益提高、推动工作落实、助力企业高质量发展中。大讨论具有广泛的群众性，是员工开展自我教育的有效形式，使员工个人理想与企业愿景目标联系更加密切。通过大讨论，广大干部员工思想观念、工作作风逐步转变，精细意识、安全意识、效益意识、执行意识进一步增强，企业发展合力广泛汇聚，为推动高质量发展、建设一流石化企业奠定了思想基础。综合大讨论的做法，得到以下启示：

**坚持学习在先。** 始终把学习贯彻习近平新时代中国特色社会主义思想作为首要政治任务，围绕中央决策部署和集团公司党组工作要求，认真分析和研究锦西石化所面临的形势，用党的创新理论武装头脑、指导实践、推动工作。

**坚持融入中心。** 把思想政治工作同生产经营管理工作相融合，把解决思想问题与解决实际问题结合起来，扩大活动的覆盖面，充分调动员工的积极性、主动性、创造性，激发员工的责任感、归属感，自觉投身企业生产实践中，有效地克服了党建与业务"两张皮"的现象。

**坚持舆论引导。** 广泛发动，集思广益，认真听取干部员工的意见建议，及时推广活动中的好做法、好经验，营造全员、全层级、全方位、全过程转观念、提标准的良好氛围。

　　大讨论虽然结束了，但管理提升无止境，每场大讨论所制造的思想震动"冲击波"产生了连绵不断的影响，助推锦西石化上下持续转观念、提标准，为高质量发展注入了强有力的精神动能。

（执笔人：刘长华　周明华　张　南）

# 思想政治工作"三剂"为改革破冰助力

大庆炼化公司

2019年，中国石油大庆炼化公司（以下简称大庆炼化）化工生产二部（原聚合物二厂）作为大庆炼化"扁平化"改革试点单位，积极应对新的机制和新的改革形势以及员工思想上所出现的种种波动，发挥思想政治工作这一党的优良传统和政治优势，注入"兴奋剂"赢得员工思想上的认同、融入"催化剂"赢得行动上的支持、导入"疏通剂"实现稳步改革深化，其改革经验和模式在公司得到了推广，先后被大庆炼化评为先进单位、突出贡献单位。

## 一、背景介绍

劳动、人事、分配制度（以下简称三项制度）是国有企业经营管理机制中最根本的制度。2018年以来，集团公司深入落实党中央、国务院重大决策部署，出台三项制度改革"1+6"文件，炼油与化工分公司也制定了具体的行动计划，大庆炼化被列入六家试点单位之一。

大庆炼化改革发展面临巨大压力挑战，一是作为中国石油最北端的炼厂，远离重要市场终端，区域劣势明显；二是作为燃料型老炼化企业，人工成本居高不下；三是经过多次重组，机构多、人员多、干部多"三多"等历史遗留问题长期难以消化；四是面对新冠肺炎疫情的考验，加之"退休高峰"与"招聘低谷"叠加而来。因此，锚定"世界一流精品特色炼化企业"定位目标，用好改革关键一招，推动质量变革、效率变革、动力变革，势在必行、刻不容缓。

## 二、主要做法

思想是行动的先导。大庆炼化传承发扬大庆油田思想政治工作经验，有机融入"抓生产从思想入手、抓思想从生产出发"于改革之中，用以突破习惯势力阻滞，汇全员之智、举全局之力，推进三项制度改革。

### （一）注入"兴奋剂"，提升参与主动性

坚持改革正向性、企业发展性、员工成长性的正面引领，激发全员拥护改革、支持改革热情。

**做好思想发动，坚定改革信心**。以思想先行助力改革推进，生产部领导以身作则、以上率下，通过日常检查、值班夜查等多种方式，不失时机向干部员工深入浅出宣贯习近平总书记在全国国有企业党建工作会上的重要讲话精神，使其在国家繁荣富强大局上认同改革；辩证分析企业发展与员工福祉关系，使其在企业兴旺发达高度上支持改革；释疑解惑个人成长进步和薪酬待遇等利益关切，使其在个人层面上参与改革。由此，坚信改革是企业生存发展的必经之路。

**精心准备方案，筑牢思想基础**。借鉴系统内外企业实施扁平化改革的相关经验，结合原聚合物二厂实际情况，反复研究机构设置、人员岗位安排和生产运行模式等问题，不断细化扁平化改革试点方案。在此期间，先行编制拟设置的管理和技术人员岗位职责、任职条件和《岗位说明书》，积极探索扁平化管理的制度和流程，对管理和技术人员进行模拟安置，为顺利推进改革奠定坚实的基础。

**凝聚全员共识，夯实人员储备**。分层分组召开改革思想动员会，举行以"忠诚心、感恩心、责任心、进取心、敬畏心"为内容的"五心"教育大会，展开以"如何胜任岗位新职责、如何对待薪酬调整、如何看

待新的考核模式"为内容的解放思想大讨论，统一思想认识，凝聚改革共识，让所有操作岗员工主动接受系统化操作员培训，把成为一岗多能的操作人员作为努力目标，为"四班两运转"班制改革做好人员准备。

（二）融入"催化剂"，提升工作针对性

坚持思想先行、问题导向，不失时机、恰如其分地做好思想政治工作，保证思想与行动弥合无间，推动改革稳妥落地。

**方案宣贯到位，保证改革方向不偏。**2019年4月27日，大庆炼化正式发布了《聚合物二厂机构扁平化管理试点方案》，这是实施改革试点的纲领性文件。原聚合物二厂先后召开两次副科级以上干部和一次全体管理和技术干部解读会，对不同层级人员进行方案解读，重点对一级管理、去行政化管理和专业化管理等概念进行细致解读，为改革方案的层层落实和有效推进提供保障。

**抓住关键少数，保证人员平稳安置。**改革方案对管理和专业技术人员编制有所缩减，对科级干部实施"去行政化"，部分干部从管理序列转为技术序列，这对干部队伍的稳定造成了一定的冲击。首先抓住科级干部"关键少数"，采取了"跟进式"谈话的方式，与科以上干部进行了逐一谈心谈话，对实施改革达成共识。其次，对一般管理和技术人员做到公开公平选用，富余人员采取"板凳加长"的方式进行了安置。

**工作衔接到位，保证问题及时解决。**改革是对管理流程的再造，工作环节出现遗漏偏差在所难免，要求管理和技术人员以"事儿"为中心，不能出现没人管的"事儿"。2019年5月21日，化工生产二部正式运行，在这一过程中，各专业组负责同志积极与相关处室进行业务对接，让处室在宏观上了解改革的总体要求，在细节上对改革工作给予指导，在思想问题上及时发现苗头倾向，及时予以解决，思想问题不带到工作中，保证新旧人员的业务交替无缝对接。

### （三）导入"疏通剂"，提升改革实效性

坚持事前谋划、事中把控、事后修正的全过程管理，卓有成效地推进模式改进、流程再造，保证改革稳如磐石。

**结合梳理管理流程，创新思维模式。** 为了保证各项工作有序进行，工艺、设备等四个专业对一级管理流程反复进行模拟演练。演练过程中，对流程认真梳理，对于适合实际需要的就固化下来，在这一过程中也实现思维模式的进一步创新，对发现的问题及时剖析原因，及时修改完善，并对配套制度、规程和细则进行修订。

**结合修订岗位职责，打破思维定式。** 改革前，在理论模式下对人员的岗位职责进行初步构建，按照新的管理模式运行，根据组与组之间、人与人之间实际的岗位职责，及时修订岗位说明书，使其逐步符合实际工作。在这一过程中，原有僵化的思维模式被打破，大局观念、全局意识得以树立，各专业组和作业区实现了无缝对接，没有了推诿扯皮现象，管理和技术人员的积极作用得到彰显。

**结合完善考核体系，激活思维方式。** 改革试点中，结合实际，调整奖金分配机制，突出责任、贡献、风险、效益"四个导向"，兼顾行业、企业、员工"三向均衡"，使薪酬导向作用进一步显现，一线员工积极性显著提高，干事创业的主人翁责任感得到激发。

## 三、成效启示

坚定"三项制度"改革正确方向，成功运用思想政治工作优势，实现改革破冰，收获诸多利好。

**彻底改变管理模式。** 一是缩短了管理链条。实现一级管理，杜绝"肠梗阻"，生产指令执行更具效率。二是压缩了组织机构。撤销科级机构8个、党支部4个，压缩比例达57%，成功"瘦身强体"。三是精简

了人员编制。2021年，再次分流员工208人，管理、技术人员由改革之初的89人减少到50人。

**发挥人员更大价值。**一是提升了管理能力。管理人员能够闭环完成"谋划方案、部署落实、组织实施、效果验证、撰写总结"系列工作，突破业务能力单一局限。二是发挥了技术优势。技术人员工作重心不断向"管技术、管方案、管分析"转移，实现向专业化管理模式的积极转变。三是激发了工作热情。"管理、技术、操作"三条人才成长通道，激发出员工学业务、增本领、提业绩的积极性。

**改革红利极大释放。**一是缓解了缺员问题。作业监护用人不再紧张，且能够有效应对未来退休高峰缺员的严峻形势，因缺员所致的带薪休假问题迎刃而解。二是体现了人文关怀。夜班员工能够轮换休息，保持饱满工作状态。三是降低了运营成本。根据转型发展需要实现了聚合作业区停产，集中精力开好磺酸盐装置，装置运行周期由35天提高到113天。

**压紧压实岗位责任。**一是落实"一岗双责"，压实党建责任。大庆炼化党委班子和作业区支委及时了解改革过程中的生产情况和人员思想动向，压实了党建责任，密切了党群干群关系。二是完善岗位职责，消除管理盲点。根据岗位设置，重新调整职责分工，且随着运行测试、调整完善，使得上级组织安排的所有工作"接得住，落得实"。三是建强基层党建，强化组织功能。从原6个党支部书记中遴选3人，每作业区支部各设置5名熟悉队伍状况的支委和不同数量党小组，负责落实支部的日常组织活动，党组织的功能不但没有削弱反而增强。

习近平总书记强调，加强思想政治引领，广泛凝聚共识，努力寻求最大公约数、画出最大同心圆，汇聚起实现民族复兴的磅礴力量。大庆炼化三项制度改革牢牢坚守人民立场、人民至上，站在党和国家事业发展的全局高度，站在大庆炼化建设世界一流精品特色炼化企业的发展高度，统筹协调集体、个人利益关系，强信心、聚民心、筑同心，赢得了员工广泛支持，成功实现改革破冰，开创改革共建、效益共创、利益共享的生动局面。

（执笔人：姜复乐　崔艳龙）

# "1324"工作法
# 成风化人 凝聚人心

哈尔滨石化公司

## 一、背景介绍

2014年，中国石油哈尔滨石化公司（以下简称哈尔滨石化）进行基层组织机构整合，集团公司"百面红旗"单位原三催化车间纳入第二联合车间管理范畴。随着管理区域的扩大和装置人员的增加，员工思想情绪出现波动、思想差异逐渐显现，队伍的凝聚力和战斗力有所下降。针对这种情况，车间支部立即着手开展为期两个月的调研，深入到各基层班组，分别与一线员工进行详细访谈。经过仔细调研，了解到员工存在思想负担重、利益诉求多、工作压力大等一系列问题。针对此现状，党支部创新工作思路，以"创铁人基层队，争当行业一强"为目标，摸索创建了"1324"工作法，通过把握1条主线、明确3项定位、寻找2类榜样、培育4种情感方式，用润物无声的思想政治工作成风化人、凝聚人心，支部战斗堡垒作用和党员先锋模范作用得到充分发挥，为企业基层创新创效工作作出了重要贡献。

## 二、主要做法

### （一）"一种精神"代代延续

原三催化车间是集团公司"百面红旗"单位，长期以来，车间在基层党建方面积累了许多丰富和宝贵的经验，车间40多年的成长历程，也是哈尔滨石化不断发展壮大的一个缩影,随着企业不断转型升级,对两套催化裂化装置进行整合,新员工不断增多、地域范围不断扩大,部分人员缺乏对传统文化的认识了解,给队伍建设和管理提出了新的挑战。2018年年初,车间党支部通过调查研究,编制了文化建设工作方案,开始对车间的成长经历和文化积淀进行重新整合和拓展,形成了以"忠诚担当、无私奉献、吃苦耐劳、永争第一"为核心的"百面红旗"精神。

在文化宣贯过程中,车间支部坚持领导带头,做好表率示范。在具体工作中,车间领导积极做好基层文化的倡导者、引领者和执行者,做到先知、先想、先做,在文化建设中当先锋、做表率。在攻关解难题过程中,支部支委带头发扬"百面红旗精神",以大检修现场作为检验党员作用发挥的主战场,以重点检修任务、装置和区域为单元,设立了党员责任区,在历届装置检修过程中,全体党员做到早晨提前一小时进入检修现场,做好充分准备。傍晚延时一小时离开,做好当日总结,为顺利完成检修改造工作打下坚实的基础。检修期间,党支部党员团员突击队积极参战,先后实现了催化CRC技术应用、空冷更换升级等多项施工改造,抢先引进SVQS组合技术、降烯烃粗汽油辅助提升管技术、原料油乳化混合技术、冷催化剂循环CRC技术等,消除了生产瓶颈,提升了创效能力。

(二)"三个定位"成风化人

一套催化装置共有65名倒班员工,分布在各装置不同班组里,由于时间和空间上的距离,尽管都是同一个区域的员工,但许多人相互沟通机会很少,员工的思想状况不能及时得到反馈和处理。

在调研过程中,大家反映员工存在"干部就是监督他们的"误解,为化解矛盾,车间支部通过集体讨论明确了干部的三种角色定位,即发挥好"指明灯、润滑剂、咨询师"作用。通过党群干部的不断努力,找党组织谈心的人多了,职业生涯困惑、生活中的麻烦等问题被一一解决。员工姜某参加车间内部竞聘失败后心灰意冷，支部帮他了解自身不足、疏通不良情绪，引导其保持厚积薄发的耐心和勇气，该同志诉说心声后轻装上阵，数月后，他因业绩突出被哈尔滨石化选为 HSE 先进个人。一次技术员与操作员发生争执，起因是一台设备微漏造成操作员巡检和清理频次增加，而操作员由于日常繁忙难以接受新增工作量，为此支部专门跟单了解操作员难处，协调技术员从专业角度思考解决办法，用技术手段降低员工工作强度，提升车间的管理水平，最终解决问题、化解摩擦。

（三）"两类榜样"建模立标

在内部榜样选树方面，支部先后开展了"你在我眼中最美"活动，鼓励人人拿起"放大镜""望远镜"，发现身边员工的闪光点，发现平凡人身上的"不平凡"。通过"表扬与自我表扬"，让身边人成为"明星"，让每名党员体会自身的价值，增强职业自豪感和成就感，在相互学习相互促进中激发他们"想干事、干成事"的热情。2020 年选树"最美员工"12 人，这些人来自工作的不同岗位，成为了身边人学习的榜样和看齐的对象。

在外部榜样学习方面，依据多年来车间向哈尔滨石化各单位输送 50 名优秀人才优势，车间党支部围绕"继承好光荣传统、传承好百面红旗精神"主题，通过组织"常回家看看"等活动，不定期组织典型宣讲活动，通过他们自身丰富的成长经历，让岗位员工深切感受到只要认真努力工作，每个人都有晋升的空间，每个人在平凡的岗位上都能实现自身的价值。

（四）"四种情感"握指成拳

培育"爱岗情"，开展"感谢有你"活动，先后走访退休老员工，透过老支书、老市劳模的讲述，用老一辈的创业故事激发年轻人立足岗位、干事创业的热情，使"百面红旗精神"得到传承。

培养"爱企情"，通过开展"二联合欢迎您"活动，邀请公司处室领导坐客车间宣讲政策、分享成长经验、增进理解，架起沟通桥梁，让基层员工进一步了解哈尔滨石化政策，使员工知途径、明方向，怀感恩之心、促制度落地。

培养"团队情"，为增进员工彼此了解，车间策划"装置寻宝""火眼金睛查隐患""美好的一天从安全提示开始"等主题活动，得到了广大员工的一致认可，增进了同事间的感情，融洽了合作关系。

培养"爱家情"，支部开展"Logo设计"和"一封家书"活动，做好情感的延伸，组织员工自己设计logo，将催化裂化装置、"百面红旗单位"、环保责任元素融入其中。"一封家书"活动促进家企联手，推动青工教育和培养。2020年以杨立志、汪洋为典型代表的青工取得多项荣誉。

### 三、成效启示

哈尔滨石化第二联合车间通过推行"1324"思想政治工作法，持续增强了员工、队伍凝聚力和战斗力。近两年来，车间涌现出先进生产者标兵4人、"三八"红旗手3人、杰出青年3人、优秀共产党员5人；车间员工参加集团公司、全国催化裂化装置操作工技能竞赛及集团公司班组长、技术员技能竞赛，共有11人次夺得金牌2枚、银牌5枚、铜牌11枚。在历届哈尔滨石化党群标准化考核中，车间支部有10次位列哈尔滨石化第一，两次位列第二，多次获哈尔滨石化先进党支部荣誉称号。"三比三赛"位列第一，荣获哈尔滨石化先进集体、HSE先进集体双先进、先进党支部等党组织荣誉。多次荣获集团公司"先进集体""节能节水先进集体""安全环保先进集体""模范基层党组织""思想政治工作先进集体"等荣誉称号。

（执笔人：姜佩峰　袭著波）

# 以六个"三"教育机制
# 确保"第一议题"制度落实落地

*广西石化公司*

## 一、背景介绍

在中国共产党成立100周年之际，中共中央、国务院印发了《关于新时代加强和改进思想政治工作的意见》，对新时代思想政治工作作出全面规范。《意见》指出，要坚持用习近平新时代中国特色社会主义思想武装全党、教育人民，健全用党的创新理论武装全党、教育人民工作体系，增进对习近平新时代中国特色社会主义思想的政治认同、思想认同、理论认同、情感认同。中国石油广西石化公司（以下简称广西石化）生产二部党总支以习近平新时代中国特色社会主义思想为指导，采取六个"三"教育机制，落实"第一议题"制度，把显性教育与隐性教育、解决思想问题与解决实际问题、广泛覆盖与分类指导结合起来，引导全员由单一、传统、粗放向复合、创新、专业转变，形成更加清晰的理论认知和靶向准确的实现路径，带领全体党员自觉拥护"两个确立"，增强"四个意识"、坚定"四个自信"、做到"两个维护"，不断提高政治判断力、政治领悟力、政治执行力，确保习近平总书记重要指示批示精神和党中央决策部署落实落地。

## 二、主要做法

### （一）把准三条学习原则

**坚持跟进学习原则。** 将学习习近平总书记最新重要讲话、重要指示批示和党中央最新重要会议、重要文件精神作为理论学习"第一课"，做到第一时间传达学习、第一时间研究贯彻。

**坚持学议结合原则。** 围绕与企业改革发展和党的建设等密切相关的学习内容，主要负责人结合生产经营谈谋划，班子成员结合分工重点谈认识，列席同志结合岗位实际谈体会，确保学有所思、学有所悟。

**坚持整合教育原则。** 遵循课内与课外、当前与未来、主体与客体的整合方法，坚持突出主题原则、效用最大化原则，制定"学精神""谈发展"等多个学习合集，实现资源取长补短、优势互补、协同发展。

### （二）完善三项落实机制

**完善责任落实机制。** 党总支书记作为第一责任人，具体负责"第一议题"内容学习研讨；党总支宣传委员具体负责"第一议题"制度跟踪落实；党总支纪检委员具体负责"第一议题"制度跟踪问效。

**完善制度运行机制。** 在广西石化"第一议题"制度的基础上，延伸建立修订理论学习制度，不断完善学习内容、形式、管理、考核等相关要求，做到有机衔接、互为补充、相互促进。

**完善质效评估机制。** 将落实"第一议题"制度情况纳入"一体化积分"管理机制考核重要内容，重点评估落实制度严不严、学习理解深不深、对标意识强不强，确保落实"第一议题"制度成效经得起实践检验。

### （三）建立三个共享学库

**建好资料共享库。** 跟进汇总习近平总书记最新重要讲话、重要文章、重要指示批示和党中央最新重要会议、重要文件等相关资料，每日更新二级网络党建资料，实现学习资源共享，为企业改革发展和加强党的建设提供思想领航与理论支撑。

*建好特色咨询库*。开设"思政园地—学党史悟思想""思政园地—历史上的今天"等专题栏目，让红色基因、革命薪火代代传承；制定政治理论学习系列"小册子"，从三个方面（重要事件、精神解读、关键名称解释）提炼梳理总结，为大家配齐学习"精品套餐"。

*建好群众智慧库*。深入推进习近平新时代中国特色社会主义思想进装置、进班组、进头脑，因地制宜建好职工图书园地，设置"习近平总书记原著""跟着习总书记读经典"专题书柜，定期开展治企兴企"金点子"建言献策活动，为高质量落实"第一议题"制度汲取职工群众智慧力量。

（四）打造三大宣讲矩阵

*专家讲理论*。构建来源广泛、结构合理、梯次互补的授课主体专家队伍，严格按照"深入学习—层层宣讲—广泛讨论—对标查改—岗位实践"路线图，灵活运用实景课堂、网络课堂、手机微信等多种形式，视"盼"备料，按"需"主讲。

*干部讲政策*。注重从基层实践锻炼中选材，坚持针对性、实效性原则，推动"谈心式"送课下基层，通过拉家常、讲故事、谈未来，向基层党员讲明党的理论和路线方针政策；积极宣贯党和国家的惠民利民政策，排除员工顾虑，切实让党的好政策落到实处，见到实效。

*百姓讲故事*。创建一线课堂，开设"翻转课堂"，利用"721"法则，通过经验分享、思路研讨、故障分析、事故回头看，将岗位员工从聆听者变为参与者，实现教学相长，达到"润物细无声"的效果。

（五）引用三种教学方式

*用故事感染人*。生动鲜活的故事可以引起受教育者情感上、精神上的共鸣，是开展思想政治教育最生动的教材。广泛开展"讲好石油故

事、赓续石油精神"活动，以党史为纲、课程为点、精神为魂，积极营造"处处有课堂、时时可熏陶、人人受教育"的浓厚学习氛围，推动总书记重要指示批示精神落实落地。

**用细节感动人。**既能见人之所见，又能见人所未见，在抓细节中抓住解决思想问题的关键，通过把脉受教育者在思想观念、行为方式和精神文化需求等方面的差异，在满足受教育者的个性化需求中，让思想政治教育受欢迎易接受，增强吸引力和影响力。

**用语言打动人。**注重语言的通俗化和大众化，言之有"魂"、言之有"情"，朴素中蕴含着大智慧，通俗中揭示大道理，趣味中给人以思考，实现通俗易懂、生动活泼、引人入胜的效果。

（六）做好三篇高效文章

**做好"持续"教育工作。**建立"定期调研、沟通联络、督促指导、情况通报"四项工作机制（每半个月调研一次，每班次学习督导一次，每月集中通报一次）；从"细化方案、建立台账、实施督导、双向反馈、评价问效"五个环节进行任务流程管控，持续把政治理论学习各项任务不断推向实处深处。

**做好"深化"教育工作。**科学制定"见缝插针"式学习教育专题学习计划，深化政治意识教育，开展模范创建活动，巩固壮大主流思想舆论，把思想政治工作融入主题宣传、形势宣传、政策宣传、成就宣传、典型宣传中。

**做好"转化"教育工作。**将学习教育渗透日常工作，立体施策，提升识变、应变、求变能力，大力实施人才强企工程，稳步推进"系统化培育体系"；开展"石油工人心向党、建功奋进新征程""共商共建共进步、共享共赢共发展""学精神品德、话良好作风"等活动，以"第一议题"学习的成效，为高质量发展提供战斗力和生产力。

## 三、成效启示

六个"三"教育机制是坚持以习近平新时代中国特色社会主义思想武装头脑、指导实践、推动工作的有效保障，为党员提供了正确分析认识、积极探索的科学有效方法充分调动了党员干事创业的积极性，为推动高质量发展提供坚强组织保证。

**思想引领助推生产经营业绩提升。**学在前、干在前。在2021年开展的"立足岗位做贡献，我为党旗添光彩"党员攻坚活动中，16项党员带头攻坚项目齐头并进，支部战斗堡垒作用更加彰显，党员先锋模范作用更加突出，切实把政治理论学习转化为推动企业高质量发展的精神动力和具体行动。

**理念转变推进素质培养体系建立。**围绕政治教育、政治训练，结合岗位差异、授课能力、工作需要，探索建立源头培养、跟踪培养、全程培养的体系，努力打造一支精理论、懂经营、会沟通的复合型队伍，实现了"听人讲"到"我来讲"的转变，加强了思想淬炼、政治历练、实践锻炼。

**渠道拓宽打通人才成长成才通道。**在实践中，为员工及时搭建了展现自我的平台。高级工程师逐年增长，占比超35%；高级技师、技师占比大跨步提升至48%；在系统化操作推进工作中，67人成为五星级员工，占比超71%。

（执笔人：黄　峰　李普芳　孙黄鹤　许小云　李　筱）

# 抓"痛点"炼队伍　提升核心战斗力

四川石化公司

## 一、背景介绍

中国石油四川石化公司（以下简称四川石化）南充炼油厂氧化车间成立于 2014 年，现有员工 49 人，其中党员 27 人。2013 年，工厂按照板块要求关停了 100 万吨／年炼油加工装置，向化工行业转型。原炼油主体装置的"精兵强将"成立了 PTA 装置的龙头车间——氧化车间，车间员工有工段长、班组长经历的达到 28 人，是技术技能的"王牌军"。

但就是这样一支骨干扎堆的队伍，在企业转型阵痛的冲击下，员工队伍的思想出现诸多问题，新成立的车间党支部遭遇难题：一是 PTA 项目开工一再延迟，员工对企业转型发展和 PTA 项目前景失去信心，对组织失去信任，对个人收入、职业发展感到担忧，消极对待新工艺新技术培训；二是作为新成立的车间，来自不同炼油装置的员工，在新环境中容易抱团，加之曾经的班组长有一定号召力，"山头主义"倾向明显，队伍产生不良攀比，只比任务不比责任，只比收入不比付出，给车间基础管理带来困扰；三是车间"能人"多，但不是人人都能继续当班组长，强烈的心理落差，让一些员工心态失衡，不服从组织安排，甚至公开场合唱反调。

如何改变员工的思想认识，扭转管理被动局面，切实提升车间核心战斗力和员工队伍凝聚力，成为车间党支部思想政治工作创新探索的重要课题。

## 二、主要做法

思想政治工作是做人的工作，前提是了解人、基础是尊重人、核心是关心人、目的是凝聚人，开展思想政治工作必须牢固树立"以人为本"的思想，抓住"人"这个切入点，不断提高思想政治工作的感召力、渗透力。

（一）抓"痛点"，攻难点，先啃硬骨头

**直面问题挖根源**。面对队伍现状，车间党支部沉住气，深入班组、深入现场、深入群众，在操作室、班车上、食堂等场合深度接触员工，认真听取工余饭后的调侃、抱怨和牢骚；支部书记、车间主任、支委成员主动出击，与个别"刺头"一对一谈心，了解员工心中的不满和委屈，交流观点、讨论对错。支委们将收集到的意见摆上桌面："自己才干被忽视，得不到重用"；"自己关键时刻顶上去了，但待遇没达到预期"；"干工作时候有我，讲功劳时就靠边"……面对五花八门的想法，支委们静下心，深刻剖析问题根源，挖掘员工们思想发生转变的痛点。这些意见中，有对企业前途失去信心的焦虑，有对学习新工艺的畏难情绪，有对新成立的车间班子不够信任，归根结底，还是在企业破冰转型、改革攻坚的道路上，员工队伍的思想认识出了偏差：理想信念淡薄、奉献精神淡化；改革承受力差，存在抵触心理，缺乏适应能力；义利观偏颇、集体荣辱观削弱。

**用心用情聚人心**。纾解痛点，还需良方。车间党支部把思想政治工作的着力点放在"暖心""聚力"上。首先，换位思考，以心换心，站在员工的角度去体会他们的顾虑和担忧，了解他们想什么、盼什么，建立员工信息台账，清楚员工的家庭状况，掌握员工的重点需求，力争及时化解思想上的疙瘩，随时解决工作中的问题，尽力帮扶生活上的困难，提升员工对车间党支部的信任和依赖；其次，聚力骨干，抓好班组长、党员骨干的思想教育，针对性开展"书记带班子"岗位实践、"党员带群众"一对一帮扶，开展理想信念教育和社会主义核心价值观教育，旗帜鲜明地批判错误认识，保持主流思想健康向上，帮助员工筑牢思想"堤坝"，深刻认识员工和企业共命运的客观事实，转变观念，辩明是非，跟上步伐，踏实工作，用努力和奉献助力企业改革破局。

**创新机制树正气。**企业转型发展给基层思想政治工作提出新的要求，车间党支部积极建立思想政治工作新机制，由经验型向科学型转变，由灌输型向互动型转变。支部建立起"员工思想状况预警机制"，及时掌握员工思想动态，有效做好教育和疏导工作，把矛盾化解在萌芽状态；把思想政治工作和健康文体活动结合起来，为员工创造增进感情、释放压力的机会；把严格要求和关心员工结合起来，注重方式方法人性化，既防止把员工推到对立面，又确保制度执行力不打折，避免硬碰硬激化矛盾。在新的思想政治工作模式下，昔日的"刺头"们收敛了言行，主动为车间管理出谋划策，车间上下没有了不和谐之声，工作上少了推诿扯皮，队伍的关注点集中到了安全生产上，干事创业的氛围日渐浓厚，车间的正能量逐渐彰显。

### （二）抓班子，炼队伍，围绕中心出成绩

**强班子，淬炼干部队伍。**强有力的基层班子是增强支部战斗力和凝聚力的关键。车间党支部把班子的政治建设摆在首位，以政治建设统领党支部工作，把准政治方向，提高政治能力，推动党员进一步树牢"四个意识"，不折不扣贯彻执行党中央路线方针政策和上级党组织重要工作部署，把支部建设成为坚守正确政治方向的坚强战斗堡垒；对车间班子成员进行管理模块和行政技术的分工，细化工作职责，确保"事事有人管，人人有责担"，全面落实"三重一大"制度要求，做到奖金分配、人员调整、奖励处罚等事项由支委会集体研究决定；健全落实支部《"三会一课"制度》《组织生活会制度》《谈心谈话制度》等规章制度，

完善工作流程，使党支部工作推进有序，落实有根。

**办实事，密切党群关系。**车间党支部始终坚持"紧贴生产、服务群众"的理念，持续开展党员责任区、党员帮扶小组、志愿服务队等活动。氧化装置共设立四个党员责任区，定期开展安全生产隐患排查，并协助整改，确保装置安全平稳生产。党员帮扶小组以提高全员技能水平为目标，消除培训中的个体短板，提高帮扶对象的操作技能，车间结成的8组帮扶小组，实现被帮扶人员全部通过上岗考试。志愿服务小组则是以自愿为原则，以党员为基础，为广大员工解决工作生活中的实际问题，切实"为员工群众办实事"，进一步密切了党群关系。

### （三）抓典型，立标杆，发挥党员先锋作用

**"我是党员我争先"，党员旗帜树起来。**为了确保氧化装置的安全开车，车间党支部成立了党员突击队、青年突击队。在装置开工过程中，车间一大批党员身先士卒，有连续5天不回家的机组专家，有连续3天值守现场的车间领导、班组长、主操，还有主动留下协助下一个班组处理异常、调整操作的骨干员工，大家只有一个共同目标，实现装置顺利开车，保证安全平稳运行，无论在中控室、还是在操作现场，每一位共产党员都是一面旗帜，用拼搏与汗水诠释责任与担当。

**强基固本增活力，战斗堡垒硬起来。**车间支部重视规范管理，集体讨论、研究、制定各项管理制度，并督促全员照章办事，坚持制度的严肃性和公平性。不断加强工艺纪律、劳动纪律的考核，每月统计班组工作量进行量化打分，对事不对人，公平合理考核员工，加大对优秀员工的奖励力度，达到奖优罚劣、奖勤罚懒的目的。车间支部以规范管理和强执行力在员工队伍中树起了威信，成为促管理保安全的"硬核力量"。

## 三、成效启示

**成效一：支部建设可圈可点。**在思想政治工作的创新实践中，车间党支部注重"情"与"理"的相融互促，不断锤炼政治担当，增强使命担当，强化责任担当，提高本领担当，实现了"学""做"结合、"内""外"有序、"守""担"联动、"查""改"贯通、"知""行"合一"五位一体"，成为基层党组织标准化建设的排头兵。

**成效二：安全工作确凿不移。**车间党支部把思想政治工作成效落脚于中心工作，重点强化车间的安全环保管理，努力提高设备设施的本质可靠性，减少机电仪原因引起的非计划停工，杜绝安全环保事故事件的发生，有力保障了氧化装置长周期安全环保稳定运行。

**成效三：员工队伍踔厉奋发。**氧化车间员工平均年龄已达49岁，尽管队伍不再年轻，但他们创先争优的志气不减，车间连续三年被评为"四川石化公司先进集体"，两次被评为公司级、厂级"先进党支部"，培养了一名"四川石化公司劳动模范"、一名"四川石化公司十大杰出青年"和五名"四川石化公司先进个人"。近三年，氧化车间干部员工安全处置系统异常20余次，为减少PTA项目非计划停工和经济损失作出了突出贡献。

**启示一：思想政治工作必须坚持"以人为本"。**"人"是切入点，更是关键点，思想政治工作应着力于细微，让员工真切感受到党组织的能量，激发对组织和企业的信赖与热爱。

**启示二：思想政治工作要重视"领头雁"作用的发挥。**领导干部自身端正向上的言行，就是卓有成效的思想政治工作，必须努力打造一支政治坚定、能力过硬、作风优良、奋发有为的基层干部队伍。

**启示三：思想政治工作要重视建立"预警机制"。**主动建立科学化、制度化的思想政治工作新机制，有预见性、针对性地去发现问题，使其作用发挥在决策前、落实在执行上、渗透到日常管理,成为企业管理的助推器,开创生动活泼、保证有力、促进企业发展的思想政治工作新局面。

(执笔人:何　俊　陈淑蓉　宋梦桃　李佳金　钱　勇)

# 念好"抓聚用"三字诀
# 做好员工思想政治工作

华北石化公司

## 一、背景介绍

中国石油华北石化公司（以下简称华北石化）党委将员工思想政治工作贯穿企业改革发展始终，围绕打造一支"有理想有信念、敢担当讲奉献"的员工队伍，在制度完善、平台建设、创新举措等方面做了大量工作。然而近两年来，面对疫情形势严峻复杂、国内炼油产能过剩、新能源替代持续加速、市场竞争更趋白热化的大环境，以及华北石化自身精益管理水平不高、盈利能力不强等问题，员工思想观念不可避免地受到冲击和影响，在利益诉求、成长需求上呈现出前所未有的新特征，给新形势下员工思想政治工作带来了极大挑战。

华北石化党委深刻认识到，越是严峻复杂的形势，越需要理清思路，化解矛盾，围绕"举旗帜、聚民心、育新人、兴文化、展形象"的职责使命，不断从百年党史中汲取力量，探索新形势下员工思想政治工作的新路径，在深入调研、广泛征集、反复论证的基础上，制定了《学习新时代"枫桥经验"做好员工经常性思想政治工作细则（六十条）》，并通过印发学习、专题宣贯、专家解读、实地指导等形式，第一时间组织贯彻落实，各党（总）支部深入推进，形成一系列行之有效的典型做法，为华北石化高质量发展提供了强有力的精神动力和思想保证。

## 二、主要做法

**（一）抓实"三个强化"，统筹推进思想政治工作在基层扎根**

强化顶层设计。将《学习新时代"枫桥经验"做好员工经常性思想政治工作细则（六十条）》作为各党（总）支部的指导手册和操作指南，从涉及员工生活管理、家访慰问、后勤服务等五方面制定60条针对性举措，为有的放矢解矛盾、对症下药破难题提供制度保障。

强化党组织作用。发挥各党（总）支部的主观能动性，不断将思想政治工作做新做活，将支部打造成"能战斗、有温情"的和谐单元。一联合运行部党总支实施"正人心、稳人心、暖人心、聚人心"的四心工作法，以"钢铁团"特色文化引领员工在装置检修、疫情防控等急难险重任务中拧成一股绳；质检计量部党支部实施"12233"工程，以《员工诉求登记表》"干部联系点""石油精神小讲堂"等小举措，千方百计知员工情、答员工疑、解员工难、聚员工力；保卫消防部党支部明确"三个坚持"，做好保卫者、公证员、知心人"三个角色"，将"矛盾不上交、服务不缺位、平安不出事"的核心理念体现在部门管理工作中，各党（总）支部成为纵深推进思想政治工作的动力源和加速器。

强化横向互动。选择成效好、质量高的做法通过月度党建例会交流经验，2021年共计8家单位走上交流平台分享了"四心"工作法、一线工作法、"四合"工程、"12233"工程等行之有效的工作举措，形成一批可借鉴、可复制、可推广的经验成果，不断扩大思想政治工作的横向辐射范围。

**（二）聚焦"三类群体"，精准施策促思想政治工作质量提升**

聚焦"关键少数"抓落实。抓牢"两级关键"在思想政治工作中的示范引领作用，扎实开展"我为员工办实事"活动，瞄准员工亟待解决的24项"急难愁盼"问题精准发力，力克成本增加、人员不足、保温性差、路线规划等难题，将困扰员工长达七年之久的用餐方式由"员工取餐"变为"岗位送餐"，让员工身不离岗吃上热饭热菜；面对一线员工轮休时可以躺着休息的迫切诉求，华北石化党委多次调研、反复论证、讨论决策后，不仅为倒班员工配置了休息用床，还将原本3个小时的轮休时间延长到了4个小时，历史遗留问题得以解决。饭菜质量的提升、石化新村房产证的办理、体检套餐的科学化、帮助青年员工走进婚姻殿堂，一件件既有温度又有力度的实事举措搭建了华北石化上下齐心的思想桥梁。

聚焦"特殊群体"抓关爱。将"情"字视为连接员工和华北石化的纽带与桥梁，坚持完善春送关怀、夏送清凉、秋送助学、冬送温暖、生病住院送关爱、生日节日送祝福、退休婚丧送温情、工作间歇送健康的"八送"工作机制，全年救助困难家庭47人次，为385户帮扶人员发放物业采暖费补贴72万余元，以一份退休礼物、一声生日祝福、一次困难慰问表达对员工安危冷暖的牵挂，为维护华北石化稳定局面提供了情感支撑。

聚焦"先进典型"抓引领。打出激励政策与荣誉体系的"组合拳"，调动各层级员工积极性，评选特别贡献奖、先进集体、先进工作者，累计发放奖金近百万元。大力表彰"两优一先"、提质增效优胜单位、金牌内操等典型，打造"现象级"传播精品，着力讲好打造白洋淀畔能源保供铁军的集团公司基层党建"百面红旗"四联合运行部党支部等基层单位的故事、讲好"抠门"设备维修管家孟繁辉等系列"正能量"形象故事，以先进形象引领全员思想提升，以典型力量凝聚全员干劲，达到润物无声的效果。

（三）用好"三种载体"，营造"一家人、一条心、一块干"的思想政治工作氛围

用好传统方式。积极畅通民主渠道，围绕中心任务和员工思想实

际，建立员工思想动态"月报告、季分析、年总结"调查分析机制，梳理7大方面问题，结合职代会、总经理民主联系人座谈会、总经理信箱等渠道意见建议一并解决和反馈，实现"麦克风"递给员工，"扩音器"设在党委的直通效果。建立员工信息"一人一卡"，设立班组观察员，建立"四必清""五必谈""六必访"机制，形成班组长、装置长、基层领导班子、分管领导、主管领导"层层谈心"责任制，掌握员工思想变化，解决苗头倾向性问题，当好群众的主心骨。

**融入企业文化。** 传承红色基因与石油精神，从华北石化三十余年的创业发展史中提炼出以"攻坚克难的进取精神、笃定前行的斗争精神、立足本职的务实精神、顾全大局的奉献精神"为核心的企业精神，以一部《企业文化手册》、一系列企业形象宣传片、一次中国石油开放日活动、一座石油精神教育基地、一次文化作品展，全方位展示华北石化形象，增加员工荣誉感和自豪感，凝聚干事创业精气神。

**用活宣传阵地。** 充分发挥新媒体传播速度快、范围广的特点优势，将员工思想政治工作搬上"云平台"，利用华北石化"两微一网两号"，在重阳节、七夕节等传统节日，持续传播党员妈妈、石化夫妻档、新二十四孝等正能量故事，以传统文化引领华北石化"和"风尚。主动发声讲述华北石化人夫妻共同坚守岗位、母子结对师徒、送中暑人员就医、助失忆老人寻亲等一个个温情故事，营造思想政治工作的"家"氛围。

## 三、成效启示

自《学习新时代"枫桥经验"做好员工经常性思想政治工作细则（六十条）》出台实施以来，华北石化全体干部员工拧成一股绳、凝成一股劲，干事创业热情空前高涨，打赢了"扭亏为赢效益战""提质增效攻坚战""疫情防控阻击战""油品升级保卫战""冬奥氢能保供战"等一场又一场硬仗。

**理论研究结硕果。**华北石化党委不断探索思想政治工作的新路径，注重总结经验、形成特色做法，专题研学成果《落实〈关于新时代加强和改进思想政治工作的意见〉，把思想政治引领贯穿企业治理始终的实践研究》，入选集团公司学习贯彻习近平总书记"七一"重要讲话精神专题研学成果汇编。

**企业发展见成效。**华北石化党委将思想政治工作渗透到生产经营、改革发展的全过程，不断增强思想政治工作的主动性和针对性，在油品质量升级、疫情防控、安全环保、氢能保供等攻关项目中引领全员统一思想，凝聚力量，助力华北石化顺利成为国内"首批"生产京ⅥB标准汽油的企业，成为大兴国际机场航煤供应占比"最高"的企业，成为中国石油"首批"为冬奥会保供氢能的企业。

**理想信念更坚定。**以党史学习教育活动为契机，推动员工思想政治工作走实走深，华北石化党员干部员工2000余人次参加专题学习培训300余次，学习研讨交流104次，撰写理论文章400余篇，党委撰写的"七一"理论体会文章《以高质量党建新作为赢得高质量发展新主动》在集团公司征文活动中获得一等奖。公用工程运行部党支部被评为集团公司先进基层党组织、四联合运行部党支部入选集团公司基层党建百面红旗，闫宗磊、邹志恒被评为集团公司优秀共产党员，陈鹤被评为优秀党务工作者，评选表彰24名优秀共产党员、6名优秀党务工作者、先进基层党组织，"石油工人心向党"的信念更加坚定。

（执笔人：王　强　武惠芳　张若禹　汪　博　宋晓丹）

# 打造"共荣共存的家"文化汇聚兴"家"合力

长庆石化公司

## 一、背景介绍

中国石油长庆石化公司(以下简称长庆石化)横跨西安、咸阳两地,紧临渭河北岸,近年来,随着西咸一体化的深入推进,长庆石化逐渐被居民区、商业点、休闲地包围,形成典型的"城中厂、河边厂、景区厂",安全环保压力巨大。为破解发展困局,长庆石化探索出打造世界一流示范型城市炼厂的发展模式,要推动这一新发展模式落地生根,就需要全体员工大力弘扬石油精神和大庆精神铁人精神,把企业当作自己的"家",把岗位当作自我发展的平台,辛勤付出、接续奋斗。如何最大限度调动员工的主观能动性,让他们真正认同员工与企业是"共存共荣的命运共同体",真正把个人的成长与企业发展融为一体,积极投身世界一流示范型城市炼厂建设,成为做好思想政治工作的重中之重。长庆石化党委以习近平新时代中国特色社会主义思想为指导,紧紧围绕企业改革发展中心,通过"我就是长庆石化"为核心的"共荣共存的家"文化这一黏合剂,促使全体员工"心往一处想、劲往一处使",深度激发全体员工的积极性、主动性、创造性,使思想政治工作这一生命线在新时代焕发新活力,为破解城市型炼厂发展困局,建设世界一流示范型城市炼厂提供强有力的思想支撑。

## 二、主要做法

### （一）思想"风向标"唤起文化认同

思想是行动的先导，身处信息快速更迭的时代，员工的思想更为活跃，长庆石化以"石油家庭"为切入点，通过系列活动引发情感共鸣的同时，潜移默化地将企业价值观贯穿其中，唤起"家文化"认同。

公司党委用"家文化"凝聚人心、鼓舞士气，提出了"为历史负责，为生存担当，为荣誉而战"的使命观和以"我就是长庆石化"为核心的"共荣共存的家"文化理念。以党史学习教育为契机，通过"微型党课""夜间课堂""青年团课"等形式，深入开展爱党、爱国、爱厂教育，认真学习"四史"、石油工业发展史，回顾长庆石化奋斗历程。举办摄影书画剪纸、百篇厂史新闻等系列展览，制作专题网页、开设专题专栏，宣贯文化理念，宣传典型人物、先进事迹，凝聚了新时代干事创业精气神。在建厂三十周年之际，组织"我就是长庆石化"全员大讨论活动，围绕"如何认识我就是长庆石化，如何做到我就是长庆石化，如何体现我就是长庆石化"，以"世界一流长庆石化人"建设"世界一流企业"，广大员工争相撰写"我为长庆石化代言""我家的变化""我走过的三十年"等主题文章，引起强烈思想共鸣，促进了"我就是长庆石化"的"家文化"理念落地入心。

### （二）精神"助推器"激励奋发有为

石油精神是攻坚克难、夺取胜利的宝贵财富，长庆石化深挖其蕴含的时代内涵，将石油精神的助推力转化为"家文化"思想认同的粘合力，将员工信念与企业发展理念进一步统一，凝聚新时期干事创业的精神力量。

以石油精神和大庆精神铁人精神再学习再教育再实践再传播为主题，长庆石化把精神纳入党委理论学习中心组学习、党支部"三会一课"、员工日常培训学习等范畴，引导广大干部员工吃透精神内涵，立足岗位、苦干实干。扎实开展"形势、目标、任务、责任"主题教育，通过党委书记带头讲、领导班子成员深入讲、部门单位领导重点讲、劳模骨干身边讲"四类宣讲"，把集团公司党组、长庆石化党委的部署要求传递到每一个岗位每一名员工。组织"青春献礼、建党百年"演讲比赛、员工代表座谈会、"父辈的那些年"体验交流、"光荣在党50年"老党员座谈会等系列活动，激励全体员工"干字当头、实字托底、事不避难、力戒浮华"，将精神落实到日常工作中。开展"体验油田生活、传承石油精神"实践教育活动，青年员工深入采油一线与采油工同吃同住同劳动，实践结束后组织座谈会，让青年员工谈体会、说感悟，并将心得体会编纂成册分发各单位，引导广大员工切身感受石油人战天斗地的豪迈情怀，营造励志氛围。结合集团公司"两会"和长庆石化"两会"要求，把精神融入提质增效、改革发展、安全环保等重点工作中去，使其成为促进工作开展、推动改革创新的强大动力。

（三）平台"试金石"成就人生价值

实现长庆石化高质量发展，要靠世界一流员工队伍，长庆石化把培养才能卓越的优秀管理者、行业领军的技术人才、技能过硬的蓝领精英作为不懈追求，为员工搭建成长平台，畅通发展通道，让"小家"的付出得到"大家"的认可和回报。"人人皆可成才、人人皆能成才""一个班就是一个家"等"家文化"理念进一步凝聚员工思想共识。

"人人皆可成才、人人皆能成才"。落实"生聚理用"人才工作机制，推进人才专业化、融合化发展，注重因才施策，分层培养，开展"素质提升大学堂""技术大讲堂""岗位大练兵，素质大提升"等全员学习活动，通过岗位练兵、技能竞赛、外送培训、传帮带等方式，大力培养有理想有技能的复合型、专业型人才。对班组队伍现状进行科学分析，制定出台《高技能人才管理办法》等一系列制度，完善量化考核指标等，推动技能操作序列队伍"动起来""活起来"。全力推进"炼化工匠"培养工作，将催化裂化、常减压蒸馏、汽煤柴油加氢等装置的17个操作工种纳入集团公司技能晋级计划，同时，不断完善高层次人才待遇，加大科技奖励和荣誉激励力度，为高技能技术人才营造了"想干事、能干事、干成事"的创新创效环境。

"一个班就是一个家"。按照"安全生产成在全员，败在一人"和"班组成员一个都不落下"的理念，以员工技能考评、双盲应急演练、提质增效等为重点，全面锻造适应炼化企业数字化转型、智能化发展的高素质"金蓝领"。将标准化班组建设作为打造班组文化的重要抓手，先后开展班组JSA等系列培训，转变员工思想观念，变被动管理到主动管理。开展试点优秀班组评比，按照人员综合素质测评、操作平稳率考核、现场应急能力检测等进行全面评价，评选出标杆班组和优秀班组。为班组建设引入竞争机制，开展班组擂台赛，将事故事件管理、现场实操等纳入考评内容，由标杆示范班组守擂，优秀班组挑战，推动员工熟练掌握岗位技能，通过一系列措施，增强了班组团队合力，提升了班员素质能力，增强了班员自豪感、荣誉感、责任感，也促进了班组文化管理理念的不断更新，夯实了班组文化管理基础。

（四）暖心"连心桥"凝聚员工力量

长庆石化把以人为本作为"家文化"建设的出发点，以真情关爱员工，以氛围感染员工，让公司与员工通过"家"的纽带紧密相连，使公司成为员工避风的港湾和坚实的依靠。

用心用情用力做好一人一事思想工作，每月分析员工思想动态，每季度研判员工思想热点难点问题，帮助员工解决实际困难。推行"健康企业建设"，通过健康小屋、线上健康管理系统、配发血压计血糖仪、就医帮促、大病筛查5大举措，切实提高员工健康水平。加强群团力量，丰富实践载体，及时反馈、落实员工代表征集提案和员工代表座谈会意见建议，持续开展劳动竞赛、合理化建议征集等活动，调整改组业余爱好者协会，组织系列文体活动，丰富员工文化生活，开展心理健康专题讲座，帮助员工科学释压。大力改善员工的工作环境和生活环境，建立"青年休闲书吧"，建成单身公寓洗衣房，为青年员工学习生活提供便利，增加他们的归属感。各党支部开展了系列关爱行动和文化活动，发放降温马甲、设置雨伞架、配备爱心冰箱等暖心事、贴心事，提升了员工的幸福感，十五的元宵、冬至的饺子、盛夏的绿豆汤等特色活动，让员工品尝到家的味道，感受到家的温暖。

## 三、成效启示

通过"共荣共存的家"文化建设，树立了员工与企业共荣共存的命运共同体意识。增强了员工"我就是长庆石化"的思想自觉和荣誉感责任感，激发了"为历史负责，为生存担当，为荣誉而战"的使命感，形成了企业与员工目标同向、行动同步的浓厚氛围，夯实了全体员工共同奋斗的思想基础。

通过"共荣共存的家"文化建设，三支队伍活力进一步彰显。长庆石化建设世界一流示范型城市炼厂，实现高质量发展，归根到底要靠世界一流员工队伍。"共荣共存的家"文化建设促进了员工职业化工程和"1125"人才工程的实施，管理、技术和操作"三支队伍"活力不断彰显，2021年选聘了长庆石化首个90后基层干部，选聘二级工程师7名、三级工程师46名，有8名优秀操服人员走上管理、技术岗位，党赵科被聘为集团公司技能专家。

通过"共荣共存的家"文化建设，长庆石化核心竞争力进一步增强。长庆石化正处于建设世界一流示范型城市炼厂的关键时期，面对压力巨大的安全环保形势、十分繁重的就地改造任务，"共荣共存的家"

文化建设提升了全体员工热爱长庆石化、建设长庆石化、发展长庆石化的责任感和使命感，长庆石化上下同心合力，坚定信心，以顽强的拼搏精神、高涨的工作热情，立足岗位、争作贡献，确保了企业生产经营业绩稳中向好。近年来，先后获评陕西省五一劳动奖状、集团公司先进集体和首批绿色企业，被陕西省推荐并获评国家智能制造试点示范工厂。

（执笔人：杨　锋　王永鹤　周　嘉　朱　虹　折　群）

# 常态化动态化推进党建纵深发展

华东化工销售公司

## 一、背景介绍

中国石油华东化工销售公司（以下简称华东化工销售）安徽分公司党支部有党支部书记1人、支部委员3人、党员9名，其中45岁以下党员占比67%。2019年荣获集团公司"先进基层党组织"，华东化工销售公司"先进党支部"；2020年荣获"上海市经济信息化系统党支部建设示范点"，华东化工销售公司"先进党支部"；2021年荣获集团公司基层党建"百面红旗"党支部称号，集团公司"青年文明号"称号，华东化工销售公司"示范党支部"等。思想政治工作一直是我党的优良传统与鲜明特色，是一切工作的生命线。企业思想政治工作始终围绕发展大局，构建和谐团队，指导员工了解党的方针政策，谋划企业发展蓝图，培养员工的责任感和参与感。党支部始终坚持"凝心聚力抓党建，务实笃行促发展"，支部书记始终牢记"抓党建就是最好的政绩"，以习近平新时代中国特色社会主义思想为指导，以从严治党为主线，以党建引领为根本，坚持发挥基层优势，坚持问题导向和目标导向，在抓规范、抓落实、抓亮点、抓融入上下功夫，激发党支部活力，将基层党建向常态化动态化纵深发展，推动基层党支部建设水平全面提升。

## 二、主要做法

**（一）发挥支委作用，强化领导核心**

形成坚强的组织领导，发挥战斗堡垒作用，是支部书记与支部委员的重要作用。支部书记对照戴厚良书记提出的"六个模范"要求，认真履行第一责任人的职责，扛起主责、抓好主业、当好主角。支部委员各司其责，界面清晰，在各分管领域扎实有序地抓好基层党支部工作。不断强化党建意识，增强党建本领，以责任落实推动党建工作任务的落实。有条不紊地深化落实基层党组织工作条例、党支部工作条例，落实常态化谈心谈话机制，从最基本的东西抓起，打造动态化基层党支部建设，健全执行有力的支部委员会，切实发挥好党支部的政治引领和组织保障作用。通过打造坚实的支委堡垒，以思想政治工作推动党员凝心聚力。2021 年荣获集团公司基层党建"百面红旗"党支部称号，集团公司"青年文明号"称号和华东化工销售"先进集体"称号；《深化"党建+"建强"主心骨"——深化党建与业务融合实践》，荣获第一届石油石化企业基层党建创新案例三等奖；《读懂当时、增信力行，在奋斗中感受幸福》荣获集团公司基层优秀党课三等奖。

**（二）创新学习载体，力求多元实效**

努力创新学习载体，通过全体党员系列微党课、红色教育基地参观走访、思想政治教育立体化、党建带群建等方式载体，进行系统性"学、思、践、悟"，打造自助式特色支部文化。党员实现讲党课全覆盖，全体党员干部讲述对国家的深情、对党的恩情，激发干事创业的激情、全力以赴的信念。每次党课后，全体党员都紧密结合当前工作实际，进行重点问题分析，集思广益提出一些对今后工作具有较强指导意义的建议想法。利用当地红色教育基地优势，展开实地化思想教育，参观陈独秀纪念馆，加深员工对中国共产党诞生重要历史阶段的认识；参观渡江战役纪念馆新,感受与共和国风雨历程紧密相连的峥嵘岁月;到全国首批廉洁教育基地——包公祠开展廉洁教育活动,永远牢记要严守底线,廉洁自律,拒腐防变。赴安徽省金寨县开展系列红色寻访活动,红军广场、金寨县博物馆、刘邓大军千里跃进大别山前方指挥部等红色印记深入人心,激励全体干部员工提高政治站位,树立家国情怀,将对党的忠诚转化为干事创业的强大动力,指引广大干部员工继续实干担当、勇当先锋、砥砺奋进,以新形式注入新活力,展现出月月有主题、次次有交流的浓厚学习氛围。平均每年组织党员学习14次、开展主题党日15次、进行专题党课8次。学习方式从灌输式机械化转变为动态式互动化,实现了多元化的基层党建学习特色。

(三)思想阵地前移,横向纵向联动

始终保持与兄弟单位和客户民企党支部的思想政治学习交流,形成纵向贯通,横向融合的大党建思想格局。横向"践行榜样精神,促进同心共建",与油品销售示范加油站、昆仑银行西安分行等兄弟单位共建共创促进提升,全体员工在党建共建的引领下,将党建互促互进优势更好地转化为发展优势,形成互带互动、优势互补、资源共享的党建新格局;纵向"交流研讨共成长,迎难而上促提升",与中国石化、民企客户开展支部联合交流活动,寻求新思路,谋求新发展。吸取先进行业经验,努力推进转型升级谋划,进一步加强竞合意识,建立常态化工作交流机制,发挥产品互补优势与信息资源共享,实现互利共赢。

## 三、成效启示

党支部书记和支委领导作用发挥常态化。带头走在改革前沿,顶在困难之处,注重发挥党支部书记和支部委员的领导作用,切实增强基层党支部的感召力、战斗力,使之成为以人为本、凝心聚力、和谐发展的坚强战斗堡垒。

**自助式党建创新常态化。**自主实现多层级、深层次、全覆盖的思想理论创新，积极参与党建相关创新工作比赛，切实提升了党支部理论水平素养，有效统一思想和行动。积极参与国有企业改革发展，全力推进了党建业务融合高质量发展，为做强做优做大国有企业添砖加瓦。

**党建与业务工作"深度融合"常态化。**坚持以思想启发智慧，以思想激发干劲，注重思想赋能、行为赋能，充分发挥党支部引领和党员先锋模范作用，做表率、树榜样，同频共振，深度融合。党支部围绕经营工作，从优化调整渠道、开发维护终端、拓展推广方式、研判分析市场、提升服务广度等方面不断改进经营策略，高质量完成全年营销工作任务。

**解放思想，党建纵深发展常态化。**始终致力于解放思想抓党建。坚持"党建引领发展、党建凝聚合力、党建解放思想"，重点抓深化、抓突破，立足优势，主动作为，结合一切可以结合的想法，联系一切可以联合的实际，让党建从管理"软实力"变成发展"硬支撑"，切实把基层党建优势与基层管理优势有机融合，让党建纵深发展常态化动态化。

（执笔人：安芳成　张娜娜　程　锐）

# 思想政治工作"四部曲"唱响攻坚创效主旋律

云南销售公司

## 一、背景介绍

2021年,中国石油云南销售公司(以下简称云南销售)曲靖销售分公司由一类公司降为二类公司,扩销增效、扭亏解困成为首要任务。但由于干部员工创新意识、效益意识、主动担当意识不强,没有形成惯性的量效齐增思维,导致经营部和加油站在迷茫中摸着石头过河,出现了"口号震天响,落地轻飘飘"的现象。针对这种情况,曲靖销售分公司以"重回一类公司"为目标,坚持"以人为本,从心开始"的理念,推广运用思想政治工作"四部曲"的工作方法,用润物细无声的党建思想政治工作凝聚人心,党支部的战斗堡垒作用和党员的先锋模范作用在扩销增效攻坚战中得到充分体现。

## 二、主要做法

### (一)思想上教育引导,唱响"凝心曲"

在成品油价格、利润持续下跌的严峻形势下,如何统一员工思想,使员工把工作放在心上、把责任扛着肩上,激发干部员工的凝聚力,已成为曲靖公司当前面临的新课题。

增强干部服务意识,形成以广大员工为创效中心的同心圆。公司领导班子成员以"围绕目标鼓干劲、服务发展强士气"为目标,面向基层开展"形势、目标、任务、责任"主题教育活动20余场次,讲清制约高质量发展的突出矛盾和转变经营观念的措施要求，鼓舞员工士气，凝聚全员发展共识。机关团队负责人和党支部书记创新"集中宣讲＋订单式宣讲＋新媒体宣讲"模式，根据基层需要，以专题专栏的形式开展专题讲座、形势解读、任务解析、经验交流、专业培训等，指导加油站提升业务技能并寻找提质增效措施，引导全体员工做到思想与行动互相促进、持续提升。曲靖销售分公司党群工作部利用公司"网、微、抖"宣传平台，开辟《我心向党·岗位建功》《青春与量效同行》等扩销增效专栏，突出典型经验的交流分享，营造上下齐心抓落实的良好舆论氛围，做到思想、行动、任务、结果互相促进、持续提升。

（二）工作中表扬鼓舞，唱响"信心曲"

加油站90后多，文化参差不齐，特别是受低油价的影响，有些员工产生了消极思想，止步不前，有些员工没有危机意识，依然心存背靠大树好乘凉的思想，如何提振信心、共渡难关是最迫切需要解决的问题。

**肯定员工的业绩和价值，发挥员工的潜能。**曲靖销售公司建立了奖惩机制，评选先锋经营部、先锋加油站、明星员工，对为公司作出贡献的集体和个人给予奖励，并在公司范围内广泛宣传，给予员工充分表扬和鼓舞，认可和肯定他们的价值。为了提高创新创造热情，提高服务效率，提升销量，达到客户的新要求、新标准，开展"提质增效·大家说"建言献策、"提质增效·我能"线上"金点子＋图片展示"评比和"提质增效·岗位建功"青年突击队活动，引导员工争做提质增效的排头兵和代言人，激发了员工学本领、比创造的热情，发挥了员工的潜力和才能。

**"两类榜样"建模立标，汇聚员工的动能。**在内部榜样选树方面，先后开展了"创先锋 立榜样 提效益"选树活动，让每名员工都能在奋斗中体会自身的价值，都有职业自豪感和成就感。策划了《"决战100

天、党员冲在前、全员齐行动、客户大开发"主题活动》《树典型、当榜样、立标杆》专栏，发布推文18期，带领全员发挥优势、展现风采、汇聚动能，从推文中听到自己的声音、看到自己的身影、找到自己的竞争力，激发全员干事创业积极性。在外部榜样学习方面，每月邀请兄弟单位优秀人才到公司分享，通过他们丰富的成长经历、管理经验和销售经验，让员工们学有榜样、追有目标。

**（三）生活上关心帮扶，唱响"安心曲"**

为了让员工安心上班、快乐工作，紧盯员工最关心最直接最现实的利益问题，从生活上关心帮扶员工，用"话疗"走进员工群众，为员工营造如家环境，汇聚员工士气，激发团队人人争先的集体荣誉感。

**建立和谐的人际关系。** 定期开展座谈、"话疗"等活动，将宣讲场所由会议室搬到环境温馨的员工之家，用青年熟悉和乐意接受的方式，用"感情+道理"的交流语言深入员工内心，了解员工的需求，回应员工的关切，找准思想政治工作与员工所思所盼所忧的契合点，及时为员工解决实际问题，努力做员工的知心人和热心人。班子成员主动融入"家文化"建设，节前到加油站为基层员工做饭，融入员工生活，倾听员工诉求，建立有温度有感情的干群关系，提高基层员工的安全感和归属感。公司上下级之间、员工与员工之间的配合协作更加顺畅，工作氛围更加和谐。

**推行人性化培养模式。** 培养"爱岗情"，开展"石油工人心向党，建功奋进新征程"岗位讲述活动，优选出5个岗位讲述优秀案例到9个党支部开展巡讲，透过优秀加油站经理、提质增效先锋等人的讲述，激发全体员工立足岗位、建功立业的热情。培养"团队情"，为增进员工之间彼此的了解，支部之间联合开展"结对共建""成长分享""非油竞赛"活动，通过集体活动取长补短，增进员工之间的了解，使合作更加融洽。培养"爱家情"，疫情期间，党群工作部策划"一封家书"栏目，员工给家人写信、给孩子留言，向父母、孩子、爱人表达内心的真情实感，和上司、同事、下属细说工作中的帮助与分歧，讲述自己的故事，分享自己的初心，延伸"家"文化的打造，传递"家"的幸福，让全体员工感受到大家庭的关爱和温暖。

**（四）行动上步调一致，唱响"协奏曲"**

面对低销站占比多、亏损站数量大，"体大量不大"的现实情况，如何避免"蛮干"，造成无效增量，一直是摆在曲靖销售分公司面前的挑战。对此，各管理团队和部门统一思想，统一步调，坚持效益导向，全员"合唱"，唱响攻坚创效主旋律。

财务、业务建立周工作对接机制，以量效为导向，运用单站模拟核算系统数据，实时监控价格直降、系统优惠、消费返利实施效果，根据市场环境、竞争对手、社会站点情况，指导加油站动态调整营销方案、促销方式，把握量效平衡成效，杜绝无感优惠、低效促销。

财务、业务、综合三条专业线联合分区域召开现场营销管理问题诊断会，解读公司当期营销和人员考核管理政策，对各站点运行情况逐个进行分析，引导加油站会算量效、会用支出、能赚毛利，做到事前测算预判、事中动态监控、事后总结提升，以效益指标倒逼销售指标完成，一站一策、一站多策，发现经营管理中的短板，及时制定应对措施，提升加油站量效管理水平。

各党支部成立"攻坚创效"党员突击队、"基础作战"和"单站模拟核算"服务队，持续开展以"提质增效""解决瓶颈"为主的项目攻坚活动、服务培训和指导帮扶30余次，互促共进多元开展"突破行动"，激发全员创效活力。在全员的共同努力下，员工的创新意识、创效意识逐步提高，由过去的"靠油价上涨、靠市场转好"转变为"向管理要效益""靠创新增效益"，用内部挖潜、岗位创效为公司的发展增加新动力。

## 三、成效启示

曲靖销售分公司，不断研究探索和创新思想政治工作的新观念、新方式、新方法，通过"四部曲"工作法，不断提升队伍的凝聚力和战斗力，全员围绕扩销增效目标，制定"路线图"，分好"责任田"，转变思维，落细措施，全力推进提量提效，2021年，主油销售总量完成销售计划的110%，同比增长17%，直销提前116天完成全年任务目标，实现三年"8-10-18"的大跨越。32项提质增效措施为企业增效显著，2项工作荣获集团公司表彰，5项课题研究成果荣获云南销售公司表彰，业绩考核指标排名云南销售公司前列，分类评价结果重回一类公司。

（执笔人：吴　金　胡　晓　白俊杰）

# 开展"大庆精神主题实践日"
# 聚力建设世界一流销售企业

黑龙江销售公司

中国石油黑龙江销售公司（以下简称黑龙江销售）党委深入学习贯彻习近平新时代中国特色社会主义思想坚持创新思想政治工作方法，以"身在龙江学大庆，最冷最北最忠诚"的精神文化为支撑，通过开展"大庆精神主题实践日"（以下简称大庆日），深入推进弘扬大庆精神铁人精神与生产经营有机融合，传承红色基因，推动绿色发展，不断巩固广大干部员工的思想基础，凝聚起建设世界一流销售企业的磅礴力量。

## 一、背景介绍

1959年9月26日，共和国十年大庆前夕，位于松嫩平原上的松基三井喜喷工业油流，大庆油田由此诞生。2019年在大庆油田发现60周年之际，习近平总书记发来贺信，指出，大庆油田的卓越贡献已经镌刻在伟大祖国的历史丰碑上，"大庆精神、铁人精神已经成为中华民族伟大精神的重要组成部分"。这充分肯定了大庆油田60年来为国家贡献的巨大物质财富和创造的宝贵精神财富，充分体现了党中央、总书记对大庆油田及百万石油人的高度重视和深切关怀，寄托着对石油工业的殷切希望，是对石油人的极大鼓励和鞭策，是做好工作的行动指南和根本遵循。

黑龙江销售作为成长于龙江大地的销售企业，用好大庆精神铁人精神这个"传家宝"，推动大庆精神铁人精神更好地在黑龙江销售落地生根，成为时代赋予我们必须答好的"发展命题"。

## 二、主要做法

为引导广大干部员工发扬石油传统、传承红色基因、赓续精神血脉，凝聚新时期干事创业的精神力量，在党史学习教育如火如荼的时刻，黑龙江销售党委在 2021 年 9 月 26 日全面启动大庆精神主题实践活动。以每月 26 日作为"大庆精神主题实践日"；结合黑龙江销售开展的"10 惠"活动，将每月 10 日确立为"大庆精神宣传弘扬日"；为总结上月大庆精神铁人精神实践成果，将次月 1 日命名为"大庆精神经验分享日"。并在活动中作出了"打造'身在龙江学大庆，最冷最北最忠诚'龙销铁军"的号召，旨在成品油销售一线深刻挖掘大庆精神铁人精神蕴含的时代内涵，全面锻造新时代龙江销售的铁人队伍，以实际行动推动大庆精神铁人精神薪火相传。

### （一）强化学习，内化于心，凝聚干部员工思想共识

理论学习抓实"关键少数"。加强习近平总书记致大庆油田发现 60 周年贺信及对中国石油和中国石油相关工作的重要指示批示精神的学习，统筹用好党委会、"第一议题"学习、中心组学习、经营工作例会等载体，累计组织第一议题会议 41 期、学习习近平总书记重要讲话和重要指示批示精神 43 次、结合学习主题部署重点任务 28 项、督办事项 14 条。做到学在平常、抓在经常、融入日常。层层宣贯促进"入脑入心"。党委印发"黑龙江四大精神专题教育片《丰碑》""大庆精神铁人精神"等视频学习材料，整理"大庆精神铁人精神"词条等学习要点，所属 1100 余座加油站、油库利用"三会一课""主题党日"和班前

会集中再学习再宣贯，促进伟大的精神力量成为创业之基、破冰之矛。**做好宣传持续正面引导**。加大与新华网、黑龙江日报等主流媒体的通联力度，举行"走进中国石油"媒体开放日活动，邀请媒体和消费者"走近"中国石油，对"大庆日"活动进行宣传推广，加深黑龙江销售在消费者和社会各界的感召力及品牌影响力。2021年新华社客户端刊发《中国"最北"加油站》，报道大兴安岭漠河北极村加油站在-40℃的严酷环境下坚守岗位，为游客和村民提供服务，不到24小时内获134.6万次点击浏览。

（二）立足岗位，外化于行，在销售战场践行大庆精神

**开展"销售业绩擂台赛"**。以加油站纯枪销售量、加满率及新增个人记名卡同比增长、客户投诉率等指标，决出"加油能手"；以非油商品销售收入、毛利水平及高毛利商品销售额等指标，评出"销售标兵"。站内员工间、班组间、站与站或片区间，充分发扬石油会战精神，争创一流业绩，打造铁人式销售队伍。**开展"岗位技能大练兵"**。以班组为单位，学习岗位职责，熟练岗位操作，岗位练兵，钻研技术，树牢"坚守、执着、敬业、奉献"精神，以强化岗位责任制上标准岗、干标准活、交标准班，干负责任的事，负责任地干事。2021年7月，集团公司销售企业职业技能竞赛由黑龙江销售承办，来自全国33个地区销售企业的132名参赛选手同场竞技，比拼职业技能，展示工匠风采。黑龙江销售获得团体一等奖及3项个人金牌，取得优异成绩。**创建机关服务基层机制**。发动机关人员以及"销售能手"为加油站员工讲授润滑油、"便利店店面优化及精益零售"等相关知识；讲授关于非油、润滑油等销售经验，提高全员开口营销、店面优化的能力。"大庆精神宣传弘扬日"当天，黑龙江销售推行客流高峰"站经理上岛加油""机关员工驻站帮扶"，动员和凝聚一切力量到基层、到库站，在服务和销售的"主战场"吹响冲锋号，锤炼铁人式员工队伍。

## （三）典型引路，经验共享，掀起岗位建功热潮

充分发挥党员先锋模范作用，每月评选大庆日销售达人、销售先锋，并将典型做法汇编成册，在门户网等宣传阵地发布，及时总结、分享销售经验，以点带面，激发广大干部员工干事创业热情。近年来，在"大庆日"活动中先后涌现出很多先进典型和感人事迹。集团公司劳动模范、非油销售状元——"龙江销售一枝梅"刘桂梅，用真诚的微笑、热情的服务和朴实亲切的营销话术，一次次实现了惊人的销售业绩，更帮助带动其他员工共同成长，让见贤思齐蔚然成风，在助力企业发展的同时实现自身价值；哈尔滨分公司化肥销售的行家里手靖杨，以"千锤万凿出深山"的钻劲儿和"咬定青山不放松"的韧劲儿，在化肥销售上深耕细作，带领15名站经理走访乡镇村屯开发农户227户，带动片区化肥销售5000余吨，个人化肥销售4486吨，销售额960万元，不仅打造了全省第一座县级千万元便利店，更树立了中国石油帮农、扶农、助农的品牌口碑；牡丹江分公司店销达人佟飞，以线上直播为突破口，积极应变主动求变，大胆走出舒适区，不断开拓销售领域，站内员工非油绩效月工资人均也提升800元，实现了业绩与收入的"双增长"。

2022年2月底，黑龙江销售以"大庆日"中涌现出的销售精英为主，组建了大庆精神主题实践宣讲团，分赴各地市基层库站一线传授销售经验，力争培育出更多能战斗、敢拼搏、有爱心、顾大局、讲团结的销售精英，挖掘选树出更多能够自我加压、争先创优、英勇拼搏的优秀典型，让"星星之火"点燃公司"扎根平凡岗位、创造非凡业绩"的燎原之势。

## 三、成效启示

通过"大庆日"活动，牢固树立黑龙江销售广大员工的责任担当意

识，唤醒与企业"同呼吸、共命运"的内在共鸣，充分发挥一体化营销的整体优势，稳固企业的市场主体地位。2021年10月26日当天，"大庆日"实现非油收入690万元，13家分公司收入全部同比增长，增加589.7万元，增幅588%。黑龙江销售广大干部员工以"困难面前有我们，我们手下无困难"的积极态度，赢得疫情"大战""大考"，有效应对复杂的成品油市场，奋力拼搏，实现销售总量增长13%，非油店销收入增长26%，利润总额同比增长37%的良好成绩，实现了"十四五"良好开局。

大庆精神铁人精神是石油人取之不尽、用之不竭的精神财富，是砥砺前行的指路明灯，黑龙江销售将"身在龙江学大庆，最冷最北最忠诚"大庆精神主题实践活动与巩固拓展党史学习教育成果相结合、与基层党建"三基本"建设与"三基"工作有机融合相结合、与落实"四查四提升"强管理专项行动相结合，坚定不移传承弘扬大庆精神铁人精神，深入开展各具特色、生动感人的销售实践活动，引导全体干部员工进一步提高认识、坚定信念、增强本领，以昂扬的状态、奋进的姿态，为推动黑龙江销售高质量发展、打造"油气氢电非"综合服务商而不懈奋斗。

（执笔人：刘春雨 姜伯宇 吴龙卿）

# "四学"模式推动理论武装走深走实

陕西销售公司

## 一、背景介绍

党的十九大将习近平新时代中国特色社会主义思想确立为我们党必须长期坚持的指导思想，高高举起了新时代中国共产党人的思想旗帜和精神旗帜。党的理论创新每推进一步，理论武装就要跟进一步。在企业管理方式和发展模式面临重大转变、企业党建工作全面提质升级的新形势下，加强和改进理论武装，既是建设学习型党组织的有效途径，也是推动国企深化改革、高质量发展的重要保障。

中国石油陕西销售公司（以下简称陕西销售）党委认真贯彻落实中央和集团公司党组全面从严治党各项部署要求，坚持思想建党与制度治党相结合，坚持用习近平新时代中国特色社会主义思想武装头脑，与时俱进创新思路、改进方法、完善制度，多渠道并举推动理论武装走深、走实、走心，探索并实践形成了"四学"方法，使之成为陕西销售广大党员干部夯实理论基础、创新工作方法、增强学习效果的重要途径，为促进企业深化改革、提质增效提供了科学理论指导、坚实思想保证和强大精神动力。

## 二、主要做法

（一）健全制度规范学，实现由"软任务"向"硬指标"转变

理论学习要做到持之以恒，必须端正学风，有健全的制度作保障。

近两年来，陕西销售党委从严治学，不断在规范制度、完善管理、强化约束上下功夫，并不折不扣抓好落实，催生了全员学习动力。

党委始终把制度建设作为抓好理论学习的"压舱石"，坚持以制度管学、制度促学，确保理论学习的规范化、经常化和制度化。结合公司实际印发了《陕西销售公司党委中心组理论学习管理办法》，做到了"参学范围、主要职责、内容方式、学习要求、监督考核"五明确，提出领导干部述职要"述学"、民主评议要"评学"、组织考核要"考学"，力求把中心组建设成为陕西销售各级党组织学习的"示范班"。下发《学习贯彻习近平总书记重要指示批示精神落实机制》和《"第一议题"制度管理实施细则》，建立以学习研究、细化任务、监督检查、总结提升、组织领导等五个方面为主的"3+1"学习教育机制，3为分级分类分权重对党委理论学习中心组学习、"第一议题"、党支部下发三张表单，明确学习研讨内容和研讨主题，1为依托新媒体平台实现日常性学习。近年来，陕西销售党委平均每年组织开展"第一议题"学习36次，集中学习总书记重要讲话和重要指示批示精神47篇，在汲取政治营养、学用新思想上走在前做表率。

（二）创新拓展多样学，实现由"平面学"向"立体学"转变

学习制度及方式方法关乎学习的质量和成效。陕西销售党委努力把握学习的规律特点，积极创新学习的方式方法，推动理论学习入脑入心。

**办好干部大讲堂**。以突出高端对接、精选名师、拓宽视野、提升品味为宗旨，办好每月一期的干部大讲堂，作为党委理论学习中心组（扩大）专题辅导的重要内容。注重安排的计划性，根据企业实际和时政需求，拟定讲座计划。突出内容的系统性、实用性，以习近平新时代中国特色社会主义思想、经典理论解读、党的光荣传统、经济形势与任务、国学等内容，做到统筹兼顾；以企业管理、团队领导力建设、精细化管

理等内容，提升管理水平。保证讲座权威性，邀请某个领域内有一定影响力的名家学者走进企业，提升讲座品质。2016年以来，共举办大讲堂75场次，党委中心组扩大学习的影响力充分彰显，已成为陕西销售理论学习的品牌工程。

**打造数智课堂**。以党支部建设标准化、智慧化为抓手，打造标准化党员活动室，配备了目前技术最先进的激光电视机、智能摄像头、平板电脑等6种信息化设备，确保硬件设备到位；借助陕销党群通平台"智慧党支部"功能，实现了"三会一课"线上线下结合，借助语音识别、视频留存等信息手段，有效解决了学习教育过程中党员分散难集中、学习发言难整理、心得体会难互通的问题。党史学习教育期间，公司党委与人民日报旗下的融媒体教育机构——人民教育科技有限公司合作，通过对方优质教育资源提供、高品质课程共享、多方共建管理运营的方式，共建"人民学习·智慧教室"，针对各级党员干部、管理人员、企业员工等不同对象的学习需求，按照集体学习、系统提升的原则，构建全方位协同共享的教育平台。

（三）强化考核督促学，实现由"要我学"向"我要学"转变

陕西销售党委通过建立分层督导考核评价机制，实现了对理论学习的闭环管理，保证了学习时间、内容、人员、效果的落实。陕西销售党委对二级单位中心组学习和干部自学情况、陕西销售党的建设责任制考核体系和领导班子及领导干部年度述职考评，定期进行检查考核，作为党组织作用发挥和干部评先选优、奖惩使用的参考依据，着力解决学而不评、考核缺位的问题。在具体操作中将中心组学习考核量化，在思想建设考核项中予以30%的考核权重，设置学习计划是否制定、学习时间是否充足、会议记录是否规整、研讨成果是否形成等考核指标，每季度严考核、硬兑现。同时，将中心组学习作为重要内容纳入陕西销售党内政治巡察范围，不断核查中心组学习效果，促进中心组学习质量提升，

各分公司党委实现了由最初的问题诸多到目前的零例外事项的可喜变化。

（四）推动运用实践学，实现由"单项学"向"学而用"转变

陕西销售党委始终坚持理论联系实际的马克思主义学风，把"真学真用"作为学习的立足点，突出实践特色，做到知行合一。把企业长远发展战略作为重要任务，通过组织党委理论学习中心组集体研讨、学习交流，分析自身优势和存在不足，结合公司实际，完善"十四五"发展规划，提出大力实施"人才强企、成本控制、数字转型、绿色低碳"四大战略，以坚定信心决心奋力推进本质扭亏，全面开启二次创业新征程。学以致用的关键就是解决企业面临的问题。陕西销售党委及时将所学理论知识运用到工作实际中，比如，在坚持不懈用总书记关于推进国有企业改革发展重要指示精神引领改革发展方面，持之以恒落实新发展理念，量效兼顾、精准营销，着力打造"提质增效升级版"，抓住库存运作、减员压编、降费控本、跨界共享等创效关键，实施全员、全方位、全要素开源节流。

## 三、成效启示

经过几年来的持续努力，陕西销售各级党组织理论学习呈现出规范化管理、常态化推进的良好态势，取得了学习氛围日益浓厚、政治素质普遍提高、工作思路更加清晰、综合绩效持续提升等成效，为提高领导班子和党员队伍思想政治素质及综合领导管理能力、推动企业高质量发展发挥了重要的促进作用。2021年，陕西销售上下坚决贯彻上级决策部署，学党史、转观念、勇担当，以坚定决心扭亏脱困，以斗争精神深化改革，一举扭转连续4年亏损局面，成功打赢扭亏提质翻身仗。在抓好理论学习的探索实践中，积累了几点启示：一是要牢固树立"学习兴企"的思想自觉，从规章制度、各项工作部署、活动安排等方面最大化

地为员工提供学习和岗位成才的便利条件；二是要善用信息化手段，强化方式创新，鼓励各单位、各级组织充分挖掘自身智慧，开展富有特色的学习探索；三是要加强过程管控，对学习渠道、学习效果评价、学习考评以及物质、荣誉奖励等方面建立科学的评价体系，促进全方位学习体系的形成；四是要坚持将学习与解决实际问题相结合，把学习成果转化为落实新发展理念、推动中心工作的生动实践，从而最终达到广大员工自觉学习、有效解决实际工作问题、自身能力增强、综合素质提高、各类人才队伍壮大的良好局面。

（执笔人：王三勇　石　浩　陈　俭）

# 打造渝销讲习矩阵　构筑身边理论课堂

重庆销售公司

## 一、背景介绍

党的十八大以来，以习近平同志为核心的党中央高度重视思想政治工作，采取一系列重大举措切实加以推进，我国意识形态领域形势发生了全局性、根本性的转变。手段是思想政治工作的船和桥，手段创新是提升思想政治工作水平的重要保证。习近平总书记强调，建设具有强大凝聚力和引领力的社会主义意识形态，必须加强传播手段和话语方式创新，让党的创新理论"飞入寻常百姓家"。中共中央、国务院印发的《关于新时代加强和改进思想政治工作的意见》强调，"要深入开展思想政治教育，坚持用习近平新时代中国特色社会主义思想武装全党、教育人民，健全用党的创新理论武装全党、教育人民工作体系，增进对习近平新时代中国特色社会主义思想的政治认同、思想认同、理论认同、情感认同"。

为加强和改进企业思想政治工作，切实用党的创新理论武装全体党员、教育员工群众，深入推动习近平新时代中国特色社会主义思想大学习大普及大落实，重庆销售公司（以下简称重庆销售）党委把开展党的创新理论讲述作为重要依托，精心打造渝销讲习矩阵，使之成为党员群众身边的理论课堂、"红色学堂"。

## 二、主要做法

打造渝销讲习矩阵，就是面向重庆销售广大党员、干部、员工群众，构筑以"新时代党员群众讲习所"为核心的党的创新理论讲述活动阵地，着眼实效，形成品牌，打通基层理论学习的"最后一公里"，让理论讲述接地气，让优质资源下基层，讲好讲透、学深悟透习近平新时代中国特色社会主义思想的核心要义、精神实质、丰富内涵和实践要求，推动党的创新理论走深走实走心、入脑入心入行，打造听党话、跟党走的渝销石油铁军。

（一）坚持严格标准，有序推进，建好红色"根据地"

重庆销售坚持"五有"标准，高质量建设讲习"根据地"，明确开设"新时代党员群众讲习所"要有固定的讲习场所，有醒目的标识标牌，有科学的讲习机制，有经常性的宣讲活动，有充足的经费保障等，确保讲习所成为传播党的创新理论的重要阵地。讲习场所的设置以集中为主，流动为辅，可结合实际在公司机关设置集中"讲习所"，也可以依托加油站支部活动阵地、加油站员工之家等设置流动"讲习点"。集中的讲习所要在醒目处设置标牌，流动"讲习点"开展讲习活动灵活设置 ppt 投影、背景板等标识。建立常态化讲习机制，明确党委宣传部是重庆销售"新时代党员群众讲习所"的归口管理部门，分年度制定讲习计划，合理确定讲习频次。将讲习所作为重要意识形态阵地进行管理，建立讲习内容审核机制，由本级讲习所负责人负责审核把关。明确保障讲习所开展讲习活动所需经费，从党组织工作经费或职工教育经费中合规列支。重庆销售党委和各单位党委、直属党总支均设立了"新时代党员群众讲习所"。

（二）坚持选优配强，动态管理，组织讲习"讲师团"

重庆销售党委书记任本单位讲习所负责人，选齐配强讲习队伍，组建以党委委员、党的工作部门负责人、理论宣传骨干、劳动模范等为主体的讲师团，纳入重庆销售内训师队伍管理，实行动态管理，着力打造一支政治过硬、业务精湛、灵活机动、党员群众欢迎的讲习队伍，确保面对不同的员工群体能够讲得对、讲得好、讲得活。一是领导干部带头讲。各单位党委书记、党委委员带头进行宣讲，聚焦深化员工群众对新时代党的创新理论的理解和掌握，为党员群众讲授政治必讲课。二是从业务骨干中"点将"。针对党员群众最关切的问题，围绕员工亟需学习补充的知识营养，从业务骨干中"点将"，有针对性地为群众答疑解惑。三是用好典型模范。将重庆销售各级劳动模范、优秀党员、先锋标兵等先进典型模范请进讲习队伍，注重用身边人讲身边事，促使党员群众见贤思齐，形成良好的企业风尚。四是请好外部"专家"。根据需求有针对性地邀请相关专家学者授课，担任兼职讲师，为党员群众讲解行业发展大势、技术理论前沿、重大政策课题等，全面提升党员群众整体素质和综合能力水平。

（三）坚持分门别类，特色引领，唱响时代"主旋律"

针对党员群众不同目标群体的差异化特征，设立"新时代党员群众讲习所"既充分体现大众化，又充分体现差异化、特色化。以开设"新时代党员群众讲习所"为主要形式，创新拓展宣讲方式，面向团员、青年员工开设"新时代青年讲习所"，面向党员干部开设"新时代学习大讲堂"，面向基层库站一线员工开设"班组学习宣讲堂"，开展分众化精准化讲习活动。各类讲习所根据讲习活动主体，结合实际精选讲习内容，讲思想、讲理论，又讲业务、讲技能、教办法，确保党员群众有"问"，宣讲有"答"；党员群众有"需"，宣讲有"应"。在讲习内容上，既要明确政治必讲课，推动习近平新时代中国特色社会主义思想大学习大普及大落实进机关、进库站；又要明确选讲课程，按照因地制宜的要求，满足党员群众多样化的学习需求。在讲习方式上，注重讲习传播手段和话语方式创新,利用"铁人先锋""一网三微一端"等新媒体传播手段开设"微学习""微党课""微宣讲",将思想内容传播呈现为党员群众喜闻乐见的图片、短视频、微电影等,赋予党的创新理论可触可感的温度、鲜度和色彩。

## 三、成效启示

2020年起,重庆销售党委着力打造基层理论宣讲名片,两级党委、直属党总支开设各类讲习所25个,其中开设新时代党员群众讲习所16个,新时代青年讲习所3个,班组学习宣讲堂4个,新时代学习宣讲堂2个,讲习所依托加油站党员活动阵地等设置"讲习点"156个,初步形成"广覆盖、深渗透"的渝销基层理论讲习矩阵,构筑了党员群众身边的理论课堂。

各级党组织突出政治属性、凸显红色内核,依托渝销讲习矩阵开展各类宣传活动,推动党的创新理论入脑入心。新时代党员群众讲习所成为了党员群众广泛参与和喜爱的理论学习平台。在党史学习教育中,各级党组织充分利用讲习矩阵平台,送学到一线,宣讲到基层,组织100场党史专题宣讲活动,有力促进了党史学习教育落地见效。下一步,重庆销售将按照"使用经常、辐射广泛、群众喜爱"的原则,充分发挥渝销讲习矩阵作用,做好基层理论宣讲文章,为重庆销售党员群众投身发展提供精神动力、理论支撑和方法指导。

(执笔人:魏 娜 雷 声 张继欢)

# 坚持"三贴近三突出"
# 激发"党支部＋经营"新活力

江苏销售公司

中国石油江苏销售公司（以下简称江苏销售）深入学习贯彻习近平总书记关于思想政治工作的重要论述，坚定落实党中央决策部署和集团公司党组工作要求，坚持"三贴近、三突出"，以观念创新、思路创新推进和深化"党支部＋经营"，出现了思想政治工作转变与销售经营融通互促的生动局面，使基层焕发出强大的动能活力，实现了以高质量党建引领企业高质量发展。

## 一、背景介绍

### （一）应对复杂的市场形势需要思想之变

近年来，成品油市场供需矛盾扩大、竞争加剧，新能源替代步伐加快，加上世纪疫情、国际动荡等不利因素的巨大冲击，企业经营面临重重困难和严峻考验。面对复杂的外部形势，如何在短时间内为销售业务"破冰"，基层单位一筹莫展，一线员工手足无措。

### （二）推动基层党建与经营融合需要思想之变

习近平总书记在谈到国有企业坚持党的领导、加强党的建设工作时强调，要"坚持服务生产经营不偏离，把提高企业效益、增强企业竞争实力、实现国有资产保值增值作为国有企业党组织工作的出发点和落脚点，以企业改革发展成果检验党组织的工作和战斗力"。所以，思想政治工作必须聚焦基层一线，为引领和推动生产经营服务。

（三）赓续红色基因传承石油传统需要思想之变

党史学习教育启示我们，保持基层凝聚力、创造力和战斗力，必须将"支部建在连上"，将思想政治工作的重心放在一线。大庆精神也引导我们，"抓生产从思想入手，抓思想从生产出发"。这些都要求我们，新形势下思想政治工作须因时而变、随事而制。

推动思想政治工作重心下移和转变，找准思想政治工作与生产经营互融相促的结合点，"党支部＋经营"成为最为有力的抓手，也成为新形势下党建与经营融合的最有效载体。

## 二、主要做法

江苏销售从思想政治工作创新入手，围绕"大抓基层"导向笃定前行，坚持"三贴近、三突出"等要点重点，发挥基层党支部引领、服务、保障、催化等重要作用，持续深化"党支部＋经营"，形成了强大的思想合力和持久奋进动力。

（一）贴近实际，突出党支部这一基层主体，建强基础作战单元

推动思想政治工作创新，从理顺"党支部＋经营"的理论逻辑和实践逻辑入手，带动基层单位观念和思维创新，指导基层工作实践。江苏销售撤销加油站管理片区和团队，根据地理位置、竞争态势等因素，以10～15座加油站设置一个基层党支部，打破科层制管理方式，实现了由盯经营指标向关注人、由管理员工向帮扶员工、由单站营销向协同作战"三个转变"。*示范引领作表率*。支部书记坚持吃苦在前当好示范作表率，依靠个人魅力和能力开展工作。每月巡站全覆盖，高峰期坚持提枪加油，主动协助联系和开发客户，及时处理油站急事难事，改"你

做我评"为"我做你学",变"给我上"为"跟我上",使员工紧紧跟随、有样学样。**排忧解难暖人心**。支部通过谈心谈话等党建方法,及时掌握员工思想、工作和生活状况,对于员工求助和遇到的困难,建立明细台帐,第一时间安排帮扶,实行动态销项管理,坚持做员工身边的"110",随时为员工释疑解惑、帮扶解困。用EAP技能对员工"望、闻、问、切",及时帮助缓解压力、纾解不良情绪,做员工的"解忧杂货铺","有困难找支部"已成为员工共识。**协同作战聚优势**。通过支部会议、学习研讨、主题党日活动等载体,实现大脑联网,化解思想"梗阻",对业务瓶颈性问题进行攻关,碰撞出经营销售"火花"。根据员工性格、爱好、特长,组建促销宣传、沟通谈判、售后服务等专业营销小组,为油站提供专业支持。在支部的组织带动下,员工共同参与经营管理,主人翁意识明显增强。结合各站竞争态势和定位布局,逐站制定营销战术,实行"挂图指挥",推动加油站协同配合、有攻有守,形成局部竞争优势。**对外联建促经营**。用好党支部书记这张"名片",发挥身份对等易沟通交流的优势,56个基层党支部与315个周边街道、学校、医院等党组织建立联建关系,结合支部联谊、EAP帮扶等开展"六进",宣传营销政策,新增个人卡客户5.8万个。

(二)贴近员工,突出基层人才培养这一要务,大力推动岗位赋能

基层思想政治工作须依托基层党支部,应更多聚焦基层经营管理人才培养。江苏销售坚持"用优秀的人培养更优秀的人"理念,以党支部为平台,构建起师徒培养体系、二维考核体系、教练评价体系"三位一体"的教练团队模式,助力基层人才队伍建设。**搭建"师带徒"培养机制,助力基层经理人队伍建设**。围绕零售和直销两个终端,通过"五评三测"选拔,聘任83名优秀基层经理人、特长员工为教练,经过26场拜师仪式先后与242名培养对象确立师徒关系,按照"师带徒"方式开

展基层人才培养。培养方法上，采取线上线下相结合的方式。线上以"教练微课堂"分享先进经验，邀请全国优秀的基层经理人参与交流；线下按照金、银、铜牌教练等级分别以"一带三""一托二""一对一"等形式进行随岗培养，手把手地教、面对面地学。**搭建"金点子超市"，助力基层经理人能力提升。**创建以问题为导向的 PITP 工作法，搭建"点子群、BUG 帮"研讨平台，定期组织交流讨论，让优秀的站经理、客户经理大脑联网，一起为经营管理谋思路、找方法。教练团队建立"金点子超市"，将每周加工提炼的好做法、好经验汇集其中，供基层经理人自助检索、按需取用。**搭建"二维评价"体系，助力新老客户裂变。**围绕"员工用心度""客户满意度"两个核心维度，采用客户回访、随岗评测、视频扫站、第三方评价、视频回放、网络调查等手段考核，促进所有教练更加注重提升员工用心度和客户满意度，助力客户引流和裂变。各支部依托全省 56 个教练小组，定期安排教练培训授课，将经验、方法手把手传授给员工，提升员工现场管理与服务能力。102 座加油站从"金点子超市"中获益，120 余项创新策略得到推广应用，日均增量 241 吨。

（三）贴近基层，突出结对共建这一重要举措，推进上下协同

做好思想政治工作，不能靠老夫子式的说教，不能靠填鸭式的灌输，更多靠潜移默化的行动。江苏销售把"党支部＋经营"延伸到机关党组织，搭建机关和基层"支部结对共建、办实事承诺践诺、党员责任区"三个平台，深入开展"服务基层我先行"岗位实践活动。**健全机制保落实。**江苏销售机关党组织坚持"周提醒、月督办、季考核"的工作机制，对办实事承诺事项建立台账清单，持续跟踪指导和督查督办。将"服务基层我先行"岗位实践活动的成效作为季度"红旗党支部"评比和年度考核的重要依据。定期总结评估，通过网页、公众号等媒介，宣传推广好经验好做法，激励机关各党支部主动干、比着干，营造出浓厚

的"讲奉献、办实事、比服务、树形象"良好氛围。**真抓实干见成效。**全年共组织江苏销售机关 13 个党支部与 17 个基层党支部建立结对共建关系，机关各党支部亮出"办实事"公开承诺 62 项，全年 100% 兑现。建立"党员责任区"79 个，引导机关党员干部到基层去、到员工身边去，实现机关与基层同心共情、同甘共苦，办成了一大批实实在在的好事。与此同时，各地市公司机关党组织也以支部共建、党员帮扶、干部联系等形式开展与基层支部的联建活动，并组织营销策划、运营保障、培训赋能等专业化小组服务"党支部＋经营"，解决了一系列制约发展的难题，形成了推动江苏销售构建高质量发展新格局的强大合力。

## 三、成效启示

思想政治工作之变推动了经营业绩之变。江苏销售坚持推动"党支部＋经营"，通过不断实践和完善，有效解决了基层党建与经营"两层皮"问题。特别是通过这一工作模式，凝聚起广大干部员工的智慧和力量，一路破冰攻坚、披荆斩棘，推动江苏销售经营业绩稳步增长。

"党支部＋经营"模式得到广泛认可和推广。基于良好的实践效果，江苏销售"党支部＋经营"、党支部对外联建等特色做法被写入了集团公司党建"三基本"和"三基"工作融合指导意见，"支部＋网红""5W"工作法等经验被编入集团公司党建教材，成为基层党支部建设的规范。在建党 100 周年之际，"党支部＋经营"先进单位——南京销售城区党支部，荣获集团公司基层党建"百面红旗"称号，并作为销售企业唯一代表向全国党建研究会汇报"党支部＋经营"成果。

（执笔人：张　永　杨永刚　马卫林　黄大群）

# 构建三种模式
# 以"支部建在团队"凝聚思想合力

福建销售公司

## 一、背景介绍

一直以来，中国石油福建销售公司（以下简称福建销售）机关和基层库站采用的是联合党支部的形式，即不同部门、多个库站组成一个党支部，由其中一个部门经理或站经理担任支部书记。各部门各库站之间的协同能力不足，支部书记辐射能力弱化，"重经营、轻党建"现象不时存在，思想政治工作开展不够扎实，学习教育有时浮于表面，思想政治工作推进遇到瓶颈。

2020年以来，福建销售实行加油站团队化管理，将地理位置集中、路网交通相连、市场环境类似的加油站组成团队，进一步建立健全组织融合机制，以团队为单元重新调整党支部设置，把"支部建在了团队"，共计重新调整设立了37个党支部，由团队队长担任党支部书记，团队骨干任支委。通过发挥一个团队抱团优势，构建资源共享、集中攻坚、联合创效三种模式，把"支部建在团队"推进党组织有效覆盖管理单元，实现了"省公司—分公司—团队"同一步调、组合出拳，统一了员工思想，激发了企业的创新创效合力。

## 二、主要做法

### （一）构建资源共享模式

**明职责。** 细化支部党建与经营管理责任清单，明确各党支部支委分工，明确党建、宣传思想文化、思想政治工作和生产经营职责，赋予支部书记对辖区站经理调整和员工评先评优的建议权，将思想政治工作纳入站经理日常考核，做到各项工作主体明晰、界限明确、考核有据。**赋权责。** 积极探索支部融合参与团队日常经营考核、年度考评、关键员工选用、评先评优等重要工作，基层支部的权责更加清晰，思想政治工作开展更加具有针对性，党建经营融合的作用逐步发挥。**解难题。** 发挥支部群众工作职能，大力开展"我为员工群众办实事"实践活动，党员干部深入基层听真话、察实情、问良策、解难题，深入推进"一人一事"思想政治工作，共开展273个"办实事"项目，已办结261项，其中12项由两级公司党委督办的重点民生项目全部落实到位。四是严监管。支部切实承担起党员廉洁监督责任，支部书记和支委及时提醒告诫、化解风险，积极探索支部参与库站员工违章违纪行为的核查，推动支部监督职能向经营管理延伸。

### （二）构建集中攻坚模式

**突出思想引领。** 发扬"抓生产从思想入手、抓思想从生产出发"的好传统，在抓好党员理论学习提升政治素养的同时，督促团队中所属油站学习文件政策，以强化理论武装、加强思想政治工作为出发点，切实转变观念解放思想，凝聚干事创业合力；把生产经营重点和改革发展难点作为党建工作的落脚点，推动党建工作与生产经营深度融合，以高质量党建保障引领高质量发展。**突出实践引领。** 各党支部加强党员责任区、示范岗、突击队建设，近年来在团队中积极开展党史学习教育、"转观念、勇担当、高质量、创一流"和"转观念、勇担当、强管理、创一流"主题教育，积极开展对标查改调研、党员亮身份、承诺践诺活动等"六个一"系列活动，公司党委层面创建一批党员示范岗，引导广大党员立足岗位、创先争优，围绕基层、履职尽责。特别是近两年来，面对新冠疫情，党员干部们坚持带头冲锋在前，坚守库站一线，帮助广大员工群众解决生产经营难题、生活实际困难，切实发挥基层党组织战斗堡垒作用和党员先锋模范作用。**突出业务引领**。公司党委把争创HSE标准化建设示范站队纳入基层党支部的重要工作任务，发挥团队党员在隐患排查整治、安全文化建设、应急处置等方面的作用，在广大干部员工中牢固树立"安全就是最大的政绩"理念，采取"监督与辅导"并行的方式，提出管理建议4998项，现场指导解决问题1936项，确保福建销售特色安全文化深入人心，为保障生产经营平稳运行提供坚实的思想保障。

（三）构建联合创效模式

**重培养**。福建销售党委坚持把基层书记队伍、党务干部队伍和党员队伍"三支队伍"建设作为夯实基层基础的"先手棋"，推动党务和业务干部"双向交流"，注重选拔吸收优秀业务人才充实到党务干部队伍中，致力打造全心干事业、精心抓管理、用心带队伍、贴心爱员工、信心创佳绩的"五心"党支部书记队伍；加强思想政治工作队伍建设，开展针对性培训，加强对心理学、教育学、哲学等相关知识的学习，培养思想政治工作专长干部，活学活用思想政治工作典型案例，善于借组织、政策和上级之力，合力集中解决好一些共性的、影响较大的突出问题和困难，在推进公司高质量发展、为员工排忧解难中推进思想政治工作走深走实。**严考核**。出台支部书记述职评议、量化考核办法，开展年度党建工作责任制考核，明确将思想政治工作纳入考核方案，研究制定《基层党支部考核办法》，将党建工作责任制的履职考核与支部委员个人薪酬绩效收入、评先评优、定岗定级直接挂钩，既注重经营考核，也做实党建考评，充分发挥考核"指挥棒"作用，突出思想政治工作重点，推进基层党建工作与生产经营同部署、同推进、同检查、同考核。促创效。各党支部既通过召开党员大会、"三会一课"、主题党日活动等，开展理论学习，加强思想教育，统一思想，凝聚干事创业活力；也通过团队周例会、月度经营分析会等，分析各站业绩指标进度、完成情况和在生产经营过程中遇到的困难，研究解决问题措施，布置下一步工作，对先进员工、优秀做法进行表扬和推广，做到党建真正融入生产经营。近年来，党支部以各项学习教育活动激发团队员工斗志，倡导"努力就是旺季，不努力就是淡季"，向改革、向管理、向市场要效益，交出了亮眼答卷，全体干部员工同心协力、迎难而上，为建设业绩一流、治理现代的油气氢电非综合服务商努力贡献自身力量。

## 三、成效启示

"支部建在连上"是党的一项基本原则和制度。福建销售党委灵活转化、大胆实践，运用调整经营管理模式，优化基层党支部，实行团队化管理，充分利用团队的组织优势，构建资源共享、集中攻坚、联合创效三种模式。"支部建在团队"使党建工作在基层更有抓手，更加贴近生产经营和员工急难愁盼实际问题，找准了基层"三基本"建设与"三基"工作有机融合的切入点和落脚点，开展思想政治工作有了重要抓手，全体干部员工思想进一步统一，凝聚起强大精神力量，全力推进公司高质量发展。

习近平总书记指出，中国特色社会主义进入新时代，必须把统一思想、凝聚力量作为宣传思想工作的中心环节。福建销售党委推进"支部建在团队"，将基层党建"三基本"建设和"三基"工作深度融合，将党建与生产经营深度融合，也将思想政治工作融入全体干部员工生产经营、工作生活的方方面面。无论是支部理论学习、党日活动、"三会一课"等党员政治活动，还是团队经营分析、促销活动等生产经营行为，亦或是员工的日常生活等，都成为了思想政治工作的重要抓手，由支部书记牵头抓总，支委分工协作，骨干党员带头开展，全体员工共同参与，形成"省公司—分公司—团队"一盘棋，切实增强了队伍凝聚力，提升了员工对企业的归属感和认同感，提振了干事创业的精气神。

（执笔人：王志辉 吴光菁）

# "一体两翼三融合"思想政治工作模式凝聚团结战斗合力

山东销售公司

## 一、背景介绍

《关于新时代加强和改进思想政治工作的意见》指出，思想政治工作是党的优良传统、鲜明特色和突出政治优势，要把思想政治工作作为治党治国的重要方式，把广大群众团结凝聚在中国特色社会主义伟大旗帜下。"抓生产从思想入手、抓思想从生产出发"是石油行业在几十年生产建设实践中摸索形成的思想政治工作经验。"抓思想、保安全、强合规、促经营"是山东销售立足新时代党的基层组织建设、打造坚强战斗堡垒提出的"片区＋党支部"功能定位。

面对当今世界百年未有之大变局、我国发展"双碳"节奏加快、石油石化行业新能源发展势头强劲，尤其是近两年地炼资源日益强势、竞争态势日趋严峻、疫情影响消费萎缩、国企改革深入推进的客观形势，聚焦企业中心工作开展思想政治工作，围绕员工群众多元复杂的利益诉求，推动思想政治工作与解决员工实事紧密结合，抓实抓细思想政治工作方式方法守正创新，发挥思想政治工作效能，凝聚同心同向战斗合力，为扭亏脱困、提质增效、高质量发展提供坚强引领和政治保证，是山东销售各级党组织和党务工作者面临的课题与考验。

## 二、主要做法

山东销售烟台分公司坚持以习近平新时代中国特色社会主义思想为指导,围绕巩固全体干部员工团结奋斗的共同思想基础这一根本任务,将奋进"二次创业"、践行"三三"战略的企业中心工作作为思想政治工作的切入点,将工作关怀、情感关爱、心理关注、成长关心、利益关切作为思想政治工作的着力点,确立以党支部为"主体",以党务工作者和群团工作者为"两翼",以基层党建、经营管理和工作生活为"融合"的"一体、两翼、三融合"思想政治工作模式,保证深化改革和中心工作始终沿着正确方向前进。

（一）抓实党支部"主体"

紧紧围绕"党的一切工作到支部"鲜明导向和"提升党支部组织力"目标要求,将党委领导下的党支部作为各层面开展思想政治工作的责任主体,列入主体责任清单,明确履职目标要求,纳入支部绩效考核,要求所属党支部将思想政治工作作为基础性、经常性工作,以月度为单位进行"四必访五必谈"工作,以季度为单位开展思想状况分析,以年度为单位上报干部员工队伍思想分析报告,做到知责、明责、履责、尽责,将思想政治优势转化为企业治理效能。

（二）抓实党务工作者和群团工作者"两翼"

建立健全党委统一领导、党政齐抓共管、党群部门组织协调、有关部门分工负责的"大思政"工作格局。注重发挥党务工作者联系基层一线的专业性和引领性。以"党委委员联系党支部、支部委员联系空白班组、党员联系群众站经理"的党建"三联"为载体,深化"四强化四带动"作用发挥。通过强化政治引领,定期为联系站点和联系岗位宣贯习近平新时代中国特色社会主义思想,传达党中央方针政策和集团公司党组决策部署,带动员工坚定不移听党话跟党走;通过强化示范表率,积极帮助联系站点和联系岗位优化工作流程,主动参与破解生产经营中的重点难点问题,带动形成人人创先争优的良好氛围;通过强化思想教育,及时掌握员工工作、生活情况和思想动态,带动党组织与员工群众的联系进一步密切;通过强化骨干培养,对于表现良好的业务骨干加大培养力度,引领快速成长,带动班组员工积极向党组织靠拢。公司125名党员对所属6个片区党支部和91座站点联系全覆盖,实现党的声音及时传达一线、党员影响覆盖全部班组,筑牢了基层思想政治工作根基。**注重发挥群团工作者联系员工群众的桥梁和纽带作用。**将党组织的思想引领和群团组织的服务保障紧密结合,用解决实际问题助推解决思想问题。通过纵深推进"八清八有"家文化创建,一站一策建家园、立家规、树家训、育家风,用看得见、摸得着的工作和生活改善凝聚建家、爱家、护家、兴家的共同力量;通过扎实推进"三位一体"服务员工体系建设,从配齐配优"五小工程"、坚持开展"四个一"生日祝福入手做实员工物质性服务,从持续深化站务公开、定期开展文体活动入手做实员工精神性服务,从定期开展技能比武、深化青年岗位建功入手做实员工发展性服务,推动企业和员工共同成长、共同发展;通过建立健全冬送温暖、夏送清凉、春送政策、金秋助学"四季帮扶"长效机制,不断提升员工队伍幸福感、获得感、安全感;通过结合三级联动客户开发、全员跑店专项行动、夫妻站建设等重点工作,搭建机关服务基层的协同阿米巴支撑平台,完善夫妻站后勤生活保障措施,推动党委决策部署不折不扣落到实处。

(三)抓实基层党建、经营管理和工作生活"三融合"

在"一体两翼三融合"思想政治工作模式中,山东销售烟台分公司抓实党支部"主体",解决思想政治工作的主体问题;抓实党务工作者和群团工作者"两翼",解决思想政治工作的主力问题;抓实基层党建、经营管理和工作生活"三融合",解决思想政治工作的内容问题。广大干部员工作为思想政治工作的服务对象，具有三个属性，一是国企属性，必须坚定不移贯彻执行"国之大者""党之大计""企之要情"；二是经济属性，必须矢志不渝履行"保障能源供应、推动提质增效"的经济责任；三是社会属性，必须规范遵守法律法规和社会约定。这三个方面也就成为企业开展思想政治工作、进行员工谈心谈话的出发点和着力点。一是宣贯党建凝聚人心。将及时宣贯、传达、解读党中央精神号召和上级党委决策部署，作为开展思想政治工作的第一要务，推动服务对象与企业发展心劲合一、同向发力。二是围绕中心释疑解惑。干部员工中出现的思想问题，大部分是由于对经营管理中心工作要求了解不全面、不深入、不透彻引起的，通过常态化开展营销指令宣贯、激励政策宣讲等面对面、一对一的下沉式、贴近式调研座谈，打通"最后一公里"，消除理解执行偏颇，有助于中心工作高质量开展和高质量完成。三是融入工作生活排忧解难。每一名干部员工作为社会的一份子、家庭的一份子，必不可少地需要面对来自工作和生活中的方方面面问题。通过将员工思想动态分析与"四必访五必谈"相结合，深入开展"一人一事"的思想政治工作，耐心细致地了解员工个人情况、家庭情况、实际需求、问题困难等，换位思考地帮助出主意、想办法，凝聚力量地推进办实事、解难题，在解决员工实际困难中也能得到员工的真心拥护。

## 三、成效启示

山东销售烟台分公司建立健全"一体两翼三融合"思想政治工作模式，推动员工队伍思想上解惑、精神上解忧、心理上解压，汇聚攻坚克难强大合力。

**引领打好了"两场战役"**。2020年新冠疫情爆发，成品油行业面临大战大考；2021年烟台地区遭遇"德尔塔"病毒侵袭；2022年"奥密克戎"再度来势汹汹。公司立足"一体两翼三融合"思想政治工作模式，党委委员带头下沉一线、靠前指挥，党员同志深入疫情严重地区、做好隔离人员补位，思想政治工作者牵头构建"一对一"疫情防控服务，坚定队伍信心，保障稳定运营，坚决打赢"疫情防控阻击战"和"效益实现保卫战"，交出党委放心和群众满意的优异答卷。

**增强了支部"政治功能"。** 公司所属各党支部扎实落实"一体两翼三融合"思想政治工作模式，结合自身实际创新思想政治工作方式方法，增强党支部政治功能和组织力。莱芜海党支部推行思想政治工作"一热线二接待三结对"工作法，切实帮助油站和员工解决工作、思想、生活等方面的实际问题。招莱党支部纵深推进"凝聚活力型"党支部建设，较好地发挥了教育、管理、监督党员和组织、宣传、凝聚、服务群众的职能职责。两个片区党支部分别荣获山东销售公司先进集体和服务明星荣誉称号。

**纵深推进了"三心"建设。** 公司扎实构建"一体两翼三融合"思想政治工作模式，做好"一人一事"情绪关注和思想安抚，持续推进"家长放心、领导安心、员工暖心"的"三心"建设目标实现。通过深化思想政治工作，精准关爱服务，帮助患病员工郝红销售"爱心苹果"、传递"石油温度"。通过加强心理疏导、做好人文关怀，组织爱心帮扶团队常态化结对长期患病员工、慰问生病住院员工、看望家庭困难员工，坚定员工信心，凝聚队伍合力，为践行"三三"战略、奋进"二次创业"注入内生动力。

（执笔人：袁慧娟）

# 科技创新力激励"三维九法"赋能高质量发展

东方物探公司

## 一、背景介绍

创新是引领发展第一动力。科技创新关键在人，而思想政治工作从根本上说是做人的工作。多年来，中国石油东方地球物理勘探公司（以下简称东方物探）采集技术中心党委坚持"抓科研生产从思想入手，抓思想从科研生产出发"，聚焦科研生产任务，把充分调动和激发科技人员创新力作为思想政治工作的主要内容，以科技创新力激励作为切入点和突破点，针对性、创造性地开展思想政治研究工作，在实践中探索出了科技创新力激励"三维九法"，极大调动了科技人员的创新意愿，激发了创新活力，提高了创新能力，为推进高水平科技自立自强，实现地震采集业务高质量发展提供了强劲动力与思想保障。

## 二、主要做法

科技创新关键在人、要在激励。激活创新源头活水，必须牢牢抓住激励这个"牛鼻子"。充分发挥思想政治工作优势，在创新意愿、创新能力、创新环境三个维度上精准发力、精准施策，形成的激励"九法"有效增强了科技人员的创新活力，为高质量发展赋新能。

### （一）聚焦创新意愿，激发创新活力

科技人员的创新意愿是科技创新力的根本，是其主观能动性在科技创新中的体现。坚持加强对员工思想的引导和约束，以目标同向法、价

值导向法、责任驱动法充分调动员工创新意愿，提高创新的积极性和主动性。

**目标同向法。** 重在以科学的目标引导创新，使科技人员的工作目标与东方物探目标链紧密联系在一起，在创新过程中实现个人价值。围绕东方物探打造世界一流大目标分解具化，采取务虚会、工作会、职代会等形式，谋划中心目标、明确部门目标、制定岗位目标。针对技术短板确定攻关目标，开展专项劳动竞赛，研发的新平台静校正软件破解了制约东方物探多年的静校正技术瓶颈，员工在工作中实现岗位目标，彰显了个人价值。

**价值导向法。** 针对科研人员有在重要勘探区域、重大科研攻关、重点项目支持中发挥自身作用强烈愿望的特点，通过挂职锻炼、树立标杆、委以重任等途径，让员工价值能够实现，成绩得到认可，创新激情完全释放。选派40岁以下、敢于创新的优秀技术骨干到生产一线"挂职锻炼"，实现人生价值与企业价值的相融互促。树立价值导向，加大科技人员在评先选优比重等措施，给荣誉、树榜样、立典型，让他们"上台、上墙、上网"，扩大典型影响力，增强科技人员价值感。

**责任驱动法。** 在创新过程中明确职责分工、分管领域、目标任务，以石油精神和大庆精神铁人精神凝"根"聚"魂"，激发科研人员找油找气的责任与使命，驱动其内在创新活力。出台高级技术专家、一级工程师工作职责及分工等规章制度，明确了各类专家的主要职责。可控震源技术专家王井富在创新中提升价值，他指导参与研发的可控震源分频扫描信号、伪随机扫描信号技术填补了国内空白，拓展低频扫描信号设计技术达到国际先进水平。

### （二）聚焦创新能力，提升创新效能

创新能力是科技人员创新水平的重要体现，是科技创新力的保障。高度重视科技人员的培养与锻炼，结合科技人员的自身特质，以言传身

教法、揭榜挂帅法、团队熔炼法增强其综合素质能力，创新人才、创新团队迅速成长，创新创效能力大幅提升。

**言传身教法**。采用专家讲座、技术交流、双向"师带徒"、专家配助手等形式，拓宽青年才俊知识结构，增强技术本领，达到"传"知识、"帮"成长、"带"团队的目的。出台"师带徒"管理工作相关规定，成立领导小组，制定活动方案，与生产单位互结22名师徒对子，每两年进行考核总结、选优评先，促进了年轻人才快速成长。

**揭榜挂帅法**。对亟需解决的"卡脖子"技术、重点科研攻关项目张榜公示，给大胆创新、敢于冒尖的科技人才"揭榜"机会。出台了科技攻关"揭榜挂帅"实施意见，明确选题、揭榜、挂帅、实施和考核等关键内容。在"低信噪比区智能初至拾取软件研制及工业化应用"项目中，博士许银坡揭榜攻关，提前近3个月完成被评为优秀，奖金额达10万元。研发形成的"Timer"软件在低信噪比海量数据初至拾取精度达到95%以上，缩短地震资料处理周期1/3。

**团队熔炼法**。根据市场需求和项目需要组建专家技术团队，实行高级技术专家负责制，通过双向选择配备2~3名骨干成员、5~10名团队成员，制订团队建设规划，明确团队职责和工作目标，负责年度绩效考核。成立的海洋技术团队实现成才成果"双丰收"，矢量叠加初至波二次定位技术达到国际领先水平，获得美国专利局受理，3人成长为一级工程师，3人被评为东方物探劳动模范。

### （三）聚焦创新环境，完善创新机制

创新环境是从事创新活动的重要保障，以精准滴灌法、政策机制法、情感浸润法营造良好的创新环境，促使科技人员一心一意、凝神聚气搞科研，实现创新目标。

**精准滴灌法**。坚持人才强企，立足科研人员思想行为特点，以专家为头雁、骨干为助手、青年为培养对象，出台推进专家技术团队建设和

加强青年技术骨干培养的办法，围绕"五油三气"重点盆地、重点探区（项目）技术攻关与技术支持，明确14名青年技术骨干的技术发展方向，并指定指导专家，"点对点、一对一"，个性化人才定制成效凸显，实现人才结构性优化。

**政策机制法。**健全完善科技创新制度和科技创新机制，加大对科技人员创新意愿、创新行为的全过程激励，出台科技工作管理办法以及科技人员激励机制、促进科技成果转化、营造科技人员创新创业氛围等相关规定，对个人、团队在科技创新过程中起到良好的激励、约束和监督效果，科学规范科技人员的创新行为，推进了科技创新力的提升。

**情感浸润法。**关注关心科技人员思想，坚持以人为本、以文凝心、以情聚力，营造出奋发进取、求实创新的科研环境，对思想有波动、生活有困难、工作有难题以及长期进行一线技术支持的科研人员深度沟通、解惑纾难。通过正面宣传"凝心"、身入基层"暖心"、谈心谈话"稳心"、畅通渠道"同心"等方式为科研人员打破心灵壁垒，全身心投入科研创新活动。

## 三、成效启示

**地震采集技术创新主体作用得到充分发挥。**科研技术人员、专家技术团队创新意愿增强，整体创新能力大幅提升，创新成果丰硕，KLSeisⅡ V4.0通过国家评测认证，强力保障了东方物探国内6大盆地、国际5大区域20多个重难点项目高效运作。

**采集技术人才队伍创新品质得到提升。**有效激励释放科技人员的创新激情，驱动其创新行为，形成了"我想创新、我能创新、我要创新"的创新品质，中心创新动能持续迸发、强劲有力。

**采集技术创新制度日趋成熟完备。**制定形成了专家技术团队建设、青年技术骨干培养、揭榜挂帅、挂职锻炼等有效激励制度和配套办法，创新制度日臻完备，让每一个有创新渴望的员工心无旁骛搞科研。

采集创新文化独特、浓郁。"尊重知识、尊重劳动、尊重创新"的理念深入人心，"创新最美丽、创新最崇高、创新最光荣"氛围蔚然成风，石油精神和大庆精神铁人精神根植灵魂，创新已成为中心广大科技人员的自觉追求。

"三维九法"是全面贯彻落实习近平新时代中国特色社会主义思想，步入新时代，锚定新目标，聚焦高质量，加强思想政治工作的深入探索与实践，旨在尊重科技人员的创新意愿，营造良好的创新环境，全方位、立体化、多点位激发其创新活力，最大限度释放其创新动能，最短时间取得创新成果，最大程度转化为现实生产力。实践证明，新时代思想政治工作这个"传家宝""生命线"不能丢；必须坚持"抓生产从思想入手，抓思想从生产出发"与中心工作深度融合，同频共振，一体推进。

（执笔人：马　永）

# 通过"三学"模式实现学习教育常态化长效化

宝石机械公司

中国石油宝鸡石油机械有限责任公司（以下简称宝石机械）党委积极探索党员学习教育新载体新模式，通过"在课中学、在讲中学、在赛中学"的"三学"模式实现学习教育常态化长效化，不断增强思想政治教育感染力，有效增强基层党员的学习积极性，切实提高了教育效果。

## 一、背景介绍

思想政治工作对宝石机械高质量发展具有极为重要的引导作用，在生产经营、改革创新、提质增效等各个方面、各个领域，都有着极强的牵引力和推动力。

基层思想政治工作载体相对单一，学习教育形式相对单一，"三会一课"往往停留在读报纸、念文件、讲政策、背党章上，这些传统的党员教育模式在渐显单薄，学习效果不再理想。长此以往，党员对自己的要求、约束逐步放松，党性意识必将逐步弱化，将难以覆盖全员开展学习教育和心理疏导。

如何改变传统的教育模式，使之更能调动党员群众学习的积极性，进一步发挥思想政治工作这一传统而又独特的优势和作用，帮助企业更好地应对新形势下的各种考验和挑战，逐渐成为基层党组织需要亟待解决的问题。

## 二、主要做法

宝石机械多措并举创新学习方式、丰富学习载体，不断提高学习教育对党员干部的吸引力，切实将教育模式由"填鸭式"向"互动式""沉浸式"转变，将教育内容由"单一乏味"向"丰富多样""自有定制"转变，将教育主体由"一人讲"向"大家讲""主动讲"转变。

（一）在课中学

宝石机械公司党委打造"见学课堂＋互学课堂＋微课堂"三位一体的联动教育模式，激发党员学习热情。

**打造红色"见学课堂"。**将学习教育同红色见学深入结合，在现地现物中感悟红色基因。各基层党组织以支部为单位参观地方院校"美术经典中的党史"，赴革命圣地延安、重庆红岩、陕西照金等地开展主题党日活动，自觉接受精神洗礼、陶冶道德情操，不断坚定理想信念、加强党性修养，一系列红色教育基地成为党员学习的鲜活"课堂"。在"见学党课"中党员参与率达 95%，与传统党课无人问津、被迫参与的局面形成了鲜明对比。

**打造企业"互学课堂"。**让长期"宅"在厂区里的员工"走出去"，组织员工走进卡特、三一、陕汽、法士特等先进制造企业开展"看得见、摸得着"的交流互学。学习交流过程中，广大员工与现场人员进行互动，在"交流"中积极借鉴兄弟企业的管理经验和有效做法，以改进工作中的差距和不足，通过教育解开工作难点，让教育提升企业竞争力，摆脱学习教育与工作两层皮的现象。

**打造移动"微课堂"。**抓住手机移动端这一新媒体渠道，建设宝石机械公众号学习平台，注册微博，开办官方抖音，打造了公司"两微一端"新媒体学习教育矩阵，及时发布学习要求和要点，让员工随时随地学习理论知识。党委宣传部牵头制作《史话"石"说》《给我一分钟》

等系列视频微课，以新颖的载体、短小的篇幅和精准的切入持续引导广大干部群众在学习教育中汲取奋进力量。"微课堂"真正打破了时间和地域的阻碍，学习教育覆盖率达到100%。

（二）在讲中学

宝石机械创新党课形式，坚持"请进来""走出去"，邀请各业务领域专家、公司领导、党员和员工走上讲台开展专题讲座。

**外请教师讲党课**。为提升党课的质量与效果，邀请国内装备制造业专家、高校教授、公司领导、先进模范等"大咖"，围绕企业发展、员工关心的话题，到党支部讲党课。公司两级班子成员深入一线基层班组宣讲十九届六中全会精神。邀请张思德干部学院、地市党校教授现场讲授习近平新时代中国特色社会主义思想，邀请上海交大、西安交大、西安石油等高校教授亲临面授，讲解行业转型发展趋势，并利用"中油e学"在线考试，进一步确保教学质量。

**党员轮流讲党课**。将学习教育同专业宣讲、岗位讲述完美结合，在"传道解惑""互讲互学"中实现教学相长。积极为党员搭建相互交流思想的平台，鼓励广大党员以"四讲四明"为核心，结合自身工作经历现身说法，轮流讲党课。基层单位组建宣讲队、创立宣讲台，把学习教育宣讲送到基层一线，累计宣讲百余人次，实现党课授课人由单纯的支部书记、专家主讲向广大党员一起讲转变，进一步扩大了授课主体覆盖面。

**分类分众讲党课**。根据实际情况，灵活采用多种形式的互动授课形式。宝石机械党委理论中心组坚持先学一步、学深一些，通过领读领学、听取讲座、交流研讨等方式开展常态化学习。处级以上领导干部参加党校党课封闭培训，深入学习领悟习近平新时代中国特色社会主义思想。二级单位党委组织书记带头讲党课，进一步牢记初心使命。各基层党支部广泛组织学习宣贯，持续推进领读领学和潜心自学相结合。

## （三）在赛中学

宝石机械创新管理体系，通过竞赛 PK 检验学习实效，将学习教育同劳动竞赛、演讲比赛、答题竞赛等有机结合，以多种形式的学习实践活动使学习教育掷地有声，确保党员干部学习热情的长效性、自觉性。

公司组织开展了系列主题劳动竞赛、线上线下知识答题、演讲比赛、征文大赛等各类比赛，在"比学赶帮超"的浓厚氛围中，员工的参与度和积极性不断上升，学习教育基础不断夯实，学习成果转化打开新局面，涌现出一批"最美青工""最强大脑""最牛学霸"等典型模范。

## 三、成效启示

宝石机械通过探索学习教育新模式，广大党员、干部受到了广泛而深刻的理论自觉、政治意识、革命精神、时代责任教育。

**党员政治能力持续增强。**广大党员、干部进一步增强了学习贯彻党的创新理论的自觉性坚定性，进一步增强了历史自信、筑牢了信仰之基，员工对党绝对忠诚的政治本色更加鲜艳，"四个意识"进一步增强、"四个自信"更加坚定、"两个维护"更加自觉。

**党员综合素质明显提升。**通过常态化的教育和各种健康有益的活动，公司党员的综合素质得到明显提升。在课中学、在讲中学、在赛中学，为党员学习教育管理开辟了新的途径，进一步锤炼了勇开新局的能力本领，汇聚了高质量发展的强劲动能。

**对中心工作促进作用更加显著。**公司坚持围绕中心工作抓思想政治工作，全体干部员工在润物无声之中将中国共产党百年奋斗伟大历程、重大成就和历史经验内化于心，倍加珍惜党百年奋斗取得的重大成就、带来的深刻改变，进一步增强了员工坚定扛好"打造油气钻采装备国之重器"光荣使命的思想自觉、行动自觉。

经过一段时间的实践，利用新方式推动理想信念教育工作，必须正确做到三个注重：

**注重民之所想。**必须提高站位、对标对表，毫不动摇向党中央看齐、向习近平总书记看齐、向党的理论路线方针政策看齐，促进历史逻辑和政治逻辑融会贯通。必须领导带头、以上率下，以"关键少数"示范带动"绝大多数"，形成压力联动传导、教育联动深化、问题联动解决的整体效应。必须贴近群众、贴近实际，找准员工所思所想与思想政治教育的切入点、结合点，真正把党的意志和人民的心声结合起来。

**注重学用结合。**要坚持以学习成果促进工作，必须把学习教育与完成中心工作结合起来，把深化学习教育与推动"十四五"开新局紧密结合，把公司改革发展的难点、员工群众关心的热点作为学习教育的重点，在学思践悟中坚定做强做优做大国有企业的信心决心，用高质量发展成果彰显党史学习教育成效。

**注重载体创新。**在分层分众的基础上，要大胆探索创新学习教育载体，不断丰富学习形式，从激发党员学习积极性和主动性入手，采用交流讨论、参观学习、互学互动等方式，借助新媒体的力量，用党员能够听得进去、看得明白的语言和方式开展学习教育，提高学习教育自觉性主动性。

（执笔人：张元春　江　南　淮　超　陈　叶）

# "望、闻、问、切"四诊法
# 推动思想政治工作落地走心

运输公司

## 一、背景介绍

在中国共产党成立100周年之际，中共中央、国务院印发了《关于新时代加强和改进思想政治工作的意见》，是我们做好思想政治工作的重要遵循。中国石油运输有限公司湖北分公司（以下简称湖北分公司）坚持以习近平新时代中国特色社会主义思想为指导，认真落实新时代党的建设总要求，在总结历年工作经验的基础上，提炼"望、闻、问、切"四诊法，即"望"是静观动态、改革创新，"闻"是了解情况、落实责任，"问"的是谈心交心、聆听心声，"切"是把握脉搏、正确引导。通过该方法进一步统一了思想，促进了公司和谐健康发展，确保了思想政治工作取得实效。

## 二、主要做法

### （一）"望"——静观动态、改革创新

做好新时代的思想政治工作，必须抓好"创新"这个关键，不断激发内在活力，在守正创新中实现新发展、新突破，增强吸引力、感染力、影响力和渗透力。

**增强宣传覆盖力。** 充分运用微信公众号、微信群等媒体平台，推进分众化、对象化、互动化网络宣传，以贯彻落实运输公司"三会"精神

为主线，精心策划庆祝建党 100 周年、疫情防控、提质增效、先进典型等主题报道，展现真实立体、积极正面的石油运输形象，为推动运输公司稳健高质量发展营造了良好的舆论氛围。2021 年累计发布报道 1166 篇，其中《众志成城抗疫情全力以赴保配送，运输公司坚决打好疫情防控保卫战》电视新闻获"中国石油电视新闻奖"。

**增强思想渗透力**。新时代的思想政治工作承担着"兴文化"的重要使命。通过组织参观"二七纪念馆"、为武汉市儿童福利院捐款捐物等活动，提升干部员工的思想觉悟，增强员工社会责任感；将主题教育和党史学习教育深度融合，组织开展抗疫"云宣讲""党课开讲啦"学习"党史上的今天""重走长征路""唱红歌""主题征文"等活动，形成学习、宣讲、比赛、评比多点开花的浓厚氛围。

**增强榜样感染力**。坚持把先进典型作为开展思想政治工作的生动教材，组织观看集团公司党组书记、董事长戴厚良讲述《"铁人"王进喜的笔记本》的故事，增强员工的认同感、责任感和使命感。通过开展"五小""十大青工""优秀驾驶员"评比表彰，创建基层文化建设示范点等活动，发掘身边典型人物在生产经营、爱岗奉献、创新创效工作中的先进事迹，教育和引导干部员工积极投身公司发展建设。

（二）"闻"——了解情况、落实责任

湖北分公司坚持"把人心作为最大的生产力"，把"成就企业、福祉员工"作为治企宗旨，领导班子带头深入基层广泛调研，与员工面对面谈心交心，用实实在在的业绩提升、收入增长、管理强化和形象改善，凝聚起员工的思想认同、情感认同和价值认同。

**加大制度建设**。按照"标准化、制度化、规范化"的原则，进一步对思想政治工作制度体系进行健全和完善。先后出台了《党支部考评工作实施方案》《工会工作实施细则》《机关工作人员行为规范》等多项思想政治工作方面的规章制度，明确党政工团在思想政治工作中的责任，建立起经常性的分析研究制度和科学有效的工作责任机制。

**推行知情解忧。** 在全面了解员工所思、所想、所忧、所虑、所行的基础上，做到依人划策，一人一方。2020年，新型冠状病毒感染肺炎疫情爆发，武汉作为疫情最严重的城市，疫情防控，重任在肩。公司把员工身心健康放在心上，紧紧围绕"在疫情防控工作中想什么、有什么疑虑，干什么、有什么不足，需要什么、有什么困难"的"三个明白"展开思想状况分析，密切关注一线驾押人员思想动态、心理状况，针对因疫情防控停休和待休未休的人员，排查梳理出29名重点员工，及时做好一人一事心理疏导工作，化解员工疑虑，稳定了员工队伍。

**注重方法手段。** 将思想政治工作与生产经营中心工作紧密结合，引导员工坚定发展信心，抓住机遇、立足本职、爱岗敬业，增强做好本职工作的责任感。近年来，公司先后开展"形势、目标、任务、责任"宣讲会、"重温创业历史·传承铁军精神"主题党日活动、"选、管、用、养、修、废"培训、知识竞赛，组织员工参观学习先进"五型"班组，将思想政治工作融入加强职业道德建设、人才培养和企业文化建设之中，取到了良好的效果。修理厂第二班组获"2018—2019年度湖北省武汉市青年安全生产示范岗"称号。宜昌配送中心、修理厂分别荣获公司2021年先进集体和先进班组称号。

### （三）"问"——谈心交心、聆听心声

公司坚持问题导向，深入一线单位开展调研，了解生产运行情况和基层需要支持解决的问题，倾听员工的操心事、烦心事、揪心事，着力解决员工的"急难愁盼"问题，以实际行动为基层员工办实事、办好事。

**突出关心关爱。** 湖北分公司广泛征求一线员工意见建议，为基层单位配备羽毛球拍、乒乓球拍等体育用品，组织开展文体活动、趣味运动会，丰富一线员工精神文化生活，提高广大干部员工身心健康水平。建

立健全帮扶救助相关制度，建立困难职工档案 3 人，开展员工慰问和看望生病住院员工 29 人次，发放救助慰问金近 10 万元。

**注重荣誉奖励。**关心、关注在生产一线踏实工作，任劳任怨，默默奉献的干部员工，为他们开展工作和成长进步提供帮助、创造条件。定期对优秀党员、党务工作者进行表彰，并把评选结果作为评先评优、年终考核的重要依据。对在疫情防控、安全保供等重点工作任务中涌现出来的先进基层组织和个人，及时进行表彰和物质奖励。

**筑牢第二道防线。**各党支部从思想动态、业务素能、履职尽责等方面，对重点员工谈心剖析，特别是对违章违规问题较多的员工，组织管理人员组成谈心服务队，上门与员工、家属交流，鼓励家属做好确保安全生产的第二道防线，形成单位、员工和家属"齐抓共管"意识。2021年，28 名员工经过家访后再未发生同类问题，员工安全意识得到有效提升，思想政治工作实现了"春风化雨、润物无声"的效果。

### （四）"切"——把握脉搏、正确引导

湖北分公司坚持从员工思想认识上找不足、普遍问题中找规律、倾向问题中找纰漏，认真梳理归纳出员工在工作变动、发生违章违纪、"三新"人员上岗、员工家庭变故、同事关系不和等五类情况下，容易发生思想波动，针对性开展谈心谈话、情绪疏导、解决问题。

**组建特色服务队。**选拔政治过硬、责任心强、乐于助人的党员干部、班组长、工会积极分子和青年骨干，成立志愿服务队，在服务员工的同时做好情绪疏导和思想引领。利用主题团日活动，广泛组织团员青年收听收看"中国石油职工云课堂"，引导青年员工学思上进，奉献岗位。

**丰富沟通渠道。**建立交流平台，对员工反馈的热点、焦点问题和思想苗头问题，党支部开展"一对一"谈心，答疑解惑、正向引导。同时线下发力，畅通渠道，开设心理疏导室，常听员工"牢骚话""难听

话",全年累计谈心150余人次,有效化解了员工思想"症结"。

**做好精准施策。**召开座谈分析员工思想动态,对重点员工的健康状况、政治和业务技能水平、工作能力、家庭状况、情绪变化、精神文化需求进行评估,切实帮助员工解决实际问题,做到了管好关键人、管到关键处、管住关键事、管在关键时,确保了员工队伍思想高度稳定,为下一步工作顺利开展提供了坚实的思想基础。

## 三、成效启示

几年来,湖北分公司各项工作都取得了较为突出的成绩,同时也得到了地方政府及公司的肯定。先后荣获"全国质量诚信5A级品牌企业"、武汉市"重点联系道路运输企业"、集团公司先进集体、集团公司"抗击新冠肺炎疫情先进集体"、运输公司先进单位,2人获得集团公司先进个人等多项荣誉。

(执笔人:陈 婷 何 燕)

# 念好"百"字诀 上好思政课

昆仑银行

## 一、背景介绍

2021年,面对国内经济增长速度换挡、利率市场化改革加速推进及市场化水平不高、市场竞争力不足等制约因素,昆仑银行党委提出了"求生存、谋发展,开展二次创业"的发展战略。作为昆仑银行的大后台中心,运营服务中心(以下简称中心)党委积极响应二次创业号召,将党史学习教育作为思想政治工作的重要抓手,紧扣"学史明理、学史增信、学史崇德、学史力行"四个维度,精心制定了12个"百"系列特色活动,打造起立体生动、富有感染力的思政"大课堂",有力引导全体干部员工在浩瀚党史中学思践悟、奋楫前行,高质量交出了二次创业的"中心答卷"。

## 二、主要做法

(一)学在深处,激活学史明理"红色因子"

"百"年回眸,学习研讨悟思想。班子成员带头开展中心组学习研讨、专题读书班、专家辅导10余场,从读原著、悟原理中推动党史学习教育走深走实。各基层党组织以"三会一课"、主题党日等载体,开展如"进行一次现场宣誓、聆听一个党史故事、诵读一段文献史料、进行一项党课教学"等学习活动近百次,不断筑牢对党忠诚的思想根基。

"百"炼成钢,碎片学测提质效。将近百件、数千万字的党史故事压缩成"党史天天学"随身卡片，同时依托"铁人先锋"党建信息化平台开展"党史天天测"，达到以考促学、以学促行的目的。编辑刊发"口袋书"《党史阅读》，并以微信链接的形式有效扩大宣贯覆盖面。组织员工利用晨会时间开展"每周10分钟"党史学习课，并辅以学习心得分享，不断厚植知史爱党、知史爱国的深厚情怀。

"百"年征程，实地研学添动力。组织党员代表赴雅安夹金山开展"重走长征路、再忆革命史"主题党日活动，实地体验穿红军服、举红军旗、走红军路、忆红军苦，在回顾党的百年征程中坚定走好二次创业的新长征路的信心。各基层党组织因地制宜赴成都博物馆、会展中心、金博馆等参观学习主题展览，让文物史料成为党史"教材"，让进步青年成为党史"教师"，有效将汲取的精神转化为奋力推进发展的动力。

（二）谋在新处，点燃学史增信"红色引擎"

"百"年光影，主题观影感党恩。党委组织集中观看《党史故事100讲》《理想照耀中国》《一百堂党史课》等视频资料，并于七一当天观看献礼影片《1921》，唤醒对中国共产党的百年记忆。各党支部、兴趣小组采取集中和分散观影、网上与网下互动等灵活方式，组织观看《觉醒年代》《革命者》《悬崖之上》等主旋律影片，达到加深理解、启迪人心的成效。自主创新推出《时光轴上的党史国史》系列作品，以"H5+微视频"的形式，引导全员从百年光影中明党史、感党恩。

"百"家争鸣，主题宣讲入人心。将党史专题党课讲授与二次创业宣讲相结合，成立中心领导、中层干部、优秀榜样、青年员工"梯队式"宣讲团，累计开展宣讲讨论近百场，受众达上千人次。组织开展"我为大家讲党史"微课大赛，制作精品微课56个，并利用微信公众号开展作品展播，有效扩大宣讲覆盖面。以党史为主线，将讲党课活动延伸到普通党员，形成"人人讲党课、课课都精彩、处处是学堂"的良好态势。特别推出"青年微课堂"共 2 期 17 讲，以青年视角讲述党史中的青春故事。

"百"家之言，主题征文述党情。组织开展"昆仑心向党、建功新征程"主题征文活动，干部员工从心得体会和理论文章、"心里有话对党说"、"岗位情·昆仑梦"岗位讲述三个角度创作诗歌、散文、漫画、视频等作品近百个，抒发对党的无限热爱。开展专题论文大赛，党员干部围绕"党建工作如何干""党建经营如何融""党建质效如何提"等主题拟写论文 13 篇，以实实在在的理论成果为党的生日献礼。

（三）宣在要处，营造学史崇德"红色氛围"

"百"年印记，立体宣贯聚共识。制作党史学习教育网络专栏，精心设计红色图书角、打造全新党建文化墙，在《昆仑银行》报、门户网站、铁人先锋等平台积极刊发稿件上百篇，适时编发简报 30 余期，多视角、全方位营造浓厚氛围。及时总结宣传党史教育鲜活做法及特色经验，利用微信公众号开设党建引领、群团聚力、二次创业、青春树洞等专栏，先后推出一批有温度、有品质的宣传文稿 50 余篇，让党史学习教育于潜移默化中"润物无声"。

"百"年辉煌，唱响颂党好声音。开展"传唱红色经典·致敬百年伟业"红歌大赛，党员群众精彩演绎《没有共产党就没有新中国》《浏阳河》《灯火里的中国》等一首首家喻户晓、传唱不衰的红色歌曲，用饱含深情的歌声对党表白。创新推出"有声诵读"系列特色活动，以《平易近人》《中国共产党历史通识课》为蓝本，党团代表担任领读者，共同诵读党史故事，回顾党的伟大历程和光辉成就，奏响了党史学习教育的"大合唱"。

"百"花齐放，群团合力展风采。群团组织聚焦"学党史、庆百年"主题，先后筹办了与党旗合影、向党说句话、书写党史故事、趣味乒乓球等活动，开展"风雨百年正青春，二次创业新征程"特别主题团日活动暨青年员工座谈会……推动党史学习教育持续升温。开展"青春心向党、奋进新征程"青年演讲赛，经精心筹备、反复打磨、激烈角逐，中心参赛选手以《探路人》为题斩获昆仑银行演讲赛一等奖，展现青年向党靠齐的青春风采。

（四）干在实处，释放学史力行"红色动能"

"百"年初心，为民办事见真情。依托自主开发的"综合服务平台"微信小程序，面向全行推出"我为中心献一策"活动，逐条研究、序时落地如夜班关怀、办公环境、员工福利等意见建议99条，赢得干部职工纷纷点赞。开展"你的心愿·由我实现"①"守望相助"②等助学、扶贫、赈灾活动6场，投入物资超过10万元，做到学史力行。组织青年志愿者开展"做好城市清洁、为大运添彩"志愿服务，在践行公益中彰显为民初心。

"百"年传承，以赛促学勇争先。在党史知识天天学、天天测的基础上，组织开展"学党史、忆初心、勇担当"党史知识竞赛，多维度检验学习成果，达到以赛促学、以学促行、以行促进的目的。以"我为党旗添光彩"为主题，开展独具特色的"指尖对决""披荆斩棘""伶牙俐齿"等技能竞赛，在天天有训练、周周有测验、月月有比赛中实现比学赶超、学以致用。

"百"舸争流，二次创业上台阶。作为首个实施大部制、集约化改革的机构，中心积极整合同质业务资源，打破业务条线运行壁垒，在短短1个多月时间实现同质业务与岗位整合，员工总数压降，为全行改革先行探路试点。主动深化集约化运营新常态，成功落地金融市场债券结算和资金清算、信用风险监测、远程集中授权、微信短视频运营等新职

---

① "你的心愿·由我实现"：中心党委发起的，党员干部带头与昆仑银行驻村地区160余名儿童"一对一"圆梦活动。
② "守望相助"：中心党委面向新疆沙雅县、四川大凉山等贫困地区开展的消费扶贫活动。

能，强化风险分析、数据治理、知识共享力度，建立集中业务处理延时服务支持机制与差异化外呼服务方案，支持前台营销、提供管理辅助、服务全行的职能进一步丰富。

## 三、成效启示

找准"渴望点"和"需求点"。思想政治建设要抛开泛泛而谈、照本宣科的固化思维，找准"渴望点"和"需求点"，多以"氛围式""沉浸式""情景式"教育为主，不断提升党员干部的参与感和使命感。

要做"放大镜"和"显微镜"。要坚持系统思维，灵活融入党内主题教育，找准党员干部在工作及个人成长中的"痛点""难点"，进而扫除意识"盲区"，成就自我全面发展。

强化"过程意识"，专注"鞭策"效应。思想政治工作不是一蹴而就的，它需要通过持续活动反复陶育，不断培养、提高、积淀，内化为品质，外化为行动。

注重"典型培育"，打造"鲶鱼"效应。要注重提高党员干部"多元异质"培育效果可视化程度，增强优秀典型群体的吸引力、辐射力和影响力，以点带面激发思想政治建设新成效。

实践证明，将党史学习教育充分融入思想政治工作，有力激发党员干部从党的百年奋斗历程中汲取智慧力量，有效形成了思政工作与生产经营互为促进的生动局面。昆仑银行中心党委先后荣获中央企业先进基层党组织、全国金融系统文化建设先进单位、集团公司直属机关五四红旗团支部、昆仑银行先进单位、昆仑银行"五好"基层党组织等集体表彰10余项，并在集团公司、石油石化企业协会、昆仑银行等各层级竞赛中获表彰上百人次。

（执笔人：程艳丽　王德美　吉　庆　韩从颖　伍思静）

# 创新篇

# 创新思想工作"三导"法
# 画好智慧供应链 建设同心圆

西南油气田公司

## 一、背景介绍

近年来，随着中国石油西南油气田公司（以下简称西南油气田）油气上产500亿的步伐加快，物资分公司保供任务艰巨，工作量成倍增长，同时，西南油气田也处于深化"油公司"模式改革、推进智慧供应链建设的关键时期，在内外双重压力下，如何解决员工工作量剧增带来的思想波动和转型升级带来的压力矛盾，成为西南油气田必须要面对的问题。物资分公司党委正视问题，积极作为，以习近平新时代中国特色社会主义思想为指导，强信念聚共识，创新思想政治工作"超前引导、同步开导、善后疏导"三导法，切实增强思想政治工作的预见性、针对性和实效性，为公司深化改革，高质量发展提供了舆论先导和思想保证。

## 二、主要做法

（一）超前引导增强主动性，把握思想脉搏，"三超前"做到超前预判，突出思想政治工作预见性

思想引导超前。把思想政治工作纳入物资分公司党委重要议事日程，把方向、管大局、保落实，针对物资分公司年度重大改革、重点任务可能产生的员工思想波动，推行一季度安排部署、二季度座谈调研、三季度动态分析、四季度跟踪督查闭环式管理。坚持年度宣讲＋不定期

专题宣讲相结合，把思想政治工作与人才队伍培养相结合，结合党史学习教育学史明理要求，在宣讲和专业培训中融入思想政治课程，让党史学习、石油精神入脑入心。依托互联网平台构建廉洁从业教育平台，通过制作微信公众号保障先锋、定期下发廉洁文化期刊荐读发送廉洁教育材料，推动廉洁教育、法制教育向全员延伸，近三年共发出廉洁期刊33期，全方位打牢深化改革思想基础。

**舆论营造超前。** 依托西南油气田公司门户网站、保障先锋公众号、楼道视频、宣传展板等阵地平台全方位立体化开展党中央、集团公司党组、油气田党委重大改革、重要政策和重要会议宣传。各级班子成员和部门负责人深入基层站点开展政策宣传、主题宣讲，员工覆盖率常年在80%以上，通过大力宣传物资分公司改革发展成效，有力引导宣传思想走向，针对物资分公司改革发展中出现的热点难点问题，讲清楚物资分公司开拓市场的必要性，讲清楚提质增效的重要性，讲清楚在上产500亿新征程中物资人的责任和担当，有理有据解疑释惑、疏导情绪，把好意识形态主动权，打好宣传舆论主动仗。

**政策讲解超前。** 针对西南油气田重大改革可能造成员工思想波动情况，提前做好预判评估，深入一线召开"干群恳谈会"，通过集体座谈、一对一交流等形式，倾听员工心声，掌握基本情况，征求意见建议，找准思想认识的共同点、情感交流的共鸣点、利益关系的交汇点。特别针对承担重点项目单位员工思想波动，建立了重点员工一事一策、困难员工一人一策工作机制，认真分析研究，摸清思想脉搏，并由党政主要领导对落实情况进行答复，打通员工思想上的"梗"。

（二）同步开导找准着力点，拓展工作阵地，"三同步"创新工作方法，提高思想政治工作针对性

**主题教育同步。** 通过物资分公司最具影响力，连续举办了十三届的"五四青年论坛"、青工岗位讲述、各专业劳动竞赛等为重要载体，引导

广大青年员工积极思考、建言献策，努力在保障生产、推进供应链建设等方面发挥青年员工生力军作用，共收集100多个对推动物资分公司改革和专业化发展具有建设意义的建议和方案。适时发起以"我眼中的物资人精神""如何实现新的跨越和发展"等主题讨论，青年员工参与率100%，营造干事创业浓厚氛围，队伍向心力凝聚力空前高涨。

**典型示范同步**。聚焦在物资分公司生产保障、"油公司"模式改革、供应链建设中涌现出的各级劳动模范、优秀党员、优秀党务工作者、优秀团员和具有公司特色的专业之星、专业团队等先进典型，大力开展写实，弘扬"舍小家顾大家"的奉献精神、"爱岗敬业、勇于创新、争创一流"的劳模精神和"全力以赴、实干担当"的专业化保障精神。探索创建"劳模工作室"，增大先进辐射面，扩大先进影响力，让员工目标有对标、行动有对照。"十三五"期间西南油气田共涌现出49名劳动模范、25名杰出专业人才和7个"优秀专业团队"。

**思想工作同步**。物资分公司充分发挥班组长、党小组长"情绪捕捉员"作用，在第一时间掌握员工思想上的细微变化。突出"五心"党支部书记作用发挥和"五必访、六必谈"制度落实，建好员工信息一本账，精准做好一人一事的思想政治工作，经常性开展对话交流，让员工养成有事想到支部、找支部书记的习惯，把好员工思想上的"脉"，把支部建设成为团结群众的核心。

**（三）善后疏导实抓见实效，拓展工作思路，"三到位"突出以人为本，增强思想政治工作实效性**

**办实事到位**。结合党史学习教育学史力行要求，物资分公司党委将为员工群众办实事做到员工心坎上，公开物资分公司领导信箱，深入一线班组召开"干群恳谈会"，以解决员工实际问题为出发点，既讲道理，又办实事。在疫情期间，物资分公司坚决落实疫情防控措施，将人文关怀传递到每一名一线员工及家属，彰显了疫情防控和守护员工安全的决心，给大家吃下了一颗"定心丸"。

**配套措施落实到位。** 深化改革必须要有配套措施支撑，物资分公司党委通过党建领导小组会、党群工作例会等形式，统筹搭建党政工团彰显联动、必访必谈体现关爱、文体活动寓教于乐、心理辅导理顺情绪的思想政治工作网络，出台了《"油公司"模式改革物资供应业务专业化建设配套方案》等相关制度，确保各项配套措施的落地见效。特别是为了让一线重点项目员工全身心投入艰苦的工作中，物资分公司通过心理疏导、慰问帮扶、后勤服务等多项关怀措施的落地，全面为员工排忧解难，凝聚了队伍建功立业的强大正能量。

**改革成果宣传到位。** 面对公司重大改革、重要会议，物资分公司划片包干由党委成员带队开展形势大宣讲，动员大家摒弃"等靠要"思想，迅速转换角色，抢抓机遇，开拓市场。继2012年实现"川渝地区最具竞争实力的专业化公司"奋斗目标后，物资分公司提出"到2023年，建成西南油气田区域供应链；到2025年，成为中国能源行业供应链领军企业"目标，描绘"十四五"宏伟蓝图，为推动行业一流供应链企业建设，实现高质量效益发展指明了方向。

## 三、成效启示

物资分公司党委通过发挥国企党建工作的政治优势，始终坚持把思想政治工作"三导"法与公司生产保障、"油公司"模式改革、供应链建设等重大改革和重点工作有机结合起来，与时俱进，让"三导"工作法具有鲜明时代特征，取得显著成效。

**公司专业化建设取得了显著成绩。** 建成了"专业细分＋专业联合"保供模型，"专业中心＋区域单位"一体化保供格局加快形成，供应链规模效应、协同潜力得到较大释放。

为西南油气田生产勘探开发建设凝聚起强大物资力量。"十三五"期间，物资分公司创下服务单位最多、服务项目最多、国内采购工作量最多的"三个历史之最"，高效保障高磨二期、川南页岩气、双鱼石、九龙山等一系列重点工程。

磨砺出一支信念坚定、敢打硬仗的员工队伍。实现了专业化重组、托管、上市、"油公司"模式等重大改革的平稳过渡，彰显了"规范、专业、一流"物资供应队伍风采。物资分公司荣获西南油气田公司"企业文化建设先进单位""思想政治工作创新实践优秀单位"等荣誉称号。

物资分公司党委通过充分化解员工在公司发展过程中产生的思想障碍和政策误解，提高了员工对物资分公司的认同感和归属感，引导员工主动投身公司改革发展大潮，将公司专业化发展目标转变为行动自觉，为公司发展提供了良好的内部环境，有效保证了公司的改革和各项工作任务目标沿着正确的轨道前进，实现了员工与公司发展同频共振、共建共享。

（执笔人：袁戟懋　杨桂兰　易　思　唐　洪）

# 晨间小广播传递好声音

大港油田公司

## 一、背景介绍

"采油之声广播现在开始播音——大家好，今天是 2021 年 7 月 1 日，我是播音员李雷。"

"我是播音员张莉，今天为大家播报的主要内容有《采油厂庆祝中国共产党成立 100 周年暨"两优一先"表彰会上的讲话》……"

清晨 7:50 分，大港油田公司第一采油厂小广播的声音响彻整个厂区，车场候车的员工纷纷放下手机，行驶进大门的车辆不禁放缓速度，值夜班的领导们也都推开窗户，大家安静下来，不由自主地被带进了广播的世界。这是第一采油厂每天清晨的场景。

近年来，面对社会飞速发展和企业改革不断深入给员工思想、道德和价值观带来的巨大冲击，以及新媒体飞速发展过程中信息泛滥化对员工思想、生活和学习上的负面影响，如何做好新时期员工的思想工作？如何让党的声音、党的政策"飞入寻常百姓家"？如何让企业发展之声走入员工的心与行？大港油田第一采油厂经过广泛调研，抓住广播这个易被员工接受的传统思想政治教育载体，结合员工早上到厂区时间不统一，送基层班车早上 8 点发送，每天有很多员工在车场候车，利用早上 7:50—8:00 员工候车的闲暇时间，在停车场开办小广播，弘扬主流思想，传播正能量，在潜移默化中实现教育人、感化人、提升人、愉悦人的目的，展现了小广播这个传统媒体在新时期员工思想政治工作中的魅力。

## 二、主要做法

**（一）找准一个定位，立好"风向标"**

为有效发挥晨间小广播新闻喉舌作用和舆论导向作用，必须要找准小广播的定位。为此，在建立之初，第一采油厂本着"贴近思想、贴近实际、贴近听众"的"三贴近"原则，深入基层与员工面对面进行交流，在栏目、内容、形式上广泛征求员工的意见，了解员工的需求，并将其与新时期员工思想教育的要求和采油厂发展的需要相结合，一并进行分析研讨，以"播好党的声音，讲好一厂故事，凝聚向上力量"为初心，将小广播确定为宣传红色思想的阵地、员工思想交流的平台、服务员工群众的桥梁、弘扬正气的能量场。这样上接"天线"，下接"地气"，不仅实现小广播在舆论方向上鲜明正确的引导、新闻信息内容的丰富真实，增强思想教育的针对性和实效性，同时，以听众易于接受的语言和传播方式，增强广播的吸引力和感染力，为思想统一、人心凝聚、振奋精神发挥促进作用。

**（二）组建两支队伍，提供"动力源"**

晨间小广播要想发出声，发好声，就需要做好采、编、播三个环节的高效对接，而这需要有高素质的专业化队伍做支撑。组建宣传采写队伍。第一采油厂严把选人质量关，通过宣传员自荐、支部推荐、党委审查方式，第一采油厂组建了一支政治思想过硬，具有一定写作能力的宣传队伍，专门负责从新华网等主流媒体上对时事要闻进行筛选，对贯彻落实上级政策精神，采油厂生产动态、身边先进典型等内容进行采写，队伍成立以来，宣传采写人员牢牢抓住采油厂发展的重点、员工关注的热点，撰写稿件，确保晨间小广播素材内容真实、准确、及时、感人。组建播音员队伍。在播音员的组建上，第一采油厂将目光聚焦在青年党员群体中，特别是新分配大学生群体，在鼓励踊跃报名的同时，还专门设立试音、朗读等选拔环节，从中进行优选，最终根据音色匹配度等条件成立播音小组。为确保播音效果，第一采油厂还组织开展必要的上岗培训，让播音员们掌握基本的发音技巧和播音方式，不仅实现播者有心，听者有力，而且也为他们搭建了一个提升思想，展示自我的平台。

（三）发好四个声音，唱响"主旋律"

把正确的舆论导向、高质量的节目作为晨间小广播的生命线，唱响"主旋律"，营造思想政治教育的良好氛围。发好红色之声。坚持把传播党的声音作为广播内容的核心，结合员工需求，精心设置"新时代新思想""党的声音""红色历史故事""时事快报"等栏目，第一时间宣贯新思想新理论、第一时间传达重要会议精神、第一时间解读最新的党规条例。发好政策民声。采油厂每一项政策的发布都是员工关注的焦点，为了能够让员工吃透政策，在利用小广播做好政策宣讲的同时，还组织通讯采写人员深入一线进行采访，将员工最关注、有疑惑的地方反馈给政策出台的专业部门，再以通讯报道的方式通过小广播答疑解惑，使小广播成为了解民生、解决民惑的阵地。发好发展和声。结合每年形势任务教育，有针对性地策划"报告解读""形势任务教育大家谈"等栏目，不仅将大港油田公司、采油厂发展形势目标进行广泛的宣传，而且引导不同层面的员工谈体会、明责任，一篇篇报道通过小广播的宣传，不仅鼓舞着士气，更激发了员工的干劲。发好廉洁警声。"忠诚、干净、担当"是晨间小广播联合纪检部门为党员干部特别打造的栏目，定期为大家分享典型案例、违纪通报、纠正"四风"问题部署等，小广播之声如警钟长鸣，声声入耳入心，号召党员要坚守道德"底线"，不碰纪律"红线"，以案为戒，担当作为，从自身做起、从点滴做起。

（四）建立四项制度，强化"保障力"

第一采油厂从晨间小广播建立初期就建立了相关的规章制度，并在多年的运行过程中不断修改完善，为晨间小广播高效运行提供了强有力保障。专人负责制度。在管理过程中，形成了党委副书记、党群工作科科长、广播站站长三级负责的直线管理。从年初工作计划到日常播音安排，从播音稿件撰写到特殊节点重点活动的策划，从播音设备维护到两支队伍的管理，三个层级分工明确，责任上肩。稿件审核制度。为了确保小广播播发的内容方向正、质量高，明确一般播音稿件，要通过广播站站长初审、党群工作科复审的二级审核来确定，对一些分量较重，涉及采油厂生产经营核心内容或是相对敏感的信息内容，则在二级审核的基础上增加党委副书记的三级审核，确保播音稿件导向正确，内容真实。定期交流制度。通过微信群，适时分享一些权威媒体发布的最新中央政策、具有特色的通讯稿件以及播音相关的一些业务知识，提高宣传和播音队伍人员政治敏锐性以及业务能力；每月召开业务例会，总结本月工作，商讨策划下阶段宣传采编要点、栏目设置和播报形式，通过发布信息宣传采编要点、下达重点任务等形式强化两支队伍之间的沟通与合作，确保每份稿件、每个栏目、每次播音都有好的质量。保障激励制度。注重加强对小广播的硬件建设，加大资金和技术上的投入，先后采购了两套降噪效果较好的高保真录音设备，用一备一，并配置了专业的录音软件，准备应急蓄电池应对突发的停电情况，借助信息化手段，实现自动化控制，高质音频信号输出，厂区覆盖无死角。同时，第一采油厂定期开展"优秀通讯员""优秀播音员""播音小搭档"评选活动，有效激发了晨间小广播队员们的积极性。

## 三、成效启示

广播，对于科技高速发展的今天来说它可能不很时髦，甚至落伍，但是大港油田第一采油厂通过开辟晨间小广播这一媒介，创新性地将党建平台、宣传工作有机结合，发挥阵地作用，采取"随身听"的方式，让干部员工在候车的碎片时间就可以接收到党的方针政策解读、重要精神宣讲，了解到采油厂的生产形势、身边典型事迹等，在企业与员工之间架起了一座沟通的桥梁，传播了石油好声音。由此可见，思想政治工作方式方法很多，做好思想政治工作不但求新，更要求实；不但求快，更要求真。

（执笔人：刘　鹏　王　平　王梦琪　曹伟佳）

# 思想政治工作"春夏秋冬"四季创新工作法

吐哈油田公司

## 一、背景介绍

吐哈油田地处东疆荒漠戈壁，横跨陕、甘、青、新等多个省区，夏季酷暑、冬季严寒、春秋多风沙，一线员工常年伴随着"自然环境苦、离别亲人苦、精神寂寞苦"这"三苦"。由于特殊的自然环境和工作特点，加之新冠肺炎疫情肆虐、国际油价长期低位运行、油田连续亏损、改革深入推进等多重因素的影响，部分员工出现消极思想、迷茫心态、焦虑情绪、担忧心理等问题，也给油田思想政治工作带来诸多难题。针对这些问题，中国石油吐哈油田公司（以下简称吐哈油田）党委充分认识新时代加强和改进思想政治工作的极端重要性，始终坚持以思想政治工作为引领，推动思想政治工作与主营主业有机融合，坚持并推行"春夏秋冬"四季工作法，即春讲形势鼓士气、夏送清凉到一线、金秋助学帮贫困、冬送温暖暖人心，确保党的全面领导和正确政治方向，强信心、聚民心、暖人心、筑同心，更好激发强大的凝聚力和向心力。

## 二、主要做法

### （一）春讲形势鼓士气

吐哈油田连续 30 年不间断开展形势任务教育，逐步探索形成了一套具有油田特色、切合基层实际的行之有效的形势任务教育方式方法，做到了主题不变，内容常新。坚持把"形势、目标、任务、责任"教育作为思想动员的重要载体，在集团公司工作会、吐哈油田两会召开后，吐哈油田各级党组织集中时间、集中主题、集中精力，采取领导干部带头讲、职能处室巡回讲、基层单位联动讲等方式，讲清肩负的责任使命，讲透面临的机遇挑战，讲实上级的部署安排，揭示问题，传导压力，在乍暖还寒的初春点燃激情、放飞希望。坚持把"形势、目标、任务、责任"教育作为转变观念的有力抓手，紧跟油田"双百行动"综合改革、扩大经营自主权改革和"三供一业"分离移交等各项改革措施的稳步推进，创新开展群众性大讨论和形势任务教育活动，探索"你问我答"订单式宣讲，变形势宣讲为政策解读，双向互动、解疑释惑，及时回应员工关切，使宣讲内容接地气有实效。坚持把"形势、目标、任务、责任"教育作为提振士气的有效平台，探索形成以"一轮巡回宣讲、一次专题讨论、一套主题宣传、一个专题网页、一档电视访谈、一本教育读本、一次扫码答题、一场知识竞赛"为主要内容的"八个一"教育方法，进一步增强了教育的专业性、针对性和广泛性，实现了"无盲区""全覆盖"，最大限度地统一认识、集中智慧、凝聚力量、激发干劲，广大干部员工对实现油田高质量发展的信心更加坚定，行动更加有力。

（二）夏送清凉到一线

盛夏时节，吐哈油田坚持在高温酷暑时节和油气上产黄金季节开展"送文化、送健康、送欢乐"活动，用组织的真心关爱播撒凉意、驱走酷暑、激发干劲。送文化，入脑入心"动"起来。高度重视员工素质提升工作，依托"学习强国""铁人先锋""中油e学"平台，根据不同主题，推出形式多样、内容丰富、寓教于乐的线上答题竞赛活动，先后围绕党的十九大、十九届历次全会精神、"四史"教育、依法合规管理等内容组织知识竞赛，全员参与率为100%。不断加强一线职工书屋建设，精心订购理论学习、法律法规、专业技术、人文科学等方面书籍，让员工在阅读中充实知识、提升素质和能力，真正做到学思践悟、学有所成。送健康，精神抖擞"燃"起来。积极开展健康企业建设，建立体检预约、异常反馈、健康提醒、日常监测等多项机制，开展"三高"、心脑血管疾病高发专项防治行动，配发急救便携式小药盒，新增专项体检项目，组织专家队伍一线义诊，筑牢员工健康"防护墙"。坚持"每天锻炼一小时，健康工作每一天，幸福生活一辈子"的健康理念，推广普及广播操、颈椎操、工间操，提升身心健康水平和队伍凝聚力，更将蕴含于文化体育中的精神动力转化为促进油田高质量发展的强劲动能。送欢乐，放松心情"嗨"起来。组织文艺骨干、邀请专业团体编排精彩节目，为奋战在火焰山下、千里油区的一线员工带来精神大餐，丰富业余生活，激发工作热情。组建足球、篮球、摄影、文学、书画等专业协会，实现"月有活动，季有比赛，重大节日有演出"。成立威风锣鼓协会、太极协会、"常青藤"艺术团等"八会一团一校"，搭建施展特长、培养兴趣的舞台，实现了队伍不乱、人心不散，确保了吐哈油田大局稳定。

（三）金秋助学帮贫困

吐哈油田着力做好重点群体思想政治工作，最大限度为改革发展凝聚奋进力量，认真履行"不让一名困难员工子女因家庭生活困难而上不了学，不让一名困难员工子女因家庭生活困难而辍学"的郑重承诺，自2008年起，连续14年开展"金秋助学"活动，不断完善助学机制，探索助学模式，使"金秋助学"活动成为吐哈油田为困难员工办实事、做好事、解难事、送温暖的重要载体和"温暖人心、体现爱心、鼓舞民心"的精品工程。修订下发了《扶贫帮困基金管理暂行办法》《金秋助学活动实施办法》，制定了资助申请审查制度、公示制度、回访制度等一整套"金秋助学"活动工作机制；严格按照"先申报、再审核、后公示"的工作原则，对申请助学的困难员工家庭及学生情况进行认真审核、严格把关，建立了困难学生"四个一"标准化档案管理，即一人一卡、一人一表、一户一档、一年一册；持续跟踪受助学生学习生活情况，对在校表现良好的优异生，给予300～5000元的奖励。吐哈油田重组以来共计资助1039名学生，发放救助金313万元，91名受助学生顺利完成大学学业，4名受助学生回到吐哈扎根基层、建功立业，把个人理想融入油田改革发展事业。

（四）冬送温暖暖人心

吐哈油田始终践行以人民为中心的发展思想，在保障和改善民生中加强并改进思想政治工作，各级组织从服务油田发展大局、服务员工群众需求、提升员工幸福感出发，抓住"心安、家安、油田安"这一逻辑关系，大力实施人本战略，推进"关爱员工"工程，促进了油田和谐稳定发展。制定下发《员工同心互助金管理使用实施办法》《困难员工专项扶贫帮困资金使用管理办法》《困难员工家庭生活救助实施办法》《员工医疗救助实施办法》，明确救助范围和工作流程，各级领导把握"双节"重要节假日，根据日常信息摸排，持续组织开展"心系员工情，温暖进万家"扶贫帮困活动，通过上门走访、到岗慰问、面谈交流等多种方式，为基层员工、先进典型、困难家庭和弱势群体等送去组织的关怀和温暖。2008年以来，累计慰问帮扶困难群体9.5万多人次、大病救助838人、救助员工残疾子女228人次，犹如缕缕春风，吹进千家万户，吹暖了每个人的心田。

## 三、成效启示

通过实施"春夏秋冬"四季工作法，思想政治工作凝聚人心、化解矛盾、增进感情的重要作用得以充分发挥，员工群众的获得感、幸福感、安全感不断提升，切实把思想和行动统一到了集团公司党组和吐哈油田党委安排部署上来，以更加坚定的信心、更加有力的举措，推动油田实现高质量发展。油田勘探不断取得新突破，"吐哈之下找吐哈"的曙光初现，率先在板块内部建成以"新型采油管理区"为主体的"现代油公司"模式，连续17年实现安全生产，连续15次获得集团公司安全环保先进企业，油田内部和谐稳定，队伍凝聚力不断增强，正朝着"油气当量再上300万吨"的宏伟目标奋勇前进。

（执笔人：李正武　颜子奇　许　忠　王　鹏　马双双）

# 强化思想政治阵地建设　做好"双向协同"

中油国际管道公司

## 一、背景介绍

作为建设在"一带一路"上的跨国管道公司，中油国际管道公司以强化思想政治阵地建设为抓手，坚持以习近平新时代中国特色社会主义思想为指导，牢牢把握思想政治工作的领导权和主动权，探索形成"一个中心、三个同心圆"的党建工作模式，以高质量党建引领推动公司高质量发展，通过做好向内引领和向外融合的"双向协同"，凝聚海外万里管道上的员工思想共识、深化管道沿线各国共商共建共享理念，奋力谱写国际管道高质量发展新篇章，为助力实现世界一流水平国际化管道公司建设目标提供坚强思想保障。

## 二、主要做法

（一）做好向内引领，传承弘扬党的光荣传统、石油精神和"智慧+实干"国际管道精神

国际管道公司党委坚持以爱党爱国爱社会主义为主题，加强顶层设计，创新引领方式，引导广大干部员工家属深刻认识中国共产党为什么能、马克思主义为什么行、中国特色社会主义为什么好，更加自觉地传承和弘扬党的光荣传统、石油精神和"智慧+实干"国际管道企业精神，为保障国家能源安全、推动构建新发展格局、夺取全面建设社会主义现代化国家新胜利贡献国际管道力量。

组织国内党员干部员工利用集中学习、"三会一课"、"铁人先锋"等多种形式，及时跟进学习习近平总书记最新重要讲话和指示批示精神，第一时间开展党史学习教育、"两会精神""七一"讲话精神等专题学习；海外员工利用读书会、文化沙龙等方式开展学习研讨。"世先"（世界先进水平）典型相辉映。结合党建新要求，创新"两优一先"典型名称，选树表彰"丝路红旗先进单位典型""筚路蓝缕开拓者典型"等六类典型，共计100人，召开公司庆祝建党一百周年暨"七一"先进典型表彰大会，六类典型代表进行经验分享，充分发挥先进典型示范引领作用；举办公司"世先"业务典型交流会，选取八个走在前列的典型业务进行交流分享，总结交流"世先"建设经验，为走好公司高质量"创一流"之路汇聚攻坚克难、干事创业的智慧和力量。文艺汇演展形象。组织"构筑能源丝路，共庆百年华诞"庆祝中国共产党成立100周年文艺汇演，创造性地运用"党史＋文艺"的表达方式，以党史为载体，以作品为依托，以情感为纽带，员工自编、自导、自演12个原创节目，包括国内外部分员工家属在内共计140余人参加演出，生动展现国际管道人爱党爱国爱企的良好精神风貌，表达了广大干部员工听党话跟党走、不忘初心牢记使命、追赶超越争创一流的坚定决心。家企共筑连心桥。为切实提升员工家属参与、增加家属们对公司的了解，更好地为不同海外项目之间、总部与项目之间员工家属的交流提供平台，组织"感恩祖国，献礼百年"儿童夏令营活动，16名国际管道员工子女参加，通过活动，员工子女生活自理能力、表达能力、交友能力等得到了全面锻炼，员工子女在夏令营期间排练的《红船新一代》节目，也参演到国际管道公司整个文艺汇演活动中，效果喜人、广受好评；连续三年举办家属"开放日"活动，邀请国际管道公司国内外员工及家属参加，组织面对面交流，参观国际管道公司展厅、调控中心等活动环节，推动家企共建迈上新水平。

## （二）做好向外融合，深化海外油气合作共商共建共享的发展理念

近年来，国际管道公司党委坚守传统阵地，拓展新兴阵地，不断巩固壮大主流思想舆论阵地，构建起"三网一刊一微一厅+N"的"6+N"平台，覆盖公司中方全体员工及家属、石油系统内外，并逐步辐射至外方员工，通过阵地建设不断深化海外油气合作共商共建共享的发展理念。文化融合促发展。将跨文化融合工作纳入国际管道公司国际化经营战略统一规划部署，结合乌、哈、塔、吉、缅不同国家特色，"一国一策"拓展企业形象与品牌优势。开展属地化员工技能竞赛、组织优秀属地化员工来华培训学习，推动国际化人才开发，得到国际劳工组织好评。在北京策划组织"我与国际管道的故事"多语种演讲比赛，来自五国的60余名属地化员工积极参与；面向各合资公司编制英文版特刊SPI VISION，着力打造中外融合企业文化。以缅甸为试点，以企业视角构建当地传播话语体系，与十余家主流媒体积极合作，搭建企业脸书、抖音海外版等国际社交媒体账号平台，累计覆盖超5000万人；结合项目沿线站场、驻地在当地社会的不同影响，有侧重地组织开放日、露天电影院、僧侣布施等活动，强化本土化叙事广泛搭建"朋友圈"；面对疫情全球化等复杂局势，创新举办"云开放"活动、抖音短视频大赛等线上活动，打造云端现象级文化传播精品，缅甸媒体大V在短视频挑战赛后公开称赞中缅项目为中缅文化融合所作的贡献；持续总结可复制工作模式，编制《企业传播策略白皮书（缅甸篇）》，为在缅央企提供借鉴，形成"深化缅甸跨文化工作，并逐步向中亚地区延伸"的工作局面。万里管道云端长。结合海外管道项目"点多、线长、面广"的特点，考虑项目所在国新冠疫情与社会安全风险等多方面因素，国际管道公司制作"万里国脉·同心筑梦"云展览并举行启动仪式，现场发布线上主题云展览、公司全景VR展厅和《遇见·国脉》融媒体图书三项企业文化成果，深情回顾党的百年伟大历程，热情讴歌、全

景式再现在党的领导下国际管道建设运营的辉煌成就，用数字化信息化手段助力赋能企业品牌形象建设，丰富企业文化内涵，为公司高质量建设世界一流水平国际化管道公司营造浓厚氛围。

## 三、成效启示

国际管道公司党委探索形成的"一个中心、三个同心圆"文化融合模式得到中国外交部和集团公司党组的肯定。2021年1月17日，中央电视台新闻联播播出专题新闻《引领世界向着更美好的明天迈进——习近平主席达沃斯演讲四周年的世界回响》中，"一带一路"先导工程—中缅油气管道项目被称赞为互利共赢的国际化范本，国际管道公司中缅油气管道项目"云开放日"活动获评"中油国际公司2020年度特殊贡献奖项目"二等奖，庆祝建党百年文艺汇演视频在"央视频"新媒体平台面向全国展播，累计点击量超过30万。综合以上工作做法和成效，得到几点启示：**坚持党的领导，牢牢把握国际管道公司发展的正确方向**。始终把习近平新时代中国特色社会主义思想作为开展工作的科学指引和行动指南，发挥思想政治工作引领、激励、凝聚、鼓舞的作用，全面加强党的领导，铸牢企业的"根"和"魂"。**坚持全面推进，多声部唱响主旋律**。在党的建设、国际传播、品牌建设、社会责任、企业文化等各方面，整合力量，集中发力，全面渗入，多声部唱响主旋律，让思想政治工作不断往深里走、往实里走、往心里走。**坚持改革创新，为国际管道公司高质量发展注入生机活力**。通过创新接地气、聚人气、鼓士气、有情感、有温度的形式语言，与国际管道高质量发展、共创"一流"同频共振、同向发力，加强阵地建设，打造思想政治工作平台，不断为国际管道公司高质量发展注入生机活力。

（执笔人：孟向东　赵　茜　赵华涛　李兆玉　杨欢叶）

# 打造"123"体系
# 构筑重大科研项目攻关思想政治工作"新模式"

勘探开发研究院

## 一、背景介绍

习近平总书记在全国国有企业党的建设工作会议上强调,"要把思想政治工作作为企业党组织一项经常性、基础性工作来抓"。长期以来,思想政治工作作为国有企业的优良传统和政治优势,发挥着重要作用。当前,国际国内形势发生深刻变化,国有企业所处社会环境、经营环境今非昔比,员工队伍结构呈现新变化、新特点,员工思想观念多元、多样、多变趋势愈加明显。

勘探院 CCUS 科技创新团队成立于 2020 年 12 月。近年来,随着中国石油科技创新工作高速发展,重点项目攻关队伍年轻化、思想多样化、需求个性化等特点凸显。CCUS 科技创新团队坚持以人为本,围绕中心工作、贴近员工实际,以"走心"的思想政治工作为稳定员工队伍、助力勘探院高质量发展提供了坚强保证。

## 二、主要做法

勘探院 CCUS 科技创新团队通过深入调研、探索实践,形成了"123"思想政治工作体系。其中,"1"即围绕"人"这一个核心;"2"即充分发挥团队老党员、老先进的"传帮带"和新晋骨干、优秀青年典型引领这两方面重要作用;"3"即畅通勘探院党建部门、所属党支部和党小组三级渠道，党政融合，推动思想政治工作做实、落地、走心，为建设新时代政治强、业务精、作风硬的科技创新团队提供有力保证。

（一）抓住一个核心，用思想政治工作强人心

思想政治工作说到底是做人的工作，必须抓住"以人为本"这个核心，因时而进、因事而化、因势而新，组织好党的基本理论、基本路线、基本方略的宣传教育，抓好上级党组织决策部署的贯彻落实，解决好事关人民群众切身利益的问题，将干部员工的思想和行动统一到以习近平新时代中国特色社会主义思想改造思想、指导实践中来。

坚持把思想政治工作纳入重要议事日程、纳入党建工作责任制和意识形态工作责任制，与科研中心工作同研究、同部署、同检查、同考核，确保"哪里有工作，哪里就有党员；哪里有党组织，哪里就有思想政治工作"；加强理论学习，认真开展党史学习教育，强化理论武装、补足精神之"钙"，凝聚最大共识、汇聚强大力量，把干部员工的思想和行动统一到落实集团公司和院党委的决策部署上，统一到推动勘探院高质量发展上。

坚持在重大科研攻关任务中突出思想政治引领作用。2021年8月份集团公司成为中国CCUS联盟的轮值理事长单位，秘书处设在了提高采收率研究中心，具体由CCUS团队承担，需要负责处理大量的联系协调工作，一些新员工产生了畏难情绪。党小组发现后及时介入，针对新员工对职业认知不足、经历尚浅的实际，组织专题教育，讲述团队历史、列举身边故事、畅谈行业未来，引导员工感受优良传统、增强岗位使命感和团队荣誉感，使他们备受鼓舞。疫情防控期间，现场试验小组还承担着科研所其他因员工居家隔离而无人值守的试验记录，为了帮助员工缓解心理压力，党小组及时向党支部、院党建部门汇报，借助群团力量，普及防疫知识，利用岗位间隙组织文体活动和谈心谈话。自CCUS立项以来，团队全体干部员工坚守岗位，履职尽责，未发生一起数据遗

漏或差错引起的负面事件。

如何跟进年轻员工的思想引导，让年轻员工更好、更稳地融入集体？在对团队内青年员工思想动态充分调研的基础上，勘探开发研究院创新使用新媒体工具，创新话语体系，填平网络世界的"话语代沟"，用青年员工容易接受的"普通话""大白话"去阐释他们关心的热点难点问题，活用互联网载体，加强思想政治工作内容的故事性、思想的深刻性、语言的感染性、汲取的便捷性。充分运用"铁人先锋"和集团公司网络课堂等平台，开展企业文化、安全守则、岗位作风学习教育等活动，组织线上收看各类宣讲会，主动将思想政治工作搬上网，以员工喜闻乐见的形式，让思想政治工作"活"起来、"动"起来，春风化雨，润物无声。

（二）聚焦两类群体，用思想政治工作聚人心

搭建"传帮带"平台，沉淀内涵。思想政治工作的主体是人，只有让身边的人去影响更多人、用身边的事例说话，才能让思想政治工作真正接地气、聚人气、稳人心。

项目负责人马德胜首席专家是一位有着近40年党龄的老党员，自专业学习开始，从事提高采收率相关工作近30年。虽然已经成为国内油气田开发领域的大家，但他一直保持旺盛的精力不断更新技术知识储备，基本上每周末都保持着加班的工作习惯。专项立项工作是临危授命，既是攻坚战，又是持久战。全程历时一年之久，期间，针对公司生产现状、国内外形势和攻关目标，专项顶层设计做出了多次调整，每次调整几乎都是重新开始。一次次地推倒重来，团队没有磨灭斗志，没有畏惧巨大的压力，马德胜首席全程把控紧张的工作进度，制定顶层设计思路，并亲自逐字逐句修改材料。"强将手下无弱兵"，在他不畏辛劳、亲力亲为的感召下，团队成员紧紧跟随，众志成城。马德胜首席专家用自己的敬业钻研和积极乐观感染了一批又一批年轻技术员。帮助新人们

投入学习，尽快顺利度过"磨合期"。从他的团队中走出的年轻人，现在都已经成了各个专业方向的技术骨干。

搭建"成长成才"平台，唤醒活力。CCUS 团队是一支年轻的队伍，为了充分发挥青年员工生力军和突击队作用，团队以"强基工程"为抓手，全力助推青年成长成才，让思想政治工作焕发青春活力。

打造展翅工程，为青年员工度身定做职业发展方案；以"练精兵强素质，树形象创佳绩"创建培训品牌，强化现场支撑服务队伍建设，让更多一线岗位青年有机会通过提升岗位技能走上更高平台；开展形式多样的岗位练兵、技能比武，营造"比学赶帮超"氛围，让更多年轻人脱颖而出；组建青年培训团队，让年轻人有机会充分参与团队培训、管理，制作图像库、数据库、案例库、汇编《实验操作交流学习手册》，以干促学，推动青年队伍业务水平的整体提升。大力推动"青年文明号""优秀青年"创建，设立青年志愿服务岗，培养选拔青年岗位能手，锻造了年轻员工队伍"爱学、敢拼"的特质，涌现了很多管理、业务骨干。

**（三）打通三级渠道，用思想政治工作暖人心**

"要想走到员工心里，就要走到员工中去。"为准确把握队伍思想脉搏，把工作做到根子上，勘探开发研究院团队党小组与中心行政班子、兄弟科室、其他项目组横向交叉、纵向合成，形成强大的党政合力，核心团队定期组织或参与基层党团活动、开展经常性谈心交流，直接打通思想政治工作"最后一公里"。

2021 年 10 月，团队副组长孙盈盈，负责专项八个课题 21 个承担单位的组织和日常管理工作。专项开题前夕，家中年仅 4 岁的幼儿突然发烧咳嗽，丈夫出差在外，只能靠婆婆一人在家照顾，当时工作任务繁重，已经连续加班一个月，几乎没有周末休假时间，每天都需要加班到晚上九点以后才能回家，抽时间带孩子看病的 4 个小时中还接打了近 20 个电话。有人劝她："工作这么辛苦，趁年轻换个工作，多照顾照顾家里吧？"孙盈盈却说："不是应该趁年轻多'辛苦'一点么，除了小家，我还有一个大家庭，有 23 个兄弟姐妹，大家庭也很需要我。"多年来，CCUS 团队党小组打通院党建部门、中心党支部和党小组三级渠道，倾力打造"家文化"，不断增强员工的归属感和幸福感，用"家"把干部员工的心聚在一起。

"班子接待日"是 CCUS 团队创新思想政治工作载体的一个尝试，每周选择一个下午由团队领导在临时空置不用的实验室轮流值守并公开日程，员工可以提前"点单"。"井场洗衣换衣不具备条件，夏天很不方便""近期家里孩子放学没有人管，能不能调整开时间方便照顾？"……根据员工这些问题，"接单"的领导会事先了解情况并查找相关政策依据，谈话过程要求做到有记录，问题处理要求必须有回复，实行闭环管理，强化思想政治工作的实用性、实效性。

## 三、成效启示

思想政治工作只有紧密围绕中心才有生命力。CCUS 科技创新团队始终坚持围绕中心、融入中心、服务中心。无论是"家文化"，还是"接待日"，正因为能在日常勤务、重大保障、队伍发展中体现出价值，在队伍的战斗能力、凝聚能力、引导能力方面体现出实效，所以才能获得企业和员工的认可，从而展现出其作为思想政治工作的活力和生命力。

思想政治工作定位和方法很重要。思想政治工作既不能一成不变，也不能一味图新鲜，应重实际、求实效，找准定位，寻找合适的方法。思想政治工作核心要素是"人"，在这个定位下，分析"人"的组成特点，便能够清晰明确工作对象主体。在具体工作中，也要根据青年员工占比大的特点，擅于借助新手段扩大思想政治工作的覆盖面和实效性。

企业思想政治工作既要讲高度也要接地气。CCUS 创新团队坚持以人为本，以"人"为主角，突出"人"情味，关注"人"的价值，在服务中引导凝聚共识，获得员工的高度认同，有力发挥了思想政治工作对科研中心工作的保证和支撑作用。近年来，CCUS创新团队先后获得集团公司"科技创新奋斗团队"和"可采储量优秀团队"，以及中国石油和化工自动化行业协会授予的科技进步特等奖，勘探院"技术服务优秀团队"和"2021年创新标兵"等荣誉。

（执笔人：张　群　赵　昕　孙盈盈　桑国强　周体尧）

# 打造新载体 提升思想政治工作实效性

抚顺石化公司

## 一、背景介绍

新时代新形势，对企业思想政治工作提出了更高标准、更新要求，思想政治工作必须不断探索和尝试新载体、新方式和新方法。

手机是干部员工尤其青工接受外界信息最便捷的载体，如何使思想政治工作搭上这辆信息快车，于信息无限性中抓住关注的有限性，成为中国石油抚顺石化公司（以下简称抚顺石化）企业文化处一直思考的课题，并于近两年进行了大胆尝试。

抚顺石化利用企业文化处下属传媒公司现有采编播人员和设备，采取录播加直播方式，将员工的手机作为接收终端，将抚顺石化主题教育、形势教育、党史学习教育成果以及想要员工需要知晓的亮点工作、先进人物事迹等，录制成短片，以支部为单位，组织员工用手机进行收看并积极参与，起到进一步认清形势、明辨是非、鼓舞士气、担当作为、奋发有为的目的，有力地推进了各项工作。

## 二、主要做法

### （一）纵观全局，精准定位

抚顺石化召集相关人员进行研讨，明确近期思想政治工作重点。例如，2021年有两大工作亮点：抚顺石化石蜡产品获评"十大卓越品牌"、工程建设有限公司信息技术研发中心主任刁克剑先后被授予全国五一劳动奖章，荣获辽宁省道德模范称号，入选"辽宁好人"，被评为大国工匠。刁克剑的荣誉也是抚顺石化的荣誉，是立足岗位践行铁人精神的典型。这两个"点"都是进一步增强员工主人翁责任感、自豪感、归属感，推进员工思想政治工作的好"切口"。

**（二）身边人讲身边事，增强感召力**

秉承"身边人讲身边事"原则，分场主持人原则上由相关单位选拔。实践证明，身边人讲身边事，特别能激发相关人员收看和参与的积极性，收看率和参与率明显增高。为了保证分场主持人播出质量，分场主持人选定后，则请抚顺石化下属传媒公司的专职主持人对他们进行集中培训。

**（三）录播和直播相结合，扬长避短**

企业文化处下属新闻中心拥有现成的人员和设备，水到渠成。针对内容特点，企业文化处采取录播和直播相结合方式，适合录播就录播，适合直播就直播。例如石蜡部分，历史回眸、业绩展示等采用录播的形式。幸运观众留言抽奖的环节比较适合直播，就采用直播的方式，增强了互动，提升了员工的参与度，收到很好的效果。抽奖环节甚至带引外界观众的积极收看和参与抽奖，再外界树立了抚顺石化的良好形象。

**（四）提前公示播出时间，评选优秀组织单位**

一切就绪之后，通过抚顺石化微信公众号——《抚顺石化人》进行播出预告，同时向基层各单位下发组织收看通知。为了确保优秀组织单位评选的公平公正，企业文化处事先下发通知，给各基层单位分别编制了代码，直播时员工留言后缀上各自单位编码，就能直观看到哪个单位参与人员多少，便于后台统计。

**（五）严细舆情预案，管控舆情风险**

直播对于抚顺石化来说是传播新形式，受众有自己员工，也有外界人员。面对可能的舆情风险，抚顺石化提早制定舆情预案：提前半个月请抚顺市网信办进行舆情监测，抚顺石化全部网评员也提前半个月投入网评工作，随时应对网上舆情。直播当天，抚顺石化安排网评员各就各位，密切监控包括直播留言在内的各种舆情，出现情况时，立即进行处理。

（六）"云"上传，可以反复组织收看

节目直播完成后，企业文化处将整个片子上传"云"平台，干部员工随时随地可以重复收看，特别便利倒班员工随时随地收看。

## 三、成效启示

实践证明，充分利用抚顺石化现有人员设备，以干部员工手机为终端，大胆尝试这种干部员工喜闻乐见思想政治工作新方式和方法，较以往一人读大家听或者轮流读大家听的学习方式，更容易被干部员工接受，效果也更好，还适应疫情防控需要，可谓一举多得。

**收看学习更便捷**。手机人人都有，员工习惯手机接受外界讯息，不给员工增加额外负担。**利于疫情防控**。疫情不适合人员聚集，这种方式大家可以一起看，也可以手机分头自行收看。**便于学习资料的保存和反复学习**。企业文化处直播后，将直播全程上传"云"平台，便于员工随时随地打开收看。基层也可以有的放矢利用资料开展其他相关主题教育活动。**互动环节增加参与兴趣**。直播中穿插有奖竞答的互动环节，极大提高了员工参与热情。吸引员工认真收看，竞相答题，参与幸运抽奖。不知不觉中，将抚顺石化党委要求深植员工心里。

新时代新形势下，面对信息无限性和关注有限性，如何抓住干部员工的眼球，把握住话语权，让员工对组织的声音听得进去记得住，是思想政治工作的关键。转变观念，创新思想政治工作载体、方式方法开局起步，大有可为。顺着利用现有人员、设备、媒体、助力员工思想政治工作这个思路，开动脑筋，举一反三，在确保严格执行保密制度和舆情风险可控前提下，还能有很多其他作为。比如和安全环保部门联合，能有力推进安全知识普及、安全技能的提升；和疫情防控部门联合，能广泛普及疫情防控知识，助力员工进一步拉紧疫情防控弦，等等。涉外宣传必须牢牢把住保密和舆情防控关。关键环节采用录播以及提早制定舆情预案是我们有针对性采取的具体有力措施。实践也证明，这些措施是非常必要且有效的，在今后的工作中要进一步持续加强，切实做到落实、落小、落细、落地。

（执笔人：毛　军　孙世杰　张运红）

# 开设"四堂"让思想政治教育有"滋味"

独山子石化公司

## 一、背景介绍

2015年以来，中国石油独山子石化公司（以下简称独山子石化）党委为发挥大讲堂品牌价值作用，服务于各层级需求，分众化设计"四堂"，将思想政治教育、理论教育、党性修养、管理文化、精神传统主题鲜明地融入其中，以"现场聆听＋网络直播"的方式，上一堂形式新颖、主题鲜明的教育课，让思想政治教育理论学习更加有味有型，让主题党日活动更加鲜活而具体，让班组长培训更加柔性而有力，让石油精神传播更加广泛而深入。

## 二、主要做法

**（一）设理论小课堂，增添理论学习滋味的视听课**

创新理论学习方式，融合理论知识和实践经验，让大讲堂活动走进领导班子的理论学习，把理论课讲得"有知有味"，让理论学习更加丰富生动。

独山子石化党委中心组在集中学习习近平总书记关于脱贫攻坚的重要论述后，将大讲堂宣讲员请进中心组理论学习课堂，讲述公司南疆"访惠聚"驻村工作队扶贫路上的感人故事，尤其是8名深度贫困村第一书记因地制宜谋发展，修公路、跑运输、建大棚、搞合作社，与各族群众一起干农活、拉家常、解难事、奔小康、抓基层、打基础、提能力,打造永不走的工作队……将精准扶贫瞄准到每个贫困户,进行有效帮扶,实现如期脱贫。通过宣讲,每位领导深刻感受到"脱贫攻坚"这四个字以及这场"战役"的份量,更加深刻理解中央扶贫政策,推进更好地将精神要义转化成指导扶贫工作的具体方法,为推进独山子石化打好脱贫攻坚战上了一堂生动的理论课。

(二)设红色大课堂,丰富主题党日活动的热门课

独山子石化公司各基层党组织将大讲堂作为主题党日活动新载体,邀请大讲堂主讲人,面对面访谈互动,"零距离"进行党性熏陶。通过特殊的主题党日活动,树立党员先进模范形象,教育引导党员坚定理想信念、勇于担当作为。

在乙烯厂聚烯烃一联合车间党员活动室内,正播放着这样的画面:2020年面对疫情防控,设极限上岗人数,车间党员纷纷"请战",要求入住车间,"'我熟悉装置我来吧''我家负担轻、我来吧'"……一份份请战书,一声声我愿意,党员请战画面重现眼前。主讲人秦军正在讲述带领党员突击队奋战的故事,80日驻厂坚守岗位,80日辛勤付出,在疫情吃劲期间,累计生产抗疫物资——聚丙烯专用料8万多吨,助力生产医用口罩200亿只。党员郑涛讲述独山子石化两级机关140多名党员干部组成突击队,人工码垛6000余吨保障生产后路畅通的故事。每一名党员用奉献展示平凡的力量,用行动支撑央企的责任。国务院应对新型冠状病毒肺炎联防联控机制医疗物资保障组专门致信感谢,全体员工倍受鼓舞。一场正能量足、教育性强的红色主题党日受到党支部的青睐。

(三)设实践新课堂,拓宽班组长经验交流的主打课

独山子石化每年举办班组长培训班,将大讲堂作为开讲的第一课。选取大讲堂中优秀班组长、技术领头人代表现身说法谈感受、讲方法,用鲜活的案例展示,替代了教科书式授课,使参加培训的班组长更能深

刻理解什么是执行力、什么是传帮带、如何当好班组的"领头羊"。

大讲堂讲述者李良，讲述自己带班故事，让班组长受益匪浅。谈到如何做好班员思想工作。李良举了两个小小事例：班里有一位年长的师傅因坐不上倒班车经常迟到，怎么办？他便给班员制作乘车卡片，上班前相互提醒搭车。一位少数民族师傅因家里经济困难，心事重重，李良便主动和她结亲，关心其日常生活，还自掏腰包给买了新电视。点滴举动让班员看在眼里记在心里，班员心齐了，工作主动了，李良带领的班组连续六年获得独山子石化明星班组称号。

（四）设精神云课堂，激活石油精神薪火相传的网红课

随着时代发展，云直播、云沟通成为新的传播交流方式。把大讲堂搬上网络，面向所有员工开课，通过网络直播，及时交流互动，实现与全体员工"亲密接触"，将石油精神传承开来。

大讲堂先后推出了大漠女儿杨拯陆、科研前辈王继谔、父子劳模徐新才徐凯军、女博士吴利平、茂金属代言人乔亮杰、全国劳模曾飞鹏、提质增效明星张永海、全国青年岗位能手标兵罗灵力等一批体现石油精神、大庆精神铁人精神的代表，通过网络直播先模事迹大讲堂，让更多的员工追溯精神之源、牢记初心使命、增强责任担当。

有网友留言：黄继光用胸膛堵住敌人的机枪口，石油工人王进喜用身体搅拌堵住了井喷，独山子有王继谔等一批奉献一生为石油炼化科研的人，不同的壮举，同一种精神，为独山子人，点赞。

## 三、成效启示

一讲一主题、一讲一收获。弘扬石油精神大讲堂分众化设计，差异化服务于不同群体，分主题走进 4 类"课堂"，使大讲堂活动成为党委中心组成员进行理论教育、接受精神洗礼的"理论小课堂"，党员传承

红色基因、赓续精神血脉的"红色大课堂"，班组长交流实践经验、激发创新思维的"实践新课堂"，广大员工学习科学家精神、劳模精神、工匠精神的"精神云课堂"。

从思想理论到求真务实、开拓创新，从革命本色到爱岗敬业、担当作为，从精神信念到攻坚克难、不等不靠。每一个主题课堂开讲，主题鲜明，内容丰富，接地气，有温度，油味浓。每个宣讲员都在讲堂中成为了"明星"，每个被讲述的人和事，都持久打动着听众的心，影响着听众的价值取舍。这种代入感、沉浸感、震撼感强烈，留得住、站得稳、办得好的讲述活动，表现出强大的传播力、引导力、影响力、公信力。

多年来，大讲堂活动不断创新，不断提升，已经成为独山子石化企业文化建设的一张闪光名片和文化品牌。大讲堂将远大理想、核心价值、基本原理、深刻主题融入其中，员工自己讲身边的人和事，春风化雨，以文化人，让技能标兵、劳动模范，成为可敬可亲、可信可学的身边典型。大讲堂分设出的4个课堂，正以独特的方式向广大干部员工展现丰富、立体、全面的理论体系、石油精神和企业文化，发挥了思想政治教育、理论教育、精神传承和文化引领的最佳作用。

（执笔人：王中强　张　瀚）

# 党的创新理论学习机制
# 提升领导干部思想政治工作能力

乌鲁木齐石化公司

## 一、背景介绍

党的十九大以来，我国将碳达峰碳中和纳入生态文明建设整体布局，能源行业向绿色低碳转型是大势所趋。中国石油乌鲁木齐石化公司（以下简称乌鲁木齐石化）是燃料芳烃型企业，面对宏观环境的深刻变化，公司在业务结构、体制机制、队伍能力素质等方面还存在许多不适应的地方，集中表现为高质量发展的能力不强，抗风险能力不强、安全生产和环保基础薄弱。要解决工作问题，首先要解决思想问题，加强理论学习，特别是党的创新理论学习，既是提高公司领导干部提升政治站位、提高思想认识、提升强化管理水平的重要手段，又是公司树立新发展理念，实现高质量发展、可持续发展的迫切需要。针对这些问题，乌鲁木齐石化通过加强党的创新理论学习，做到"学思用贯通、知信行统一"，提高政治站位，增强学习的主动性，在学知上下苦功夫，增强学习的理论自觉，在思信上下真功夫，增强学习的思想自觉，在用行上下硬功夫，增强学习的行动自觉。

## 二、主要做法

### （一）原汁原味学

就是读原著、学原文、悟原理。党的创新理论，其精髓都集中准确地凝聚在原著之中，关键是通过学习把握其理论精髓。通过逐字逐句地研机析理，整体把握党的创新理论的重大理论意义和现实意义，深刻理解其时代背景、鲜明主题、核心要义，领会掌握贯穿其中的马克思主义立场观点方法，深刻领悟中国共产党为什么能、马克思主义为什么行、中国特色社会主义为什么好等道理，弄清楚其中的理论逻辑、历史逻辑、实践逻辑，从而在解放思想中统一思想，在深化认识中提高认识，增强贯彻落实党的创新理论的思想自觉、政治自觉和行动自觉，真正在深层次提高思想理论水平和政治政策水平。

### （二）及时跟进学

一是强调在时间上"及时"，二是强调在节奏上"跟进"。党员干部以"及时跟进学"为动力，通过"第一时间"学习，不断强化理论修养、自我修炼、自我约束、自我改造、自我提升，始终在政治立场、政治方向、政治原则、政治道路上同以习近平同志为核心的党中央保持高度一致，涵养政治定力，练就政治慧眼，恪守政治规矩。乌鲁木齐石化党委把学习党的创新理论作为加强党的政治建设的重要手段，列入重要议事日程，纳入党建工作责任制和意识形态工作责任制。压实第一责任，两级党委书记切实承担起学习第一责任人的职责，把准学习导向，落实好党委理论学习中心组等各层级学习制度，完善党支部"三会一课"，完善企业党校理论教育和党性教育方式，不断加深对党的创新理论的理解，指导和督促党委班子成员学以致用、用以促学，增强"四个意识"，坚定"四个自信"，做到"两个维护"。

### （三）联系实际学

就是把自己摆进去、把职责摆进去、把工作摆进去，融入实际工作中，做到融会贯通。一是夯实"联"的前提，深刻领会党的创新理论的实质，全面正确把握，真正坚信不移。二是夯实"联"的基础，吃透科学理论、客观实际两头，搞好调查研究，取得符合实际的研究成果。三是夯实"联"的内容，坚持具体问题具体分析，做到求真求实、心中有数。乌鲁木齐石化积极组织集体学习，将每月第一周周五定为两级党委中心组集体学习时间，做到工学兼顾。党委书记审定每次学习主题和内容，抓实领学、领读、领思环节，指定班子成员重点发言，碰撞思想火花。积极引导个人学习，配发辅导书籍，对重点学习内容布置研讨题，撰写学习心得，"走笔"更"走心"。建立"第一议题"制度，及时跟进学习贯彻落实习近平总书记最新重要讲话精神，积极利用网络学习，每月安排"中油e学"理论学习内容，用好网上学习阵地，统一思想行动。

### （四）带着感情学

就是对党的创新理论"有感"。带着感情学、学出感情来，是一个从感性到理性、从粗浅到精深、从零散到系统的过程。理论学得越深、信得越真，情感才能越加醇厚，信仰才能越加笃定。乌鲁木齐石化修订完善学习管理制度，细化内容、形式、分工、标准，提升学习规范化水平。坚持服务指导到位，按照年度印发学习计划，月度统筹学习安排和学习材料，做好学习内容的"加减法"和"动态管理"。坚持讲评到位，乌鲁木齐石化党委每月派人参加基层党委中心组学习，每半年通过岗检对各单位党委中心组学习情况进行"整体体检"，指出问题督促整改。

### （五）常态长效学

建立常态长效学习机制，着重激发党员干部学习的主动性，正确处理工学矛盾，注重改进手段创新形式；针对不同群体的特点，制定和确立不同的学习内容、标准和要求，在对象上区分层次、在时间上合理划分，在内容上形成专题，提高理论学习的系统性和科学性。结合"不忘初心、牢记使命"主题教育、党史学习教育和提质增效专项行动，乌鲁木齐石化党委结合党的创新理论学习，带头"做调研"，组建"领导班子成员＋分管部门负责人＋业务骨干"调研团队，深入基层调研一线，形成高质量调研报告30余篇，为公司改革发展、提质增效提供基础依据。带头"解难题"，深入开展"我为员工群众办实事"主题实践活动，发扬"三个面向、五到现场"优良传统，通过"组织＋""项目＋""党员＋"三项运行机制，围绕"凝心聚力""融情聚力""暖心解忧"三个方面，扎实开展"办实事"活动，员工满意度明显提升。

## 三、成效启示

通过学习党的创新理论，最重要的收获是思想的滋养。通过对习近平新时代中国特色社会主义思想的深入学习、领悟、实践，领导干部作为关键少数，汲取了丰富的思想营养和精神力量。"原原本本领学、研讨交流深学、广泛宣讲送学、理论抽测督学"的理论学习方法；"学习清单、调研清单、问题清单、整改清单"抓落实的工作方法；通过解决实际问题、以点带面推动整改落实；用好革命纪念地、爱国主义教育基地等红色资源，触及灵魂深处，筑牢信仰之基、补足精神之钙、把稳思想之舵。

通过学习党的创新理论，最明显的收获是作风的改变。领导干部坚持刀刃向内，从政治、思想、作风、能力、廉政等方面剖析根源、完善改进，增强了讲政治、守规矩的意识，带动了党风和政治生态持续好转。批评与自我批评、密切联系群众、实事求是、调查研究、自我革命等党的优良传统作风得到大力弘扬。

通过学习党的创新理论，最实际的收获是高质量发展的成果。近几年，乌鲁木齐石化生产经营持续向好，从亏损严重12亿元到2021年实现盈利10亿元，员工收入待遇实现新提升，"十四五"发展规划正在逐项落实，党的创新理论学习通过实际工作成效体现了出来，乌石化人正在以抓铁有痕、踏石留印、久久为功的韧劲，把党的创新理论落实到实际工作之中，推动企业在高质量发展的道路上阔步前行。

（执笔人：孔新荣　余　涛）

# 从"心"出发 打通"主动脉"激发正能量

大港石化公司

中国石油大港石化公司（以下简称大港石化）党委面对新形势下员工思想情绪复杂多变的现状，坚持从"心"出发，注重从"心"感受的角度探索创新工作方式方法与活动载体，做好价值观培育和思想引导，打通思想"主动脉"，激发了广大员工立足岗位、拼搏奉献的正能量，为公司安全生产、和谐稳定、高质量发展奠定了坚强的思想基础。

## 一、背景介绍

大港石化员工队伍结构多元，员工年龄偏大（平均年龄为45.8岁，45岁以上的员工占员工总数的63.7%）。面对油品市场竞争日趋激烈、安全环保监督日趋严格、企业生产经营形势日趋严峻的形势，部分员工对公司的发展信心不足，主人翁责任感下降，焦虑与疑虑、问题与困惑也明显增多；加之少数员工存在攀比心，在工资、待遇等方面想法颇多，有的曾在百度的贴吧出现过言辞激烈、进行人身攻击、发泄不满的帖子，在油区影响较大。针对这种状况，大港石化党委坚持"企业依靠员工发展、员工依靠企业生存"的理念，从尊重员工感受、理顺员工情绪、满足员工精神需求出发，积极探索"心"领域的思想政治工作机制和载体，打通思想认知"主动脉"，大力弘扬"企业与个人相互依存、共同发展"的企业价值观，使员工从"心"中认可、接受和信任公司，与公司"心心相映"，激发员工为公司提质增效发展努力奋斗的正能量。

## 二、主要做法

大港石化公司党委在实际工作中注重找准与员工思想的共鸣点、与群众利益的交汇点，从"心"出发，通过引导、沟通、愉悦等方法，以润物细无声的方式将企业管理需求转化为员工的情感认同和行为习惯，凝聚起推动企业发展的正能量。

（一）坚持"心"引导

大港石化党委把思想教育和价值观培育作为"心"引导的重要抓手，创新方式方法，唱响公司安全生产、提质增效的主旋律。"中医疗法"疏通思想阻塞。大港石化党委针对员工存在的思想问题先期开展员工疑虑征集，"把脉"员工对形势任务的认知程度。大港石化助理以上领导分别带队深入基层，走进班组，走进一线，对员工需求和疑虑进行"问诊"，并用深入的分析、透彻的说理，与员工谈形势、讲任务，使广大员工深入了解公司面临的机遇与挑战、决策和部署，明确自身肩负的责任和使命，开出破解危局的"药方"。大港石化党委还组织职工代表和劳模班组长组成形势任务宣讲队，与员工面对面沟通交流，探讨形势，凝聚共识，引导员工逐步摒弃落后的思想观念，增强了主人翁责任感和敬业奉献意识，用遵章守纪、恪尽职守的行动为公司的建设发展保驾护航。"身边典型"弘扬石油精神。大港石化党委先后组织开展了"我身边的大庆精神"宣讲、"我与企业的价值观"大讨论、"石化好工匠"评选等活动，挖掘员工身边弘扬石油精神的典型，通过评选、事迹宣讲、座谈讨论等方式，用身边坚守岗位、无私奉献、建功立业的人和事教育身边人，在广大员工中形成了"与企业同谋生存，共创价值，合力发展"的思想共识。

（二）加强"心"沟通

大港石化党委在认真分析思想政治工作面临的新情况、新问题的基础上，创新机制和载体，加强与员工群众的沟通对话，倾心听取意见和建议，真正了解员工群众内心深处的所思、所想、所盼，推心置腹、以心换心，尽可能满足员工合理需求，保持队伍稳定和促进公司和谐发展。思想动态分析重在"解剖麻雀"精准施策。为及时全面了解掌握员工思想的第一手资料，大港石化党委建立员工思想动态分析机制，开展"每月员工访谈""每季思想动态分析"和每年至少一次的思想动态调研活动。除了通过与员工沟通交流及时发现90余项员工普遍性的思想情绪问题并有针对性地做好思想政治工作外，更重要的是建立重点人和重点事的档案，采取"解剖麻雀"的方式，针对员工的年龄结构、家庭状况、实际困难等因素，逐一分析重点人和事的特点，产生问题的原因和可能存在的隐患，未雨绸缪，精准施策，有针对性地做好一人一事工作。如第三联合车间党支部的一名单身女工家庭困难，工作热情不高、状态不好，影响班组安全生产。针对这种情况，支部一方面积极协调工会、爱家委员会等多种渠道对其进行帮扶，还通过在班组给她过生日的方式让她体会到集体的温暖，使这名女工的情绪和工作状态不断改善。"空中连线"让心的距离更近。大港石化党委丰富创新交流载体，拓展沟通渠道，通过公司领导接待日、大港石化领导与普通员工座谈会等多种形式，了解员工诉求，解决员工难题。尤其是在大港石化主页开通了总经理、党委书记信箱，通过这种"空中连线"的方式架起沟通桥，使员工和公司主要领导不受时间地点限制进行交流，拉近了心的距离。目前大港石化领导信箱每年平均收到员工来信300多封，点击率过万人次。通过了解员工所思所想，加强沟通交流，兼顾不同群体的共同需求，先后解决了员工就餐、入厂着装、手机使用、开通大港区班车、厂区园林绿化改造等多项问题，使员工在看见变化、感受变化的过程中增强对企业的信心和信赖，从而在行动上为公司的建设发展努力奋斗。"心理疏导"化解风险。建立心理咨询室，制定员工帮助干预计划，通过心理沙盘游戏、心理热线等寓教于乐形式化解风险，及时解决员工思想问题。

（三）注重"心"滋养

大港石化党委高度重视员工身心健康，通过丰富多彩的文体活动陶冶员工心灵情操，愉悦身心健康。"心悦读"怡情缓压。积极倡导"读书是一种修养，读书是一种生活方式"理念，以"心悦读"为主题开展了"领导干部读书年""全员读书""读一本好书"等活动，结合集团公司送书活动建立读书角，通过多种宣传渠道设立读书栏目，交流心得体会。几年来共推荐好书 300 多本，征集读书心得 460 多篇，在丰富员工知识、拓展视野的同时，怡情养心、缓解压力。"订单式"兴趣培训班精准回应员工期盼。大港石化党委注重倾听员工声音，采取"订单"方式开办文体兴趣培训班，通过员工"点菜"、部门"汇菜"等程序，对征集回收的 1145 份调查表进行汇总分析，开设了书法、绘画、声乐、器乐、布贴画、乒乓球等 11 个兴趣爱好培训班，聘请专业老师授课 400 余课时，丰富了员工的业余文化生活，培养兴趣爱好，愉悦身心健康，受到了职工群众普遍欢迎。

## 三、成效启示

在持续正向的心理疏导和滋养下，大港石化公司员工的精神面貌发生了变化，进一步提振了昂扬向上的精气神，保证了安全生产和提质增效等重点工作的开展，为企业高质量发展汇聚了正能量。

**干部员工的干事创业激情日益高涨。**变枯燥的说教为全员和全方位的互动教育，从更关注员工感受的"心"角度开展扎实有效的思想政治工作，极大地激发了干部员工干事创业、共谋发展的热情，汇聚起助推企业稳健发展的强大合力。2021 年广大干部员工奋勇攻关、倾情奉献，经过近 60 天苦战，高质量检修完成公司装置大检修工作，主要装置实现一次开车成功，为"五年一修"目标夯实了基础。涌现出一批以集团公司先进工作者、第二联合车间班长毛立力和集团公司巾帼建功先进个人、第一联车间副主任刘丽华为代表的优秀干部员工，积极履行岗位职责，为装置安全平稳生产、企业稳固发展提供了坚实保障。

**公司生产经营各项工作创佳绩。** 广大员工心齐气顺，责任心增强，工作执行力提高，确保了各项工作顺利开展，创造出佳绩。大港石化成为集团公司首家获评"重污染天气绩效评级 A 级企业"的地区公司，被评为集团公司绿色企业、质量健康安全环保节能先进企业，"打造精品炼厂范例"建设迈出坚实步伐，实现了"十四五"良好开局。

（执笔人：孟海英　杨永辉　黄路露）

# "三维度"做实做细一人一事一思想

宁夏销售公司

## 一、背景介绍

谭佳是中国石油宁夏销售吴忠分公司的一名员工，曾经工作散漫、无上进心、牢骚满腹，还缺乏责任感，是各加油站拒之门外的"老大难"；如今的谭佳成为了远近闻名的"开口营销"小达人。"组织对我的思想引导和切实帮助让我感受到了更多的关怀和温暖，让我在自己更擅长的领域实现了个人价值。今后工作中我将会继续严格要求自己，努力提升自己的政治素养，争取早日成为一名共产党员。"在企业发展中，不乏像谭佳这样的员工，他们的思想行为一定程度上辐射和影响着周边的员工，如果不采取积极有效的措施，会影响整个队伍的团结和稳定。

## 二、主要做法

在近年来三项制度改革关键期、提质增效攻坚期的特殊时期，宁夏销售党委积极探索新时代国有企业基层党组织思想政治工作的新思路、新手段、新方法，将开展思想政治工作与党组织组织生活有机结合，下辖吴忠分公司党委经过不断实践，围绕"三维度"扎实做好一人一事一思想工作，不断调动广大员工的工作热情，引导员工积极进取、建功立业，助推企业和谐稳定及可持续发展。

（一）织密网格，拓展收集信息的宽度

吴忠分公司党委立足于对全体员工思想动态准确把握，未雨绸缪，将更多精力放到员工思想动态收集上，为后续的思想指导做好铺垫。疏通"有事找党组织"通道。吴忠分公司所辖5个经营片区跨度大、站点间距远、少数民族聚居多、移民区覆盖面积大，为了更好地打通员工思想信息渠道，吴忠分公司党委在党建经营管理一体化团队的基础上，建立起18支党员管家营销团队，每个团队设有1名联系支委、一名团队队长、若干名党员管家，通过岗位走访、家中走访等多种形式，及时关注员工思想动态，搭建起员工思想动态采集第一手资料的网络。建立员工思想动态收集制度。基层支部通过"党员管家"团队小单元收集整理员工思想信息，将员工教育经历、家庭状况、工作经历、兴趣爱好、性格特征、生活作风等情况都纳入支部员工信息库，建立员工"六必谈五必访"档案。并将信息采集范围由员工工作岗位、家庭向社会延伸，通过定期落实、随查随访随更新的方式实现全流程掌握。划分思想动态健康等级。"党员管家"团队通过对员工思想动态的及时更新了解，预判不同情况下每名员工的思想状态，并按照严重程度将员工思想动态风险划分为一二三级，将思想健康、积极进取的员工评定为三级，将总体稳定、偶有波动的员工评定为二级，将波动较大、存在风险的员工评定为一级，提高分析研究、解决问题的能力。

（二）三级联动，加大解决矛盾的力度

吴忠分公司将全面了解员工思想动态和诉求，及时发现、主动出击，妥善处置影响队伍稳定等苗头性和倾向性问题作为党组织工作的基础，形成同抓共管、各司其职、服务群众思想的良好氛围。棘手问题党委班子带头解决。作为分公司各项事业发展的"主心骨"，分公司党委班子成员将落实"一岗双责"制度与党建"三联"责任点制度有机结合，定期深入挂点支部为全体员工讲授党课、参加组织生活，并主动认领挂点支部思想健康状态为一级的员工，一对一解决员工群众实际问题。近年来，党委班子成员带头处理各类员工思想问题十余个。普通问题支部班子常态解决。基层党支部在召开支委会时设置思想政治工作分析研讨环节，针对一个月来党员反映的群众思想动态进行集中研讨，根据员工的个人素质和能力分析员工在工作、学习及生活中个人需求的趋势和困难，并预判问题的走向。通过整理摸排、研讨分析的过程，进一步及时了解和发现员工的实际困难，提早做到心中有数，提升思想政治工作的超前性和预见性。简单问题党员管家分头解决。结合"党员管家"团队分布情况、工作岗位特点等，有针对性地将员工出现的简单问题交由党员管家负责，及时高效地将问题解决在萌芽状态。特别是在推动加油站全要素经济责任承包经营制度落实落地过程中，党员管家团队在员工日常思想动态管理的基础上，加强对全要素承包经营制度要点的深入讲解，确保各岗位人员认识统一、目标明确。正是在这样扎实的思想基础上，吴忠分公司仅2个月就完成了43座加油（气）站全要素承包经营工作。

（三）跟踪联系，提升思政工作的温度

思想政治工作不是一蹴而就的、一招见效的，需要不断巩固深化，抓住"人心"。只要做到以诚相待，"心中有职工""眼里有群众"，开展思想政治工作就会收到理想效果。跟踪总结、完善档案。在每次成功解决一次矛盾问题后，分公司党委班子成员、支部班子成员、党员管家都会趁热打铁，及时分享感受、总结经验、制定下一步思想转化的方案。在此基础上，由党支部完善员工"六必谈五必访"档案，为今后做好员工思想工作提供依据。相互反馈，长线联系。信息反馈是做好思想工作的一个重要环节。吴忠分公司党委在做好"三级联动"解决矛盾的基础上，还注重发挥加油站和家庭的双向监督作用，由加油站与员工家人长线联系，每月定期将员工岗位调整、取得的优异成绩向家人进行反馈，通过双向监督激励，准确把握员工思想动态、找准症结、分析问题、把脉需求，调动其工作积极性，最终实现思想认识的转化。"作为一名青年，有幸成为'党员管家'的一员。在与曾经和我结对的'老管家'老马同志的朝夕相处中，我看到了他身上不服输的劲头，我恨不得一下子就学会他身上的所有技能，为企业的发展添砖加瓦。"员工小王在"党员管家"长期深化教育、加油站长线联系的情况下发出的声音。

## 三、成效启示

吴忠分公司紧紧抓住"宽度""力度""温度"，坚持开展一人一事一思想工作，通过潜移默化的方式对员工进行引导教育，化无形为有形，变抽象为具体，转空洞为生动，从根本上保持了队伍稳定，保证了企业各项工作顺利开展，成为了宁夏销售三项制度改革中全要素承包制度推广覆盖率最高、用时最短的二级公司。吴忠分公司党委所辖6个党支部中有三个被评为宁夏销售"优秀党支部"，多名员工获得集团公司、自治区国资委先进个人荣誉。

（执笔人：张旭东　赵巧玲）

# 新形势下做好全员思想政治工作的实践探索

### 贵州销售公司

"思想政治工作只有做到与时代同行，才能真正入脑入心"。"后疫情"时代，中国石油贵州销售公司（以下简称贵州销售）党委深刻把握思想政治工作是一切工作的"生命线"，主动适应疫情防控常态化、员工学习交流智能化、油品销售市场精细化的新形势，完善"理论武装、全员齐动""一人一事、全员覆盖"的全员思想政治工作体系，持续推进理念创新、手段创新、基层工作创新，有效提升思想政治工作的针对性和时效性。

## 一、背景介绍

疫情防控转入常态化，给思想政治工作带来了新问题、新挑战、新要求，这给传统的思想政治工作带来一大挑战。同时，贵州销售一大批90后、00后走上工作岗位，这些人占公司员工总数的70%以上，他们成长的环境、接受的教育和70、80后不一样，大都思想活跃、自我观念强，往往"机不离手"，获取信息靠网、日常生活在网、情感表达借网、休闲娱乐用网，"指尖上的生活"是他们的常态，这给传统的思想政治工作带来另一大挑战。过去的营销是"以理服人"，企业注重的是顺应消费者的消费习惯，注重产品的功能、功效、质量，关注产品的技术含量。如今，进入"情感营销"时代，营销首先要做到"以情动人"，尽其所能满足消费者的情感需求，这样消费者才能对品牌一见钟情、一往情深。这给传统的思想政治工作带来一系列新挑战。如何适应这些新挑战，做深做实新形势下的思想政治工作，是必须解决的现实紧迫课题。贵州销售党委深刻把握思想政治工作是一切工作的"生命线"，主动适应疫情防控常态化、员工学习交流手机化的新形势，构建"全员思想政治工作体系"，在党委统一领导下，党政工团齐抓共管、干部员工一起参与，以全员、全方位、全过程思想教育为目标，建立逐级负责、职责分明、交融互补的思想政治工作体系。同时，借助互联网、微博、微信等平台，持续推进理念创新、手段创新、基层工作创新，搭建"零距离"互动交流平台，打造"心贴心"特色思政品牌，延伸"微服务"精准对接触角，统筹做好"政治理论武装"和"一人一事工作"，激发员工工作热情、创新激情，推动思想政治工作高质量发展，为"双一流"企业建设注入强劲动力。

## 二、主要做法

近年来，贵州销售党委努力寻找新形势下思想政治工作与企业发展的契合点，充分发挥党组织的政治核心作用。通过大胆创新、勇于实践，努力构建具有基层党组织特色的思政工作新模式，思政工作的针对性和实效性获得了显著提升。

### （一）加强顶层设计，构建"双全员"思政工作体系

贵州销售党委坚持问题导向、目标导向、结果导向，树牢"大思政"理念，建立"理论武装、全员齐动""一人一事、全员覆盖"的"双全员"思想政治工作体系，完善运行机制，先后出台了《加强和改进思想政治工作的实施意见》《加强一人一事思想政治工作实施细则》，统筹规划部署并逐一落实。《意见》和《细则》充分体现坚持和加强党的全面领导，坚持用习近平新时代中国特色社会主义思想武装全党、教育全体员工，确保党的创新理论和路线方针政策落实到公司改革发展

的各领域各方面各环节。《意见》和《细则》都强调坚持以人为本，强化"一人一事工作"的个性化、精细化运行，"一把钥匙开一把锁"，既教育人、引导人、团结人，又尊重人、理解人、帮助人，做到"以文化人、以理服人、以情感人"。

（二）优化传播媒介，搭建"零距离"互动交流平台

贵州销售公司积极推动思政工作守正创新发展，精心打造主题教育"线上课堂"，做强"铁人先锋""学习强国"理论宣讲阵地和党员干部交流展示平台，构建微信、微博、官方网站、"贵州销售"在线App等多层次、全方位的新媒体宣教网络。百名党员讲百年党史、百名支部书记讲百堂微党课、百名党员推荐百本书籍、百篇诗歌献给党、百名党员先进事迹宣传等"五个一百"系列活动覆盖面广，形式新颖，得到了广大党员干部的广泛参与和高度关注。线上举办党史学习教育部署会、推进会，在线参加人数创历史新高，比往年参加现场会人数增加了4倍，会议一贯到底，公司党委部署直达基层，主题教育实时同步、异地同步，实现了"公司上下一张网，千里共上一堂课"。

（三）建设精品栏目，打造"心贴心"特色宣传品牌

贵州销售党委大力推动运用互联网技术和信息化手段开展思政工作，鼓励利用新媒体开展理论宣讲、形势报告等活动，多渠道、立体化开展主题教育，形成网内网外的宣传合力。党委组织部开设全员学党史"云平台"，适时把"党课开讲啦""支部大讲堂"等内容搬上云端同步直播。党委宣传部率先推出"红歌接力唱"快闪MV，启动《身边人、身边事、我身边的榜样》微视频征集展示活动，共展播6期14条作品，近10万人次参与投票、阅读评论。团委举办"学党史、感党恩、我与企业共成长"演讲比赛网络直播活动，自行编排11期"指尖课堂"、30多篇文章和视频内容，思政工作变得鲜活灵动、更加多彩、更接地气。

### （四）立足一人一策，延伸"微服务"精准对接触角

贵州销售党委针对员工思想观念多元多样多变趋势，积极探索开展"一人一事"思想工作，制定并完善了加油站和油库员工思想分析、思想沟通、信息直通车、突发问题网格管理、"六必讲、六必谈、六必访"等制度体系，就员工工作、学习、生活以及个人家庭情况等方面，通过"一对一""面对面"形式，定期进行深入座谈交流。谈话期间，敞开心扉、开诚布公，着重了解谈话对象在 8 小时以外情况、个人困难和意见建议等，对存在的问题及时进行细致了解、重点关注、持续跟踪，并填写《"一人一事"基本资料卡片》，切实做到全覆盖、全参与、不落一人，针对人员思想状况积极采取教育疏导、政策宣讲、正面激励等方式，积极帮助解决疑难问题，解除思想困惑，确保员工队伍思想稳定。

### （五）建立责任清单，形成"硬约束"评价考核体系

贵州销售党委切实负起政治责任和领导责任，建立健全思想政治工作责任制，制定思想政治工作责任清单，明确落实措施和推进步骤，形成科学有效的评价考核体系。党委宣传部不定期列席旁听基层党委（党总支）理论学习中心组学习，定期通报学习情况；完善和运用"会前定题不定人、会上随机抽点发言、现场随机提问"学习交流机制，进一步破解学习中的形式主义难题，提高学习的质量和效果。机关党支部找准切入点、结合点，推动思想政治工作和业务工作一起谋划、一起部署、一起落实、一起检查，着力解决"两张皮"问题。基层党支部明确思想政治工作职责，严格党员日常教育管理监督，使每一个支部都成为坚强的战斗堡垒，每一名党员都发挥先锋模范作用。人事部发挥考核的指挥棒作用、干部选拔任用的导向作用，将相关履职情况作为督查、述职、评议考核的重要内容，将"软指标"变为"硬约束"，从而进一步强化党组织的凝聚力和战斗力，深入细致构建思政工作大格局。

## 三、成效启示

2020年以来，贵州销售坚持在实践中创新、在创新中提升，不断深化对做好新形势下全员思想政治工作的规律性认识，积累了一些有益经验，获得了不少有益启示。

**抓试点先行，及时总结推广典型经验。** 为先行先试、形成示范，引领带动各单位各部门加快构建"理论武装、全员齐动""一人一事、全员覆盖"的全员思想政治工作体系，选择两个机关部门、两家基层单位开展"双全员"试点工作，党委组织部、党委宣传部为机关试点，贵阳分公司、仓储分公司为基层试点。试点单位结合实际，发挥各自优势，盘活资源，完善体系、扩展渠道、创新载体，推动全员参与、全时贯穿、全域协同，形成了纵到底、横到边、全覆盖的工作格局。近年来，贵州销售业绩提升、员工面貌、政企关系、企业形象等多方面发生根本性转变，"小公司实现了大作为"，党委宣传部获得集团公司"宣传思想文化工作先进集体"荣誉，公司10个地市分公司、9个机关部室全面开展全员思想政治工作。

**抓机制构建，聚焦重点任务精准施策。**《深化思想政治工作指导意见》《加强一人一事思想政治工作实施细则》要求各地市公司、各机关部室以3年为周期制定推进工作台账。2021年总体工作进展顺利，2022年开展阶段性推进工作，2023年进行总结性督查。在推进落实过程中，聚焦资源保障和示范带动两个重点任务，建立专门机制针对性推进。

一方面，重点建设微信、微博、官方网站、"贵州销售"在线APP等多层次、全方位的新媒体宣教平台，充分发挥示范引领作用。另一方面，贴近员工需求，不断扩展渠道资源，强化优质内容供给，党委宣传部牵头举办"加油站经理服务技能大赛"云端同步直播和"纯枪非油创效能手"先进事迹网络展播，推动创作一批优秀网络文化作品。

**抓平台搭建，推动优质资源互动共享。** 通过优化整合贵州销售内外各类资源，贵州销售积极推动思想政治工作创新发展。一是将思想政治工作纳入重要议事日程，作为党的工作的重要内容，在出台重大决策、改革举措前，要把思想政治工作作为前置关口，做好工作预案。二是各级领导干部要切实承担起"一岗双责"，在组织实施业务工作过程中，认真履行好思想政治工作政治责任。三是把思想政治工作与业务工作同步谋划、同步部署、同步推进、同步检查、同步考核。四是把网络平台建设管理运用作为思想政治工作的重中之重，积极创新思想政治工作的途径等加强和改进思想政治工作的重要举措。

实践不停歇，创新无止境。下一步，贵州销售将以贯彻落实集团公司党组《关于新时代加强和改进思想政治工作的实施意见》为抓手，坚持以建设互动交流平台为牵引，以完善落实机制为基础，以强化领导统筹为保障，切实把加强全员思想政治工作落实落地，为贵州销售"双一流"企业建设提供坚强保障。

（执笔人：鲁凤浩　张　渊　陈育泉　陆茂高　刘瑞轩）

# 坚持"五心" 稳定海外员工队伍

长城钻探公司

## 一、背景介绍

近年来，长城钻探钻井一公司（以下简称钻井一公司）加大"走出去"步伐，相继有14支队伍、300余名员工走出国门，来到尼日尔、乍得、苏丹、伊拉克等国家施工。受新冠疫情全球蔓延影响，有段时间海外队伍暂停倒班，员工较长时间远离祖国、远离亲人，甚至有的员工在海外坚守长达420天，思乡情切，队伍极易出现思想波动和负面情绪。如何稳定海外员工队伍，成为摆在钻井一公司党委面前的难题。基于此，钻井一公司探索实施"五心"工作法，即心理疏导"稳心"、严密管控"定心"、建设小家"聚心"、稳定后方"安心"、树立典型"塑心"，抓好海外员工思想政治工作，切实稳定员工队伍。

## 二、主要做法

### （一）心理疏导"稳心"

**讲清形势，缓解压力。** 针对疫情引发的恐慌、焦虑等负面情绪，钻井一公司党委定期开展疫情防控及心理健康知识"云课堂"、形势任务宣讲等方式，讲清疫情形势，讲清抗疫知识，讲清防控要求，讲清对策措施，及时排解不良、负面情绪，防止盲目恐慌情绪蔓延。针对部分员工因长期未倒班导致思想包袱重、畏难情绪增加的现状，钻井一公司党委开展"云慰问"活动，以视频聊天等方式，疏导沟通、缓解压力、增添信心。针对海外回国人员，与辽油宝石花医院合作，建立心理疏导绿色通道，邀请专家面对面为海外员工疏解心理压力。

**科学引导，强化沟通**。每日排查精神焦虑或者状态低迷的员工，第一时间开展谈心谈话，了解员工思想动态，及时帮助员工解决困惑。乍得项目GW96队带班队长周静妻子临盆在即，而他却因为疫情滞留乍得，心急如焚，钻井一公司了解后，创造条件让他多与家里亲人视频、语音，给妻子鼓劲加油，周静焦虑的情绪有所缓解；尼日尔项目GW215队为了缓解员工的心理压力，每日分享防疫知识和趣味小段子，帮助员工消除恐慌情绪。

（二）严密管控"定心"

针对海外施工现场人员密集的现状，钻井一公司党委升级防控措施，改进防护措施，完善防控后勤保障。

**加强应急演练**。全力做好疫情防控工作，制定疫情防控应急预案，并每周组织一次防疫应急演练；制定切实可行的作息计划，合理安排饮食，增强员工抵抗力；积极开展疫情防控常识培训，提高员工应急处置能力。

**升级现场防控**。井场实行封闭管理，严禁员工擅自外出；对于出入井场第三方车辆进行全面消毒，对第三方人员实施体温监测；每日三次监测井队员工身体状况，一旦异常第一时间隔离、上报，切实做到不漏人、不漏报；按照优先海外原则，保障海外防疫物资及时到位；按照规定的消毒液使用比例每日三次对各区域办公室、会议室、职工食堂、活动室等人员聚集场所地面、桌椅板凳、电脑鼠标进行勤消毒、勤通风等措施；同时设置隔离区，对返回井场人员实行14天隔离政策，每日餐前对隔离人员体温情况进行监测记录。

（三）建设小家"聚心"

针对海外现场封闭管理现状，钻井一公司党委强化海外基层队职工小家建设，鼓励基层队因时、因地、因人制宜开展形式多样化的文体活动，丰富海外员工业余文化生活，凝聚力量，鼓舞士气。

**强化"家文化"建设。**钻井一公司党委结合海外生产实际，全力打造和谐、温暖、放松的职工小家。将井场生活区开辟出室外运动区和室内休息区。室外运动区，配备篮球、足球、乒乓球等运动设施，室内休息区设置电视、电脑、音响、书柜等，为员工工作之余提供休闲娱乐场所，进一步减轻压力，纾解情绪。同时还设计了"我们是一家人"文化墙，让员工感受到家的温馨。

**推动群众性文化活动建设。**以节俭热闹、积极向上、广泛参与为原则，组织开展员工趣味运动会、厨师厨艺大赛等系列文体活动，特别是在国庆、元旦、春节等特殊节点，开展包饺子、猜灯谜等传统习俗活动，不仅丰富员工的精神文化生活，也带动当地雇员了解中国文化，弘扬主旋律，聚合正能量。

### （四）稳定后方"安心"

钻井一公司党委始终坚持关心关爱员工，充分了解每一名海外员工的家庭和身体状况，想员工所想、急员工所急，全力帮助解决家庭生活难题，让海外员工在前线安心。

**建立钻嫂互助组。**钻井一公司党委将海外钻嫂以队为单位，建立互助组。谁家有个大事小情，休假员工连同钻嫂们互帮互助，让前线员工的心热乎起来，更让家人的心暖起来。同时组织与在家坚守的钻嫂们建立联络群，虽然远隔万里，但群里每天定时报平安却让员工与钻嫂的心走得更近。伊拉克 GW145 队开展"请家人放心"家庭连线活动，员工们相互提示每天给家人报平安、提示家人注重防疫。

**一对一帮扶海外家庭。**钻井一公司党委定期开展海外员工家属座谈会、联谊会、入户走访等，全面系统掌握海外员工的家庭信息，确保第一时间了解海外员工家庭的各类困难和问题。针对困难家庭，推出"一对一"帮扶政策，由青年志愿者与困难家庭结对子，帮助家中老人做力所能及的家务活，为孩子辅导功课，通过一系列"上门服务"的暖心措施，用浓浓真情将员工与企业黏合。近年来，公司累计为25个海外家庭解决难题52个，切实做到让海外员工无后顾之忧。

（五）树立典型"塑心"

钻井一公司党委大力培育、宣传先进典型，并借助典型，让员工学习有榜样、奋斗有目标，为海外生产平稳有序、员工队伍和谐稳定提供强有力的精神支撑。

**建立健全选树机制。**钻井一公司党委将基层班组作为选树的重点，及时发现、总结、推广各类先进典型，形成自下而上层层推荐、自上而下逐级挖掘的长效机制。建立健全激励机制，以榜样的力量带动和激励职工在企业的发展征程中建功立业，再谱新篇。

**加大典型宣传力度。**大力宣传钻井一公司海外队伍服务油气勘探、战疫情保生产等方面的业绩成果，展现公司担当作为的良好形象；大力宣传海外员工迎难而上、拼搏奉献的良好风貌，通过他们的奋斗故事，营造竞相赶超、爱岗敬业、奉献进取的浓厚氛围，发挥激励、示范和导向作用，筑牢思想根基。

## 三、成效启示

"心往一处想、劲往一处使，才能形成合力、产生效应，企业才能做到做强。"钻井一公司通过"五心"工作法，紧抓海外员工思想政治工作不放松，切实稳定了员工队伍。

**筑牢海外员工的思想根基。**通过对员工的思想、情绪问题进行细心的疏导、沟通，有效缓解了员工的不良情绪，使员工不但在工作上勤奋努力，生活中也过得舒适安心。疫情爆发以来，队伍保持稳定，未出现动荡。

**推动海外复工复产平稳有序**。思想不动荡,生产才能得以保证。疫情爆发以来,钻井一公司海外队伍一方面做好疫情防控,一方面面对困难不退缩,以饱满的精气神扎实做好复工复产工作,千方百计助力甲方油气田增储上产,先后收获 GPOC、伊拉克巴士拉石油等甲方公司表彰信 12 封。

(执笔人:栾　伟　姜钟利　吴　丹)

# 钻井一线社会化用工思想教育的探索与实践

### 川庆钻探公司

川庆钻探长庆钻井总公司（以下简称长庆钻井公司）聚焦钻井一线社会化用工占比高、流动较大的实际，把思想教育贯穿于社会化员工管理各个环节，创新工作方式方法，取得较好成效，为建强基层队伍、推动长庆钻井公司高质量发展提供了坚强保障。

## 一、背景介绍

长庆钻井公司现有钻机148部，钻井队用工总量5728人，其中，通过第三方公司劳务外包聘用的社会化用工3728人，占比达65.08%，承担了工程班组大部分岗位工作。钻井生产属于野外作业，处在深山荒漠，受生产生活环境影响，招用的社会化用工普遍来自边远山区和相对落后地区，文化程度较低，缺少职业生涯规划。加之对企业的归属感、忠诚度不足，个人成长渠道受限，人员流失率较高，辞职率最高的一年超过30%，这不仅增加了企业的员工培训成本，也阻碍了生产持续稳健发展。抓生产从思想入手，如何加强社会化员工思想教育，保持基层员工队伍稳定成为亟需解决的重要问题。

## 二、主要做法

坚持思想教育与解决实际问题相结合，抓住抓实抓细七个"3"重点工作，探索出社会化员工管理的新路径。

## （一）推行"3+3"机制，选好合格员工

入职三测试，把好用人关。随着钻井技术、装备的快速发展，对岗位员工素质的要求越来越高。近年来，长庆钻井公司提前介入第三方公司的劳务外包，对有入职意愿的员工集中进行"三个维度"测试，主要包括：道德品质、文化知识、安全意识、心理健康的思想意识测试；具备钻井作业的体能测试；满足生产生活条件的健康测试。制定具体项目和标准，成立专业小组，集中进行达标考核，把好入职第一关。

实习三个月，过好思想关。钻井一线生产条件艰苦，工作环境不能满足心理预期成为社会化员工流失的主要原因之一，据统计，占比高达65.5%。长庆钻井公司为此制订了针对性措施，在《钻井队岗位实习管理办法》中，明确"入职先实习、期满签合同"。前期经综合测试合格人员，业务外包方派往钻井现场，进行为期3个月的岗位实习。期间专门设计培训内容、实习大纲和教材，期满组织综合评价、取证考试，合格人员再签订劳务合同、办理入职手续。让实习人员身到现场、心入企业，思想上接受认同行业特点，防止出现前脚"入职"后脚"辞职"的现象。

## （二）做实3个月岗前培训，迈好入职第一步

社会化用工入职后，抓住"师带徒"有效手段，做实岗前3个月培训。一是选强师傅。经钻井队推荐、职能部门审核，安排作风优良、技术精湛、乐于传技，且工作5年以上的员工担任师傅，签订师徒合同。二是明确职责。培训期满，徒弟必须具备外钳工及以上岗位的安全技能，考评结果纳入绩效考核。三是专项激励。每期岗前培训，评选出10%的优秀师徒给予1500～3000元奖励，列入技能等级鉴定加分项。每年评选出50名"好师傅"，在年度工作会上进行表彰奖励。

## （三）抓牢3项教育，培育新时代石油员工

突出形势教育。在社会化员工中广泛开展党的路线方针政策、国家

重大决策部署宣讲教育，宣传培育践行社会主义核心价值观。梳理新中国石油发展史、长庆钻井公司50年奋进史，开展新时代大庆精神铁人精神再学习再教育再实践活动。教育引导认清企业发展前景、个人发展前途，更加自觉爱岗敬业。

突出自我教育。有对比才有鉴别。长庆钻井公司挑选曾经在社会上打工、民营钻井队工作的社会化员工，组成宣讲小分队，深入各钻井队巡回宣讲，讲述自己的亲身经历，以身边人身边事教育引导员工身处中国石油的美好环境、广阔舞台，更应倍加珍惜现在工作岗位，增强员工的幸福感和对企业的忠诚度。

突出典型引领。长庆钻井公司每年从社会化员工中评选出近200名优秀代表予以重奖。近三年，先后选树50余名先进典型，写成新闻稿、编成书册、制作成视频和海报，广泛宣传。社会化员工米博超的长成故事摄制成视频片《"小米"成长记》，在中央媒体播放后引起积极影响。在社会化员工中开展"寻找'长钻工匠'"活动，一批苦干实干的优秀员工成为大家争相效仿的好榜样。

### （四）落实3项制度，做好暖心聚心工作

进入中国石油，就是石油大家庭的重要一员。长庆钻井公司热情接纳社会化员工，加强人文关怀，认真落实"四必清""五必访""六必谈"三项制度。建立"社会化员工信息采集数据库"，做到底数清、情况明、数据准、台账全。常态化开民家访、谈心，思想上解惑、精神上解忧、心理上解压。开通员工信箱、信访电话，组织"文化快车下基层"，开展心理健康咨询，协同劳务外包公司做好困难帮扶工作，大力推进钻井队"家"文化建设，让社会化员工更加自信更有尊严的工作和生活。

### （五）打通3条通道，引导岗位成长成才

工作有目标有奔头，是稳定员工队伍的重要因素之一。在上级业

务部门的指导帮助下，长庆钻井公司联合西安石油大学，进行业务能力提升、学历教育的同时，全力打通社会化用工扎根一线、立足岗位成长成才的三条通道。一是打通社会化员工→多元企业员工→公司自有员工的身份转换通道，通过全员技能大练兵、省级以上技术比武，从社会化用工中转聘多元企业用工61人，转聘自有用工9人。二是打通社会化员工晋升技师、高级技师的通道，并配套相应的薪酬待遇，引导员工苦练内功，积极参加技能等级考试评定。社会化用工中，现有高级工120人，正在择优推荐评定集团公司技师和高级技师；具备高级工评定条件的有480人。三是打通岗位晋升的通道，打破身份界线，择优选用社会化用工走上技术、管理岗位。目前已从社会化用工中聘用到钻井队副队长岗位99人，技术员岗位223人，大班岗位281人。

（六）突出薪酬3项激励，让忠诚担当员工得实惠

薪酬分配政策持续向一线艰苦岗位和突出贡献员工倾斜。长庆钻井公司联合承包商积极探索，调整社会化员工薪酬分配制度，重点突出3项激励，引导其忠诚企业、创新创效。一是提高每月固定收入比例，增设连续服务贡献补贴，提高日费工资、夜班津贴标准，固定收入占比由45.76%提高到63.07%，兜住收入底线。二是增设能力津贴，涵盖初级工到高级技师，鼓励社会化用工主动提升技能水平，拓展成长通道。三是增设岗位津贴，为聘任到管理与技术岗位的社会化员工，建立收入与贡献相适应的分配机制。近年来，社会化用工随着工龄延长、岗位晋升，平均收入实现逐年稳定增长。

## 三、成效启示

长庆钻井公司把握社会化员工的思想动态和心理需求，把解决思想问题和实际困难结合起来，初步建立起有针对性的思想教育制度机制体

系，稳定了一线员工队伍，激发了砥砺奋进的精神和力量，也履行了国有企业的社会责任。具体成效有：流失率逐年降低，近三年钻井一线社会化员工流失率较前三年降低 64.5%；干事创业的精气神明显增强，钻井生产能力节节攀升，创造亚洲陆上钻井新纪录等一大批行业先进指标；助力边远山区致富奔小康，社会化员工依靠稳固工作、稳定收入、个人成长，纷纷在老家盖房娶妻生子，成为家庭的顶梁柱，为乡村振兴发挥了示范作用。

（执笔人：吕凤军　陈　鹏　骆颖龙　赵建义　王红蓉）

# "5+X+3"模式推进党史学习教育落地见效

管道局工程公司

## 一、背景介绍

在党史学习教育启动初期，中国石油管道局工程有限公司所属管道二公司（以下简称管道二公司）深入基层调研，发现个别基层党组织不同程度存在对党史学习教育的思路不清晰、方法守旧、集中学习困难、工学矛盾、浅尝辄止、"学"与"做"两张皮等问题。

基于党史学习教育开展的大背景和企业自身的实际问题，管道二公司党委创新推出"5+X+3"模式："5"即采取专题学、现场学、仪式学、影像学、交流分享学等五种方式开展党史学习；"X"是指针对管道二公司领导班子、机关部门、基层单位、项目部、机组等不同主体，不断创新升级学习形式和学习载体，促进学习效果提升；"3"即以"三聚三保"推进"我为员工群众办实事"，促使党史学习成效真正转化为办实事、开新局的实绩。通过学习模式的不断创新，持续为党史学习教育升温加力，引导各级党组织和广大党员学有担当、学有成效。

## 二、主要做法

（一）"5"——五个"学"打通党史学习经脉

专题学：精读专学深悟，让学习效果"强起来"。为系统深入推进党史学习教育，管道二公司党委立足精读专学深悟开展专题学，严格落实"第一议题"制度，第一时间学习习近平总书记在党史学习教育动员大会上的讲话等重要讲话精神，组织党委委员精读原著，深入研讨交流，切实对党史和习近平总书记重要讲话学得更深、悟得更透。截至目前，管道二公司党委开展专题学习7次，举办专题读书班2.5天，参学167人次。

现场学：依托红色资源，把红色基因"传下去"。为使广大党员沉浸式感受红色精神，管道二公司党委依托地方和自有红色资源开展现场学，一方面依托公司和项目所在地红色资源，让党员感受红色精神的浸润和洗礼；另一方面，利用公司开放式党校、党建文化广场、党建工作室等阵地，展示党的光辉历程等，营造了"处处是课堂、时时受教育"的浓厚氛围。管道二公司各级党组织开展红色基地现场教学30次，党员参与509人次，使党员的理想信念不断得到巩固。

仪式学：注重仪式展示，把党员身份"亮出来"。为使党员身份更鲜明、党员作用更突出，管道二公司党委在党史学习中策划各类活动开展仪式学，把手书党纲、集体诵读、红歌传唱等各类仪式元素加入日常学习教育之中，让党员把身份亮出来，把责任扛起来，把作用发挥出来。公司党委委员集中学习并现场手书一大党纲，中俄东线南七标开展"三融两争"党员责任岗实践活动，管道二公司党委收集手抄党纲223份，开展岗位讲述57次，建立党员示范岗、突击队166个，组织2000余人次参与活动，将党史学习教育引向深入。

影像学：扩展资源载体，让学习方式"活起来"。为使学习方式更为灵活多样，管道二公司党委通过扩展资源载体开展影像学，在党建文化广场推出《党史早八点》，回顾建党百年的经典时刻；依托机关大厅"显示屏"，推送《党史学习教育知识速递》，随时随地方便员工学习；在职工食堂播放《共产党人》和《石油工人心向党》，让员工就餐之余充电。此外，各单位还在工歇组织红色观影、视频学习等活动。截至目前，管道二公司党委已持续推送上述内容179期，组织红色观影活动42

场次、覆盖 654 人次，极大提升了党员学习的主动性。

**交流分享学：抓住关键少数，让党员干部"动起来"。**为使党员干部在党史学习中发挥一个带动一群、一群带动一片的效果，管道二公司党委抓住关键少数开展交流分享学，党委委员每日晨读 10 分钟接力分享，发挥表率作用；所属第二分公司党总支书记把党课搬到工地上，利用午休为大家讲党课、分享心得体会；第三分公司党总支书记开办"高原讲堂"，并与员工座谈交流。截至目前，管道二公司广大党员干部带头开展党史学习、交流、宣讲 338 场次，覆盖 4199 人次。党员干部先学先做、以上率下，为公司开展好党史学习教育发挥了示范作用。

### （二）X——创新举措引燃党史学习热情

**设计制作党史学习路线图。**紧扣"为什么学""怎么学""做什么""怎么做"，梳理细化工作目标、学习重点、工作举措，列明对照清单，设计配发《党史学习教育明白册》318 份，为党支部和党员提供了清晰的"作战图"。

**精心策划井冈山精神主题实践活动。**采取"线下＋线上"共进模式，线下以"星星之火可以燎原"管道人讲述红色经典故事诠释井冈山精神为主线，线上以 AR 形式参观井冈山革命博物馆，让更多的员工了解井冈山故事、传承井冈山精神。

**统筹推进基层党支部与徐工集团联建共学。**牵头建立了双方党组织联建的长效机制，并深入徐工集团底盘分厂党支部，召开党史学习教育经验交流会，将对方学党史、抓创新助力企业发展的特色举措带回来，将徐工集团"技术领先，用不毁"的大国工匠精神学回来，为本单位高质量发展蓄智聚能再发力。

此外，管道二公司党委还开设思政微课堂等 6 个专栏，建设党史学习教育图书角，开展讲故事、小测试、比海报、晒"红"影、赛 DV 等活动，产生了工间课堂、链长制学党史等数十种特色做法，使公司党史学习教育氛围愈加浓厚，党员学习热情不断高涨。

（三）"3"——三聚三保落实党史学习成效

"三聚焦"明方向。聚焦员工诉求，通过实地走访、集体座谈、个别谈话等方法，广泛听取意见、了解员工需求，精准施策出实招，确保把实事办在员工的心坎上。聚焦企业发展，突出业务导向，突出专业管理，突出力量聚焦，力争解决好体制机制上的"瘀滞"问题、影响施工推进的"梗阻"问题、制约提质增效的"搁浅"问题，确保瞄准靶向见实效。聚焦企地和谐，坚持干一项工程、造福一方百姓，号召各参建项目要始终心系沿线百姓，帮助百姓解难事、办实事，践行国有企业的社会责任。

"三保障"严管控。建立"办实事"清单保障，坚持项目未完成不销、实施效果员工不满意不销，实施方案未最优、解决问题方案未最佳不销"三不销"原则，促进实事办好。建立周月报动态管理保障，定期通报工作进展，分享做法、交流经验，加强动态管控，促进办实事项目推进。建立检查组指导优化保障，每月通过实地查看、访谈交流、听取汇报等，及时发现问题，调整优化措施，促进实事有效落地。截至目前，管道二公司党委110项办实事项目百分百落实。

## 三、成效启示

丰富了党史学习教育的手段和方式。管道二公司党委通过实施"5+X+3"模式，解决了党史学习教育推进中思路不清、"学""做"两张皮等问题，指明了学习路径，实现了党员学习全覆盖，增强了党史学习的吸引力，促进了"学与思""知与行"的转化，为党史学习教育在公司走深走实创造了前提条件。

提升了党史学习教育的学习实效。在"5+X+3"模式的引领下，管道二公司党员干部进一步强化了理论武装，筑牢了信仰之基，增强了实干本领，凝聚了奋进力量，广大干部员工积极当好推进发展的执行者、攻坚啃硬的开拓者、敬业爱企的示范者，以实际行动诠释了管道人的初心、使命与担当。

实现了企业、员工、沿线百姓"三赢"。深化机构改革调整，加快公司向"管理＋施工"转型的步伐，京石邯项目创造国内直铺管三项全国纪录，中俄南七标提前6天主体完工，江苏沿海项目创造亚洲地区6项第一，企业高质量发展取得阶段性成效。修订6项管理制度，推行项目经理"248工程"和项目专业管理人员"55335工程"，实施"四送"暖心行动，使员工诉求得到及时回应。协助地方社区完成5000余名居民的核酸检测，为百姓疏通灌溉渠近10公里，为江苏、河北、河南、山东等多省百姓送去了温暖，使沿线百姓的幸福感进一步提升。

（执笔人：李加平　王春梅　杜艳娟　李景景　卫谢春）

# 赋予"干"字文化新内涵
# 为领军型企业创建提供精神动力

宝鸡钢管公司

## 一、背景介绍

宝鸡石油钢管有限责任公司（以下简称宝鸡钢管）作为中国石油装备制造的领军型企业，60多年来，在石油精神和大庆精神铁人精神的浸润下，几代宝鸡钢管人把为党分忧、为油奉献作为崇高的价值追求，在创造巨大物质财富的同时，创造了独具特色的"干"字文化，激励着一代代宝鸡钢管人披荆斩棘，始终把精神之根扎在油气奉献的事业上。进入新时代，面临激烈的市场竞争，宝鸡钢管制订"13449"中长期发展思路，到2035年全面建成"国内第一、国际一流"专业化钢管制造服务商，高质量发展使命呼唤高质量文化引领，宝鸡钢管将企业文化提升工程列入年度重点工作。

## 二、主要做法

坚持继承不守旧，创新不丢根，在老版《企业文化手册》基础上，宝鸡钢管重新挖掘和提炼，为"干"字文化赋予新时代内涵。

（一）深情回望，搞清楚我们从哪里来

宝鸡钢管60多年的光辉历程，从一个制造工厂到十大制造基地，从"一管独大"到"四业并举"，从"共和国第一管"到"国内第一、国际一流"愿景目标，贯穿其中的精神主线既是多维的，也是聚焦的。

2021年6月以来，党委宣传部成立文化提升工作专班，从历史中找答案，从使命中找思维突破口。

**老版《企业文化手册》带来的启示。** 2004版《企业文化手册》企业理念、公司标识、企业歌曲、行为规范等要素齐全，"诚信管天下"的核心理念，"哪里有石油，哪里就有BSG"的企业目标，"与管同行、与优制胜"的经营理念，"是才必有用"的人才观，"干"字精神等，文化厚重，特色鲜明，近二十年来，被广大员工认可和遵循，依然是企业文化的宝贵财富。为此，在传承的基础上做好文化提升工程，并不断赋予企业理念新的时代内涵，成为该项工作的重要内容。

**海量的历史资料提供了丰富的养分。** 沿着时间轴线，工作专班查阅了大量历史资料，1956年国家从苏联进口第一套制管机组，1957年西部选址，1958年建厂，1959年9月26日"共和国第一管"诞生并送样到北京参加国庆十周年献礼，2000年后快速发展的"十年黄金期"，规模扩张和产品结构调整，奠定了油气高端管材行业领头雁的地位。一幕幕生动的历史画卷，浓缩了中国油气装备快速崛起的辉煌历史。文化故事作为理念的时空载体，应该是文化体系最鲜活、最具特色、最有人间烟火味的重要组成。

（二）顶层设计，想透彻我们要干什么

经过资料收集、整理、借鉴和思想碰撞，一脉相承的红色基因，始终是宝鸡钢管文化精神的底色，"干"字文化就是一部奉献油气的奋斗者文化。

**搭建基本框架。** 新版《企业文化手册》按照"2＋6"的基本构架，系统提炼了60多年的文化成果。"2"即"领导关怀＋致辞"两个篇章，"6"即"企业概况＋企业理念＋企业标识＋行为规范＋教育基地＋文化故事"六个篇章，抽象的理念和具体的教育基地、文化故事相互融合，形成一个立体交叉的文化体系。在企业基本理念中，将"同心向党、实业报国"作为企业宗旨，在应用理念中，将"开放合作、自立自强"作为科技理念，完成了五大基本理念+八大应用理念的基本框架。

**讲好宝鸡钢管故事。** 以重要时间节点、重大事件为脉络，梳理出宝鸡钢管历史上的经典瞬间，利用11个文化故事，浓缩了公司60多年的辉煌历史，这是企业的"留声机""行军图"，值得每一名干部员工铭记。从"共和国第一管"为国庆十周年献礼、油气输送的东北枢纽、"八三"管线建奇功、川气出川铸就制管铁军、连续油管填补亚洲空白、"国字头"科技创新策源地等，讲好宝鸡钢管的红色故事。通过历史档案和网络渠道，收集了1976年为毛主席纪念堂紧急提供钢管的资料，一并列入文化故事。

### （三）战略远眺，弄明白我们到哪里去

文化是一种特殊的生产力，在文化提升工程中，宝鸡钢管坚持把公司中长期发展规划、愿景目标和阶段性目标作为文化引领的方向。通过访谈、下发调查问卷、小型座谈等形式，广泛征求不同层级干部员工的意见，保持员工"小我"与企业"大我"目标的一致性。

**赋予时代内涵。** 围绕"五个干"、"四个一"核心元素进行铺展和诠释，力求可传播、有情怀，对员工有较强的引领功能。"干"字包括"五个干"和"四个一"，源于红色基因的传承，是新时代石油精神和大庆精神铁人精神在宝鸡钢管的具体呈现，是企业文化的核心元素。"五个干"，即苦干、实干、巧干、会干、快干。苦干，体现的是艰苦奋斗的斗争精神；实干，体现的是精益求精的工匠精神；巧干，体现的是改革创新的时代精神；会干，体现的是谋定而动的专业精神；快干，体现的是只争朝夕的拼搏精神。"四个一"，即一个人，同心同行，志存高远的宝鸡钢管人；一条路，实业报国，奉献油气的领军之路；一根管，专注于管，做强油气管材"同心圆"；一片天，以保障国家能源安全为已任，撑起能源装备服务型制造的新天地。

**注重有效传播。** 宝鸡钢管利用中国石油首批工业文化遗产——中国焊管发源地，传承好宝鸡钢管60多年的红色基因，不断增强企业红色文化的传播力、影响力和感染力。组织建厂第一批技术工人讲党史、讲公司发展史，让新进厂的员工全面了解公司发展历史，增强他们在岗位上践行文化理念、规范执行管理制度的自觉性。宝鸡钢管"五四"表彰大会上，由"五新五小""两红两优"及青年代表作交流发言。"七一"表彰大会上，进行典型经验交流暨开展"石油工人心向党、建功奋进新征程"岗位建功主题报告，充分彰显榜样的力量。组织劳模事迹巡回宣讲、"宝管工匠心向党"主题报告会、召开劳模座谈会等形式，营造了"人人尊重劳动、尊重创造，个个崇尚先进、崇尚实干"的浓厚氛围。举办各类主题的微党课比赛，围绕比赛主题和企业"干"字文化，参赛选手用真情诠释党的伟大，对企业发展改革的信心决心。中央企业劳动模范彭建军作为全国"十四运"和残特奥会宝鸡市第一棒火炬手，用行动展现宝管人的精神风貌。开展"1+2"模式的石油开放日活动，邀请主流媒体和客户、社会人士共计80余人走进宝鸡钢管，向社会公众讲述公司发展史，身临其境体验大国重器的辉煌历史。

## 三、成效启示

2021年，在新"干"字文化的感召下，宝鸡钢管克服原材料波动和出口退税政策的影响，生产经营和改革发展取得了较好的成效。2022年，针对高质量发展的主要矛盾和矛盾的主要方面，宝鸡钢管确定了"结构优化"主题年，全力实施产业、产品、市场、组织体系及人力资源四大结构优化工程。宝鸡钢管将文化力量转化为改革发展的强大动力，在"开放合作、自立自强"的科技理念的引领下，成功下线国内首盘7100米超高钢级变壁厚连续管，"SEW+特殊扣"定制化多通道连续管助力上游企业提质增效成效显著，率先研发出全球最高强度级别CT150连续管，自主研发的非金属复合管填补集团公司空白，自主研发的耐蚀合金连续管首盘2400米超级18Cr连续油管成功下线，让高端服务型制造成为全员共识。在近期疫情防控中，发扬企业"干"字文化在特殊时期的引领作用，突出五湖四海"一个人"的精神引导，宝鸡、上海、秦皇岛各单位团结协作，1000余名干部员工吃住在厂区，进行封闭式生产，为油气勘探开发和重大民生项目保供，在特殊时期交出了一份满意的宝管答卷。

文化是不成文的制度，制度是成文的文化；文化是制度的遵循，制度是文化的体现，都对决策思维、员工思想行为和工作行为产生价值导向作用。文化建设是思想政治工作的重要抓手，是企业高质量发展的重要组成部分，文化兴则人心齐，人心齐则企业兴。

（执笔人：舒高新　黄　胜　陈云峰　晁小陇　宋婉霞）

# 融合篇

# 活化载体 融媒联动
# 从党史学习教育汲取智慧办实事

天然气销售公司

## 一、背景介绍

2021年是中国共产党成立100周年，党中央决定在全党开展党史学习教育。按照党中央的统一部署和集团公司党组的具体安排，中国石油天然气销售公司（以下简称天然气销售）党委始终把党史学习教育作为重大政治任务，迅速行动、周密部署、扎实推进，坚持规定动作和自选动作相结合，有针对性地筹划丰富多彩、形式多样的学习教育内容，确保党史学习教育高标准推进、高质量落实。做到了规定动作精准到位、自选动作创新出彩，推动了党史学习教育走深走实。

## 二、主要做法

（一）活化载体，党史学习心上有新

天然气销售党委牢牢把握中国共产党历史发展主题主线，采取特色鲜明、形式多样的方式学习党的百年奋斗历程、重大成就和历史经验，深刻理解党的百年奋斗历史意义。

学深悟透，推进党史学习教育入脑入心。突出核心内容，认真学习四本指定书目，深入学习习近平总书记关于党史学习教育的重要讲话和"七一"重要讲话等精神，深入学习习近平总书记关于国有企业重要论述、关于中国石油和石油工业重要指示批示精神，深入学习贯彻党的十九届六中全会精神。主要领导带头宣讲并两次讲授专题党课，党委委员在分管部门、分管领域开展专题宣讲和党课，并围绕党史学习和十九届六中全会精神进行6次深入研讨。天然气销售各级党组织累计开展十九届六中全会专题学习948次，宣讲313次，覆盖2.8万人次。认真落实党委中心组学习制度和"第一议题"制度，时刻与总书记的重要讲话、重要指示批示精神对标对表，以党史学习教育为主线，全年开展中心组学习和"第一议题"学习40次，天然气销售党委及各单位党委理论中心组开展专题学习研讨566次。

**用活资源，推进党史学习教育守正创新。** 用好用活身边红色资源开展学习教育，天然气销售各级党组织分赴北京香山双清别墅、抗美援朝纪念馆、周恩来纪念馆等当地革命教育基地，上好"行走的红色党课"。启动"天然气销售大讲堂"，天然气销售党委邀请国防大学教授就党史学习教育作专题辅导讲座。开展党史学习教育知识竞赛，全员性覆盖，多层次选拔，总决赛阵容强大、竞争激烈，带动并形成了学习党史的浓厚舆论氛围。组队参加集团公司知识竞赛，获得分赛区第二、总决赛第三的好成绩。把高质量完成各项生产经营任务作为检验党史学习成果的实践战场，开展"高质量、创效益、大干一百天"比学赶帮超活动，对系统内44家二级单位按照业务类别分为五大类14项指标进行考核，通过发布月度、季度考核指标排名，进一步激励各单位比学赶帮超，助力完成全年任务；开展全员"读书计划"活动；开展主题征文等活动，在全系统形成学以致用、用以促学的浓厚氛围。党史学习教育开展以来，天然气销售各级党组织开展红色现场教育667次，广大党员、干部信仰之基更加牢固、精神之钙更加充足。

### （二）融媒联动，氛围浓厚导向鲜明

天然气销售党委发挥融媒联动强大合力，积极营造学党史、跟党走的浓厚舆论氛围，统筹各类舆论阵地，组织开展"两优一先"表彰、企

业开放日、主题党日、岗位讲述等活动，开展多层次、立体式、精准化的宣传引领。

将党史学习教育融入公司重大宣传活动。"石油工人心向党·大国气度"开放日活动贯穿党史内容，37家中央及主流关键媒体、53家地方及行业媒体走进活动现场切身感受、联动宣传，在各级媒体累计发稿109篇，在线直播累计观看超1.26亿人次。在天然气销售内网上线党史学习教育网站专题，在公司官微开设"知百件大事·学百年党史"主题栏目，以时间为顺序，发布内容100期，打造了深受读者喜爱的"微课堂"。引导所属各单位积极宣传党史学习教育成效，累计发布各类稿件4000多篇，《天然气销售突出效果实事实办》在中国石油报头版刊发。

将党史学习教育成果有形化。天然气销售梳理百年党史中的关键历史事件，手绘形成《追寻红色足迹》党史图鉴和党史学习教育明信片，推出"福融万家"定制茶杯等文创产品。党史图鉴以"石油工人心向党"为主题，以图文＋音视频形式，生动展现了中国共产党不怕牺牲、浴血奋战、顽强斗争、勇于胜利，团结带领中国人民从"站起来"到"富起来"再到"强起来"的光辉历程。让党史学习教育更富仪式感、更具感染力。推出《大国气度》纪录片向党和人民献礼。纪录片集中展现中国石油天然气业务发扬石油精神和大庆精神铁人精神，在助推美丽中国建设、提升人民生活福祉方面作出的突出贡献，得到媒体和社会的热烈反响，为企业良好形象的塑造起到积极推动作用。

（三）务实笃行，为员工群众办实事

天然气销售党委始终坚持以人民为中心的思想，努力将党史学习教育成果转化为暖人心、聚民心，推动企业高质量发展的强大动力，在"我为员工群众办实事"实践活动取得四个方面成果。

办好"人才"事，为推动公司高质量发展提供了强有力的人才支撑和智力支持。天然气销售党委着力实施人才强企工程，高度重视人才的"生聚理用"。实施青年英才培育计划，选拔使用一批80后、90后年轻干部。开展专家队伍建设，畅通职业转换通道。在资本运作、股权管理、法律事务等八大业务领域培养造就高层次领军人才。以建立客户经理制为抓手，加快培养市场营销专业化团队。实施技能人才队伍建设"彩虹计划"，着力打通核心主体工种技能人才9级晋级通道。

办好"家里"事，为推动公司高质量发展提供了强大的内生动力。天然气销售建立"昆仑康健"员工北京就医绿色服务通道，委托有优质医疗资源的正规服务机构为患病员工及直系亲属提供服务。患病员工及直系亲属可根据自身需求选择医院、科室、相应专家，从而提高就诊效率和治疗效果。华北分公司等单位组织开展职场心理知识、亲子沟通知识等课程培训，帮助员工解决职场情绪问题和家庭教育中的亲子沟通问题，得到员工群众的高度认可。

办好"用户"事，为推动公司高质量发展奠定了坚实基础。天然气销售始终坚持"始于客户需求，臻于客户满意，超越客户期望"的服务理念，不断优化服务流程，提升服务质量，努力建设服务型社会。江苏分公司宿迁公司等单位成立"爱心服务小队"，上门检查燃气灶具、陪唠家常、做家务温暖孤寡老人等特殊用户。甘肃分公司天水公司等单位为行动不便的用户提供上门充值服务，与用户建立亲情式联系。哈中庆公司等单位扎实推进老旧小区燃气改造工作，积极为用户营造安全稳定的用气环境，让1.1万多户居民告别扛罐上楼历史。安徽分公司合肥昆仑公司等单位推出"减时间、减材料、减费用""优化流程、优质服务、优先协作"等便民举措。宁夏分公司所属中宁分公司等单位主动走访"零距离"与客户面对面沟通，主动解决客户用气方面的实际问题，积极为企业排忧解难，构建和谐的供用气关系。

办好"民生"事，为推动公司高质量发展厚植了发展根基。天然气销售一直将"助推美丽中国建设、点靓人民美好生活"作为企业愿景，始终将社会责任装在心里、扛在肩上、落实在为民服务中。天然气销售认真贯彻落实戴厚良董事长"冬季保供是最大的实事之一"要求，统筹把握冬供大局，提早部署、多方联动，推进公司上下行动一致听指挥，社会各方步调一致保冬供。坚持民生用气优先原则，坚决贯彻中央关于保障北方地区冬季清洁取暖和民生供应的精神，向"2+26"城市和汾渭平原等北方冬季清洁取暖重点区域增供，北方区域安排供气量较上一年同期增加5.6%。科学推进资源平衡配置，大力协调资源，统筹国内外资源1062亿立方米，同比增加83亿立方米；入冬前投用京唐、江苏两座LNG接收站共计6座储罐，应急调峰能力进一步增强；充分做好应急调峰预案，坚决做到"压非保民""限阀不断气"。将保障人民群众生命安全放在首位，全面排查和整治各类隐患，持续增强科技支撑，人防加技防为公司冬供织密安全大网，最大程度保障了终端供气安全。

## 三、成效启示

天然气销售党史学习教育工作受到集团公司党史学习教育领导小组和第四指导的充分肯定，集团公司党史学习教育简报8次刊发公司亮点，其中编发《天然气销售分公司千方百计做好冬季保供》专刊一期，公司推荐的湖北分公司党委以《把"及时雨"送到人民群众心坎上》为题在集团公司党史学习教育推进会上作典型发言。第四指导组编发的21期简报有13期刊发公司亮点工作，其中编发公司亮点经验专刊2期。通过党史学习教育教育，天然气销售广大党员干部深刻体会到：

必须坚定不移坚持党的领导、加强党的建设。天然气销售公司认真落实党中央《关于在深化国有企业改革中坚持党的领导加强党的建设的若干意见》，推行以党委书记、总经理（董事长）由1人担任为主，党政分设或设置常务副职为辅的领导体制；克服股权企业多、股权结构杂等难题，分类施策、打表推进，498家各层级法人企业党建写入公司章程，党的领导全面融入公司治理。通过发展党员、党员流动、优化班组设置、建立党建联系点等方式，有效治理党员空白班组214个，实现党建工作对基层班组100%全覆盖。组织开展"混合所有制企业党委发挥领导作用研究"，获得集团公司优秀党建研究成果一等奖。

**必须坚定不移传承伟大精神、坚守初心使命。**天然气销售坚定不移传承伟大精神，大力弘扬石油精神和大庆精神铁人精神，不断丰富石油精神的深刻内涵，实践并提炼形成具有天然气销售特色的"为国争气精神""竹石精神""绣花针精神"等企业特色精神，拓展了石油精神的内涵和外延，以伟大精神传承红色基因，塑造优秀文化，为加快建设国际知名、国内一流绿色能源综合供应商，实现第二个百年奋斗目标提供强劲精神指引。

**必须坚定不移增强四个自信、坚定发展信心。**天然气销售不断增强"四个意识"，始终坚定"四个自信"，坚持"两个维护"，凝心聚力推进公司高质量发展。公司坚定发展信心，牢牢端稳能源饭碗，确保百姓安全平稳用气，积极助力国家经济社会发展。天然气销售推进能源绿色转型，加快布局新能源业务，推进天然气业务与新能源业务融合发展并跑领先，努力推进实现"双碳"目标。天然气销售把党史学习教育与生产经营相融合，引领全体干部员工坚定不移听党话，坚持以党的号召、国家需要为方向，以实干笃定前行，一手抓党建，一手抓经营，努力实现"两手抓、两手硬、两手赢"，公司生产经营指标企稳向好，做到了生产运行和新冠肺炎疫情防控两不误。

**必须坚定不移坚持以民为本、服务经济民生。**天然气销售党委坚持"实"字为要，把"我为员工群众办实事"作为检验党史学习教育成效的根本标尺，积极征求广大职工，特别是生产经营一线职工的意见建议，了解所思所想所盼，制定解决方案，确定实现目标，明确解决时限和路线图，为员工群众排忧解难，增强了员工群众的获得感、幸福感、安全感。天然气销售积极履行国有企业"三大责任"，始终将人民群众的冷暖挂在心上，努力把党和国家为人民群众创造的"福气"输送到千家万户，确保让人民群众用上清洁安全的天然气。

（执笔人：郑　斌　曲　丽　戴百聪　张　莉　魏　青）

# "五个以"助力"融融协同"

### 中油资本

## 一、背景介绍

中油资本作为集团公司资本和金融板块（资本金融子集团）专业公司之一，参控股中油财务、昆仑银行、昆仑信托、昆仑金融租赁、专属保险、中意人寿和中意财险等七家金融企业，中油资本党委下辖昆仑保险经纪和养老资产管理两家基层经营单位。中油资本将"融融协同"作为发展的基本方略之一，立足金融企业牌照较为齐全的优势，推动各金融企业资源共享、协同发展。近年来，中油资本以思想上的协同推动金融企业经营发展协同，把思想政治工作贯穿到企业改革发展管理和员工服务全过程，实现以思想汇集力量、以沟通启迪智慧、以文化凝聚感情、以实干激发动能、以服务温暖人心，"建设产融结合的国际知名、国内一流金融服务企业"的发展目标进一步坚定，金融企业融合发展向心力不断增强，服务集团公司主业更加有力有效，板块统筹协调相关工作得到戴厚良董事长和集团党组的批示及肯定。

## 二、主要做法

### （一）以思想汇集力量

多措并举强化理论武装，推动党的创新理论入脑入心。深化中油资本公司党委"第一议题"制度，完善党委理论学习中心组学习，用习近平新时代中国特色社会主义思想引领中油资本各项事业发展。各级领导发挥头雁作用，党委书记讲授专题党课，班子成员深入党建联系点"送教下基层"，各支部书记结合实际讲专题党课，带头做好学习落实，帮助员工增强政治意识、明确形势任务。坚持线上线下协同发力，在门户网站及时发布学习内容，开设党史学习教育专栏，制作"形势目标任务责任"教育专题，设置微信学习栏目"党史周周学"，利用问卷星举办线上答题活动，确保教育内容覆盖每一位基层员工，学习进度紧跟党委步伐。组织干部员工做好学习分享，把学习贯彻习近平总书记"七一"重要讲话精神作为重点，收集主题征文71篇，线上讨论200余次，深刻领会伟大建党精神的丰富内涵。联合9家石油金融企业，共同举办庆祝建党百年党建成果线下巡展，全方位展示石油金融企业。

（二）以沟通启迪智慧

坚持深入基层、走进员工，通过强化基层调查研究，广泛征集员工意见建议，问需于民、问计于民，将员工反映的痛点难点作为工作提升的重点，将员工群众智慧凝聚成干事创业的强大动力。健全党员领导干部联系基层工作制度，搭建调查研究平台。领导班子成员优化调研地点，直插金融企业一线，分别到昆仑银行北京国际业务结算中心、昆仑银行西安分行、驻渝分支机构、驻川金融机构、天津碳排放权交易所、驻大庆地区金融企业等地调研，与基层员工面对面交流，收集问题及建议27条，形成调研报告6篇。召开领导班子调研成果交流会，梳理汇总基层反映的意见建议和问题，转交相关部门和单位并督促办理答复，全力解决基层员工反馈的"卡脖子"问题。搭建建言献策平台，面向全体员工开展"提质增效、我有一计"合理化建议征集活动，收到基层涉及融融协同、数据资产盘点、金融产品设计、风险容忍度、考核、党建等方面合理化建议82条，其中34条进入转化办理，把基层建议化为促进市场开拓、流程优化和管理提升的有效举措。

## （三）以文化凝聚感情

把文化协同作为"融融协同"的重要基础，大力传承弘扬石油精神和大庆精神铁人精神，精心策划"融融一家亲"品牌活动，彰显"金融街上的石油人"良好形象，让石油文化成为企业员工的精神纽带。聚焦行动磨合，相继在金融企业间开展"庆祝建党100周年"融融一家亲棋牌联谊赛、歌咏比赛、"为党健康工作50年"工间操比赛、"喜迎二十大·巾帼绽芳华"妇女节主题花坛设计比赛等文体活动，让员工在活动中展示自我，增进了解。推进理念协同，组织8家驻厦单位，开展"共建美丽家园、共促绿色发展"植树活动，增强员工环保意识，用行动为"双碳"贡献力量。加强力量联合，组建联队参加首都职工乒乓球赛、西城区金融街全民健身运动会等比赛，分别取得男女混合团体赛第四名、团体总分三等奖的好成绩，"融融一家亲"理念持续增进。强化文化聚合，以学习习近平总书记对大庆油田发现60周年贺信精神座谈会、组织参加"石油魂"专题宣讲等为载体，增强员工对石油精神的价值认同和情感归属；开展"石油工人心向党"系列活动，收集摄影、书法、图文、微记录、征文等优秀作品上百个，生动描述了金融企业发展史，增添了石油金融文化的生动性；策划"企业文化建设年"系列活动，拍摄企业形象宣传片，举行企业文化金句及文创产品征集评选，进一步丰富企业文化载体，为石油文化在金融企业创造性转变、创新性发展奠定了基础。彰显央企责任，组织发动各金融企业开展消费扶贫工作，连续两年联合8家金融企业为集团定点扶贫地小学捐赠书包、米面粮油等物资，共同助力乡村振兴，齐声唱响石油金融好声音。

## （四）以实干激发动能

搭建比学赶帮超平台，激发基层干事创业新动能。强化党委统一领导，发挥思想政治工作在经营发展的引领作用，协同养老资产和昆仑保险经纪公司开展首届生产劳动竞赛，激发员工工作动能，助力全面完成年度经营业绩。在机关部门举办考证劳动竞赛，鼓励员工利用疫情期间减少外出的时间加强学习，提升专业能力和综合素质。开展"拥抱变化、提升能力"青年读书活动，组织40周岁及以下青年员工，以支部为单位成立青年读书小组，采取跨支部交流的方式，每季度阅读一本图书，分享学习心得，提升成长的内生动力。自2019年起举办覆盖全集团的综合金融知识培训班，各金融企业选派讲师，集中讲授金融业务和基本知识，提升石油企业员工的金融知识水平。

（五）以服务温暖人心

把"我为员工群众办实事"实践活动作为关心关爱员工的重要抓手，全力做好"惠民生"工程、践行"守初心"行动、办好"暖人心"实事。聚焦员工健康，抓好常态化疫情防控，牢牢守住工作场所、员工及家属"零疫情、零感染"的防控底线。打造石油金融健康小屋，开放多项自助检测项目，畅通绿色就医通道，提供人民医院等9家医院挂号服务，切实解决员工就医难的问题。邀请中医专家驻厦问诊，累计2000多人次获得咨询帮助。推行精细化、差异化体检，响应员工呼吁，落实关爱举措。围绕员工期盼，优化石油金融大厦食堂就餐，打造健身角，加强大厦绿化和保洁，切实改善金融企业员工工作条件。关注员工生活，联合金融企业做好青年员工联谊、春季团建、秋季徒步等活动，组建金融企业合唱团，试点石油金融大厦瑜伽、足球兴趣小组建设。中油资本公司围绕员工身边事、眼前事、关键事，通过一系列务实举措，增强了员工的获得感、幸福感、安全感，增进了金融企业员工之间的情感联络，得到员工群众的广泛认可。

## 三、成效启示

中油资本坚持守正创新，坚持以思想汇聚力量，以沟通启迪智慧，以文化凝聚感情，以实干激发动能，以服务温暖人心与调研实践相融合、与品牌建设相融合、与经营发展相融合、与关爱员工相融合，推动板块专业化优势进一步凸显，整体发展的向心力、凝聚力和协同性明显提升。主要体现在：广大石油金融员工坚决听党话跟党走，做党和国家最可信赖骨干力量的信心决心更加坚定。以党的创新理论学习为抓手，中油资本和各金融企业进一步凝聚思想共识，在发展理念、业务定位、经营目标、实施路径、具体举措、保障措施等方面统一思想，携手并进走好"产融结合、融融协同"道路。进一步丰富石油精神内涵，打造特色石油金融文化。持续开展"融融一家亲"系列活动，累计5000多人次参与，石油金融人的凝聚力和向心力持续提升。推动石油精神和大庆精神铁人精神在金融企业创新性传承，通过吸收融合优秀金融文化，坚定了石油金融人的文化自信和企业归属感，激发了干事创业的精神动力，员工队伍建设显著增强，金融企业人员流失率五年来下降10%。**管理模式持续优化，净利润、净资产收益率、经济增加值等指标在集团公司各业务板块中排名第一**。在战略规划、市场营销、改革创新、提质增效、人才强企、风险防控、科技赋能、品牌塑造和党的建设等方面取得较好成效，国企改革三年行动目标任务超额完成。中油资本荣获"高质量发展上市公司""投资者关系最佳董事会"等荣誉，多家金融企业获"全国金融先锋号""全国金融五一劳动奖章""2021中国金融机构金牌榜·金龙奖"等荣誉。

（执笔人：蒋尚君　王立平　陈六亿　李祥茂　王　聪）

# 三代师徒耀中华

辽河油田公司

## 一、背景介绍

典型选树宣传历来是党的宣传思想工作的重要方法，也是国有企业独特的政治优势之一。欢喜岭采油厂（以下简称欢采厂）作为中国石油辽河油田主力油气生产单位之一，自1976年建厂以来，就高度重视先进典型的培育、选树和宣传工作，通过精神传承、技能传授、效应传递，成功塑造出一批"铁人式"标杆人物，培养出省部级以上劳动模范14人，特别是束滨霞、赵奇峰、夏洪刚三代师徒均成长为突出典型，形成了英模辈出、群星璀璨的"欢喜岭现象"。

## 二、主要做法

### （一）传承：弘扬石油精神，踏着铁人的脚步奋勇前进

精神的力量是无穷的。1979年，由大庆油田一次性补调入709人充实欢喜岭勘探指挥部，构建起各级班子和科级单位组织框架，开启了轰轰烈烈的欢喜岭油田勘探会战，欢采厂的大庆精神大庆血脉就此落地，石油基因孕育延续。

束滨霞的父亲束必友参加过大庆会战，是和铁人王进喜在一个钻井大队工作过的老钻工，为支援辽河油田开发建设全家从大庆来到欢喜岭。在束滨霞小的时候，父亲就经常给她讲铁人的故事。长大后，她对铁人、对石油一直有着特别的崇敬和向往。1983年，束滨

霞通过招工考试成为欢喜岭采油厂的一名采油工。上班头一天，父亲送了她两件礼物，一双旧工靴和一个狗皮帽子。父亲跟她说，这是他参加会战时留下作纪念的，希望看到它们，要忘记艰苦和困难，不忘石油人本色。束滨霞始终牢记父亲的嘱托，在采油工岗位上兢兢业业奉献了 38 个春秋。

赵奇峰是土生土长的欢喜岭农村孩子，从小就在井架高耸、钻机轰鸣的辽河油田大会战环境里长大，受其影响，他从小立志当一名石油工人。他通过自己的努力，考进油田技校，毕业后分配到家门口的欢采厂上班。一次他到束滨霞的采油站学习，看到束大姐用手摸了井口半天，又把鼻子凑到跟前仔细闻了闻。后来才知道这是束滨霞发明的"看、听、闻、摸"油井巡检法。束滨霞精益求精的工作态度深深感染了他，赵奇峰便主动拜束滨霞为师，每天骑自行车往返于自己和师父的采油站，到十公里以外去学习请教。赵奇峰耐住寂寞，勤学苦练，也像师父一样，逐步成长为一名石油名匠。

夏洪刚是一名 80 后采油工，在学校就听过赵奇峰的大名。机缘巧合，夏洪刚毕业后分到欢采厂，和赵奇峰同在一个作业区，就主动拜他为师。一次跟师父夜间巡井，赵奇峰让他递扳手，可晚上太黑，他就随手拿了一把，赵奇峰还没拧就说型号不对，然后自己看都没看就在包里摸出一把直接拧动了螺丝。夏洪刚很好奇，问师父是怎么做到的？赵奇峰只说了两个字"多练"。受师父的启发，他开始苦练技能本领，向师父学习采油操作上的每一个细节，经过不懈努力成长为辽河油田的高技能人才。

（二）传授：磨砺石油技能，诠释"加油争气"使命担当

技术技能是产业工人的立身之本。每一个岗位上的典型都有着他们自己的"独门绝技""拿手绝活"，而这些"真本领"除了靠一代代人手把手薪火相传，更需要总结经验、挖掘规律，把知识和经验转化为技

和优势；需要敢为人先、敢于革新，努力取得一流业绩；需要立足岗位传帮带、无私分享重传播，促进大家技能技术水平共同提升。

束滨霞爱站如家，参加工作 38 年来，她把更多的情感倾注在小站上，把大部分休息时间都用来守护油井。作为站长，她把全部的精力和情感都倾注在油井管理上，摸索总结出"班站管理五法"，有效解决了油井生产的各种难题，为企业创效 2300 多万元。她几乎没有休过假，3 次推迟婚期，先后自学了《采油工程》《采油地质》等 30 多本专业书籍，写下了 20 多万字的学习笔记，还毫无保留地把知识传授给他人，带动周围人共同学习提高。

赵奇峰时时以束滨霞为榜样，无论是班站日常管理，还是革新研发，经常找师父请教，束滨霞也毫无保留地把自己的经验都传授给他。28 年来，赵奇峰瞄准油田生产建设中出现的疑难杂症，将所学的技术融于生产实践，不断创新超越，总结出"链状管理法""油井管理七法""组合注汽防窜法"等管理法，使一大批躺倒井"起死回生"，为企业创造巨大价值。从业近三十年，赵奇峰主编出版 6 部专著，共 300 多万字，有效指导采油系统生产实践。他出版的教材，将采油工 92 项技能操作标准化，被中国石油各油气生产单位推广使用。

作为赵奇峰的得意门生，夏洪刚拼搏努力、低调谦和，白天上井学技术，记不住操作步骤就记本上，回到站上反复练，晚上在值班室看书学理论。上班第一年年底，他就能独立打卡子、修流量计、清过滤缸，在三九天值夜班一个人处理冻堵管线。在师父的指导帮助下，他潜心研究，摸索总结出稠油井"掺液放喷法"，彻底消除了掺油遇阻的难题。他研制的抽油机井皮带推顶装置，提高工效 50% 以上，年减少停机产量损失可达上百吨，创效近十万元。与团队研制的"防窃电计量控制箱""法兰对正装置"等 20 多项创新成果频频获奖并有效转化推广。

### （三）传播：塑造石油形象，形成"明星"典型的集群效应

三代石油人、两对师徒同出一厂，这也使欢采厂成为中国石油历史上成功培养"国字号"典型级别最高、人数最多的处级单位。欢采厂始终坚持"实事求是、真实可信、群众认可、示范引导、特点突出"的典型选树原则，不断深入基层一线，挖掘员工身边看得见、摸得着的"草根明星""业内名匠"，建立年龄结构合理、模范作用突出的典型梯队，并为典型量体裁衣、确定目标、制订规划，为其职业生涯定好调、把好关，促进其不断成长成才。

束滨霞是辽河油田第一个获得全国劳动模范、中华技能大奖、全国高技能人才楷模的一线工人，实现了产业工人国家级荣誉"大满贯"，成为中国石油历史上一张霞光绚丽的名片。虽然她已经退休，但束滨霞"爱站如家的主人精神、忠诚尽职的敬业精神、苦练求精的进取精神、执着无悔的奉献精神"一直在岗位上闪光，成为束滨霞采油站及欢喜岭采油厂的"座右铭""风向标"，也涌现出徒弟董娟、刘家军、周全等技术技能骨干人才，在束滨霞采油站继续发光发热默默奉献。

2020年，赵奇峰荣获全国劳动模范，走进人民大会堂，受到习近平总书记的表彰。2018年，他还获得了第十四届中华技能大奖，成为中国石油历史上第7位获此殊荣者，并作为中国高技能人才代表被邀请到国务院新闻办公室参加记者会。荣誉光环背后，赵奇峰始终不忘企业的培养，不忘产业工人本行，作为企业群众性创新工作领衔人，他利用国家级劳模创新工作室资源，带领团队深入一线解决油田污水回注、油井砂卡等生产技术难题500余项，为企业累计创效超亿元，多项创新成果在石油行业推广应用。他还被聘为辽河油田采油工总教练，中国石油大学（北京）、西南石油大学兼职教授。近10年来，累计带徒弟300多人，培养出中央企业、辽宁省、石油石化行业技术能手24名。

在夏洪刚身上，也同样看到了师傅赵奇峰拼搏努力、刻苦钻研、精

益求精、创新超越的精神品质。2017年，夏洪刚代表辽河油田参加集团公司技能竞赛获银牌，这是当年辽河的最好成绩。同年11月，夏洪刚首次代表中国工人参加"一带一路"大国工匠绝招绝技展示，现场向世界11个国家展示了"蒙眼识工具——毫厘之间一摸准"的高超技艺，为国家赢得了荣誉。2021年，夏洪刚自己率队参加中国创新方法大赛，取得团队二等奖的好成绩。他还参加集团公司首届实操培训师大赛获专业赛采油工组第一名，展现新时代青年员工追求超越的精气神。

### 三、成效启示

典型引路，不一定非要"高大全"；典型人物，也并非"一张脸谱看到底"。做好典型培养、选树和宣传，要坚持实事求是，从实际出发量体裁衣，多措并举。

要建立多角度、多层面的典型选树机制。按照"公正、公平、公开、公认"的原则，把典型选树作为基础性工作，长期培养，新老结合，建立梯队，从多角度、多层次去发现和树立各类典型，积极挖掘、准确把握和捕捉各类典型的闪光点。树立过程中要坚持体现时代精神、展示时代风貌、坚持群众路线，实行"条块结合、上下联动"，通过"公平竞争、民主测评、重点培养、综合考核、事先公示、宣传总结"模式，使树立的典型既有时代性又有现实性，既有先进性又有可学性，真正把那些事迹突出、在系统内外具有一定影响、德才兼备、群众公认、具有代表性的典型树立起来，保证先进典型叫得响、传得远、树得牢、立得久。

要建立好操作、易接受的宣传学习机制。充分利用各类主流媒体，从不同角度、不同侧面开展对各类典型的广泛学习宣传。通过举办先进事迹报告会、座谈会及各类主题教育实践活动进一步扩大典型影响力。

同时，典型事迹的提炼要做到分析准确、评价适当，事迹不编造、经验不做假、思想不拔高，经得起时间和实践考验。坚持用鲜活具体的事实和真实客观的数据，以群众的视角和审美观点来表现典型，用平实语言阐释深刻道理，用鲜活事例揭示事物本质，力争使先进典型鲜活生动、真实丰满、可信可学，增强吸引力和感染力，达到"点亮一盏灯、照亮一大片"的作用。

**要建立有筋骨、有温度的奖励激励机制。**将树立先进典型与培训学习、干部任用和各项奖励结合起来，定期组织先进典型人员学习、培训，为先进典型提供更多的学习和深造机会，使先进典型不断进步，不断提高，不断成熟；结合工作实际，适时开展各种能工巧匠、专业竞赛、群众性创新创效活动，搭建培养先进典型、促进典型成长的各种平台和载体；对树立的先进典型，要给予精神奖励和一定的物质奖励，并在干部任用时给予同等条件下的优先考虑；各级组织要加强队伍建设，发挥先进和骨干的品牌效应、示范效应、带动效应，通过师带徒、结对子、搞协作，打造过硬团队和队伍，把"羊群"变成"狼群"。

（执笔人：黄耀华　董艳杰　郝曙光　赵　聪）

# "玛湖"现象级传播的启示

新疆油田公司

自2017年11月30日"玛湖大发现"新闻发布会以来，中国石油新疆油田公司（以下简称新疆油田）持之以恒做好玛湖宣传，在省部级以上主流媒体刊播玛湖相关报道超过1200余篇，频频亮相央视、人民日报等中央级主流媒体重要版面及栏目，策划系列专题20余个，举办各类线上线下活动10余场，选树宣传典型人物20余名，宣传传播范围广，社会影响力大，"玛湖"成为近几年石油领域最爆网络热词。

## 一、背景介绍

2017年11月，新疆油田宣布发现了10亿吨级的玛湖大油田。它是世界迄今为止最大砾岩油藏，是新中国第一个大油田发现一个甲子之后，新时代克拉玛依石油人在"安下心、扎下根、不出油、不死心"的初心使命激励下为祖国奉献的又一个新的克拉玛依油田。同时，它的发现为我国原油实现稳产2亿吨找到了战略接替区，更为世界石油行业撬开同类型油藏找到了一把"金钥匙"。

讲好玛湖故事、做好玛湖宣传是责任，更是使命。在集团公司的主导下，在自治区、克拉玛依市的支持协作下，新疆油田引入油田开发"全生命周期"的理念统筹策划玛湖大油田的发布宣传，遵循新闻宣传规律，精准把握时、度、效，通过"玛湖揭秘""玛湖速度""玛湖团队""玛湖精神"等一系列新闻攻势，讲好玛湖故事，展示玛湖形象，逐步形成了玛湖效应，催生了玛湖现象。"玛湖大发现"被评为当年石油行业十大新闻，《凹陷区砾岩油藏勘探理论技术与玛湖特大型油田发现》获评国家科技进步一等奖。"玛湖"已经成为网络热词。

## 二、主要做法

### （一）超前策划，精准把握"时"

新疆油田党委高度重视，早在2015年，玛湖十亿吨级特大油田勘探评价阶段，就同步安排部署新闻宣传工作，专门成立了"玛湖大发现"新闻宣传工作领导小组。2017年11月，玛湖十亿吨级特大型油田发现和相应的理论技术获得突破，正值党的十九大胜利闭幕。新疆油田迅速决定召开新闻发布会，宣布这一重大发现。

新疆油田新闻发布筹备工作组制定相关工作方案，明确了23项新闻发布和宣传工作任务。及时向集团公司报批审查工作方案、发布流程、新闻通稿及后期宣传策划等，动态报告工作筹备进展。集团党组宣传部召开专题会议，研究部署玛湖新闻发布和系列宣传工作，对策划、角度、载体、渠道全过程进行指导。自治区党委宣传部和克拉玛依市委安排专人负责，协助对接玛湖系列发布工作。在各上级部门的大力支持下，各项筹备工作高效运行、稳步推进，为成功举办新闻发布会和开展后期宣传提供了坚强的保障。

在策划过程中，新疆油田分领域、分阶段、分层次，在丰富宣传内容上下功夫，在突出传播效果上做文章。策划了以技术突破为主的"玛湖科技"，以开发建设为主的"玛湖速度"，以典型人物事迹为主的"玛湖团队"等一系列宣传。建立沟通协作机制，联合地方宣传部门、各级媒体和中国石油集团玛湖勘探开发指挥部参战单位共同开展全方位、立体式的宣传策划，进一步扩大了讲述玛湖故事的"朋友圈"。

### （二）稳步实施，精准把握"度"

**抓好整体宣传。**以"玛湖大发现"新闻发布为起点，将宣传贯穿于玛湖勘探开发建设全生命周期，统筹策划组织，强化动态跟踪，深化与各级媒体的沟通联络，坚持宣传与玛湖开发建设进度同步进行，每年组织1~2次大型采访，自治区党委宣传部2次组织中央媒体采访团深入玛湖，集团党组宣传部主导策划中国石油媒体采访团3次赴玛湖现场采访，开展矩阵宣传，推进了玛湖大油田形象宣传。

**抓好分类宣传。**围绕玛湖勘探开发阶段性重点工作、重点工程、重大成果，以消息、通讯报道、组图、视频，运用融媒体手段，推出了"玛湖揭秘""玛湖会战""玛湖速度"等针对性强的专题报道，策划了"'玛湖大发现'荣获国家科技进步一等奖""玛湖累计产油突破500万吨"等专题系列报道，推进了玛湖大科技的成果宣传。

**抓好典型宣传。**围绕玛湖勘探开发重点、科技突破点和舆论关注点，精心选题、深入挖掘，通过报告文学、深度报道等宣传典型人物事迹，讲述玛湖故事。先后推出了全国劳动模范、中国青年五四奖章获得者郭旭光为代表的玛湖科研团队，以中央企业优秀共产党员万丙乾为代表的玛湖建设团队，以自治区优秀共产党员、集团公司劳动模范向东为代表的玛湖开发团队等系列典型事迹，推进了玛湖大典型的精神宣传。

### （三）有的放矢，精准把握"效"

**内宣创高效。**在油田"一网一报三微"媒体平台上开设专栏，制作专题，以动态消息、深度解读、图组海报、抖音微视频等方式，立体式宣传玛湖建设开发进展。将"玛湖"宣传深度融入到党史学习教育、"战严冬 转观念 勇担当 上台阶"、增储上产会战、"我与油田共命运"等主题中，凝聚起油田广大干部员工建设2000万吨现代化大油气田的精气神。

**外宣强实效。**建立与主流媒体的沟通协作机制，在《人民日报》、央视《新闻联播》《新闻 30 分》《朝闻天下》《光明日报》《科技日报》《工人日报》《新疆日报》等 20 余家重点媒体上，广泛持续地报道"玛湖"突破、"玛湖"进程、"玛湖"典型，推出了《玛湖纪实》《再造一个克拉玛依》等高质量系列报道，进一步提升新疆油田的社会影响力。

*活动添奇效。* 紧紧围绕"玛湖"开展各类线上线下活动，丰富宣传载体，增强宣传效果。邀请中国文联 30 余名艺术家走进玛湖油区，面向奋战在一线的石油人开展"送欢乐下基层"慰问演出；策划组织媒体采访团多次走进玛湖，以石油工人心向党、增储上产主战场、绿色环保油气田等为主题开展集中采访活动；联合新华网举办"云游玛湖"开放日活动，以直播的形式带领网友走进玛湖、了解玛湖，累计观看人数突破 100 万；围绕准噶尔重点探区指挥部重大工程项目，联合西部钻探、中油测井等参战单位开展"建功准噶尔 助推高质量"劳动技能竞赛宣传，展示玛湖开发建设过程中的"劳模精神""工匠精神"。

## 三、成效启示

*把握新闻规律是策划现象级新闻的基本原则。* 把习近平总书记关于宣传思想文化工作的重要讲话精神作为"玛湖"新闻宣传实践的定盘星和标尺，精准把握新闻"时度效"规律，在正确的时间做正确的事，把正确的事用最正确的方式做深做细，才可能达到宣传预期。

*聚合发力是策划现象级新闻的重要方法。* "玛湖"系列宣传点多、面广、线长，涉及近千人，历时近 4 年，之所以能取得如此成效，得益于国有资产管理委员会、集团公司、自治区等上级有关部门的长期指导，得益于驻疆主流媒体的持续关注，得益于新疆油田领导及相关部门人员的全力配合，故能保持常态长兴，开拓多元宣传平台，开展线上线下宣传活动，"混搭"传统媒体与新媒体，聚合发力打造新闻富矿开发

共同体。

内容为王是策划现象级新闻的不变真理。流量时代,传统媒体发展的基石是内容,新媒体发展的基石仍是内容。在"玛湖"传播的实践中,从"玛湖"发现这一重磅节点的宣传逐步延升到玛湖质量、效益、产量、科技、安全环保、精神文化等全要素全周期的垂直性宣传,保证了内容的连续性和可持续性,实现了由"玛湖"宣传量变到质变的转变。

(执笔人:范大平　桑圣江　张　睿　李小强　尹　杰)

# "央企楷模"陈建军同志先进事迹的宣传案例

玉门油田公司

## 一、背景介绍

典型是人格化的价值观、看得见的正能量，是引领时代风尚的价值坐标，具有强大的示范作用和引领效应。玉门油田是中国石油工业的摇篮，在为国家经济建设作出贡献的同时，也涌现出了全国劳动模范"铁人"王进喜等一大批先进典型人物，他们的事迹和精神成为几代石油人为国找油、为油拼搏、为油奉献的学习楷模和价值追求，成为中国精神、民族精神、时代精神的重要组成部分。2019年在新中国成立70周年、玉门油田开发建设80周年之际，为了全面展示中国石油工业为民争气的豪迈气概、为国争光的责任担当，展现中国石油人保障国家能源安全政治觉悟、我为祖国献石油的初心使命，反映"新中国石油摇篮"弘扬"石油精神"的精神追求，中国石油玉门油田公司（以下简称玉门油田）党委组织开展了陈建军同志先进事迹的宣传。

陈建军同志生前任玉门油田分公司党委书记、总经理，玉门石油管理局有限公司执行董事、总经理，是甘肃省第十三届人大代表，集团公司优秀共产党员，荣获第十届"孙越崎科技教育基金能源大奖"，连续两次被评为"甘肃省领军人才"。2019年5月28日因病去世，终年56岁。为了宣传好陈建军同志对党忠诚、初心不改，一辈子石油报国的执着信念；苦干实干、三老四严，一辈子为油奉献的优秀品质；勇干担当、攻坚克难，一辈子为企拼搏的奋斗精神；心系基层、情系群众，一辈子为民服务的人民情怀；严格自律、克己奉公，一辈子两袖清风的廉洁本色。玉门油田党委在集团公司原思想政治工作部的支持帮助下，形成了全方位、立体式宣传声势。2019年7月24日，中国石油天然气集团有限公司党组追授陈建军同志"铁人式的好干部"荣誉称号。2019年9月21日，国务院国有资产管理委员会党委授予"央企楷模"荣誉称号。

## 二、主要做法

### （一）深入挖掘先进事迹

2019年6月1日，陈建军同志追思会结束后，油田组织召开了陈建军同志生前好友、油田公司领导班子成员、油田处级干部代表、油田基层员工代表四个座谈会。许多人在回忆陈建军同志35年学习、工作经历时，都热泪盈眶，泣不成声。他们认为，陈建军同志先进事迹集中体现了石油精神的时代内涵，体现了中国石油人的价值追求；体现了中国石油人奋斗新时代的精神风貌，应该大力弘扬、集中宣传、形成声势。党委宣传部连夜加班整理出了《以生命兑现初心的石油赤子——陈建军同志先进事迹报告》《我为祖国献石油——陈建军同志生活工作的30个故事》两份材料，及时上报集团公司思想政治工作部。

### （二）迅速掀起学习热潮

6月8日，玉门油田党委印发了《关于向陈建军同志学习的通知》，成立了玉门油田宣传活动工作小组，宣传部收集整理了《陈建军先进事迹汇编》电子版，制作了陈建军先进事迹电视短片，油田《石油工人报》开设了专栏，《班组生活》刊出了专版，为油田各单位学习提供帮助。公司党委组织开展了陈建军先进事迹巡回宣讲，宣讲从《他为企业操碎了心》《让咱们员工过上好日子》《永远的勘探队员》《闲不住的病号》《无法兑现的承诺》五个角度，讲述了陈建军同志石油报国的执着信念、为油奉献的优秀品质、为企拼搏的奋斗精神、为民服务的人民情怀、两袖清风的廉洁本色。基层各单位通过集中学习、座谈讨论，谈学习心得、谈认识体会，纷纷能表示要以陈建军同志为榜样，立足岗位、为油拼搏，扎根油田、无私奉献，迅速掀起了学习陈建军同志先进事迹、为建设百年油田作贡献的热潮。

（三）集中开展宣传报道

在集团公司有关部门的关心支持下，邀请中央、地方、行业媒体和全国知名作家、记者走进油田，深入油田采访报道。《新华社》《中国青年报》《工人日报》《中国石油报》《新华网》《界面新闻》等30多家新闻媒体，以《祁连山下石油魂》《一生为了寻找富饶的矿藏》《一座老油田的守望者》《一片丹心照玉门》《油田赤子陈建军》为题刊发长篇人物通讯；《工人日报》App、今日头条、"中国石油"微信公众号、石油党建App、石油摇篮微信公众号、"最酒泉"等新媒体同步推送、转载，"中国石油"微信公众号刊发的《今天，送别陈建军》点击量突破10万+，集团公司网页关于陈建军同志的相关报告关注度"一周排行"始终位列第一；甘肃新闻、酒泉新闻全面进行报道，先后采写原创新闻报道30多篇，网络点击量达到30多万次。

（四）组织开展巡回宣讲

在集团公司统一组织下，玉门油田党委常务副书记刘战君、勘探开发研究院院长唐海忠分别以《建军，我们的好兄弟》《永远的勘探队员》为题，在集团公司"守初心担使命，践行四个诠释"报告会暨"两优一先"表彰会上，对陈建军同志先进事迹进行宣讲，引起了极大反响。按照集团公司党组安排，2019年10月17日，陈建军同志先进事迹首场报告会在集团总部举办，报告团5名成员分别以《奋斗铸就忠诚人生》《永远的勘探队员》《和生命赛跑》《爸爸的三个心愿》《离我们最远也是最近的人》为题，从不同角度、不同侧面，讲述陈建军同志忠诚担当、埋头苦干、求实创新、拼搏奋进的先进事迹，现场直播和视频观看首场报告的受众达数十万。

### 三、成效启示

成效一：拓展了思想政治工作的思路方法。通过开展陈建军先进事迹集中宣传，进一步证实了时代需要典型引领、发展需要精神力量。开展先进典型集中宣传为新形势下创新思想政治工作提供了新的思路，榜样示范作用在这个新时代里并没有过时，而且还成为新的时代精神的一个重要组成部分。

成效二：增进了社会各界对石油精神的认识。以"苦干实干、三老四严"为核心的"石油精神"是中华民族精神的重要内容。陈建军同志先进事迹，集中体现了石油精神的时代内涵。通过陈建军先进事迹宣传，让人们看到了石油人保障国家能源安全的责任担当，看到了石油人"我为祖国献石油"的初心使命。

成效三：展示了"石油摇篮"的良好形象。通过开展陈建军同志先进事迹集中宣传，让社会各界宣传了解艰苦奋斗、无私奉献、"三大四出"、自强不息的玉门精神，展示历经艰辛发展自己、慷慨无私支援别人的玉门风格，展现石油摇篮高质量建设百年油田的时代追求。

启示一：典型宣传要做到新闻宣传与社会宣传互动。玉门油田坚持新闻媒体"打头阵"，社会宣传助力的方式，邀请作家撰写报告文学作品，运用视频传播方式，扩大宣传覆盖面，形成冲击波，达到比较好的宣传效果。

启示二：典型宣传要做到媒体传播与受众参与互动。一方面，玉门油田加大媒体宣传，通过中央、地方、企业等媒体，全方位宣传陈建军先进事迹，另一方面，通过座谈会、巡回宣讲、网上论坛，吸引受众参与，收到了较好的效果。

**启示三**：典型宣传必须做到感性铺陈与理性升华互动。在宣传时，玉门油田既注重真实地介绍事迹，又注重挖掘精神内涵，把理性的升华寓于宣传报道、事迹报告、文艺作品等各个环节中。

（执笔人：王若琨　谈俊宏）

# "微平台"释放思想教育大活力

煤层气公司

## 一、背景介绍

中国石油煤层气有限责任公司忻州采气管理区（以下简称管理区）通过10年的发展和历练，形成了勘探、开发、生产、销售一体化的产业格局，其管理的保德区块被国家煤层气科技重大专项专家组誉为"树立了中国中低阶煤煤层气开发的标杆"，成长为煤层气公司煤层气生产的主力军。

习近平总书记强调"能源的饭碗必须端在自己手里"。集团公司着眼未来清洁能源可持续供应，加大煤层气等非常规油气资源规模开发力度。煤层气公司提出要加强老区挖潜，优选老区"二次开发"试验区进行先导试验。对管理区来讲，就是要在效益建产上出新招，在精益管理上换新思，在技术增产上探新域，全力挖掘出"新甜点"，全力开辟一条气田开发的"高效路径"。

面对稳产上产和气田创效带来的艰巨任务与挑战，部分员工在自我学习和自我提升方面还没有适应新形势、新任务，不同程度产生了"本领恐慌"和"鸵鸟效应"。针对这种现状，如何有效发挥思想政治工作的独特优势，让员工在思想上认同组织、政治上依靠组织、工作上服从组织、感情上信赖组织，进一步引导和鼓励广大员工拼搏进取、砥砺奋进，对管理区来讲迫在眉睫，且意义重大。

## 二、主要做法

管理区以"育出好作风、管出战斗力"为目标，把"微平台"建设作为员工开阔视野、更新观念、激荡思维的主要渠道，精准开展思想政治教育工作，有效激发了员工队伍的强劲活力。

### （一）"微心愿"盘活"大阵地"

针对党员、青年、业务骨干等不同层面的主体，在年初征集员工学习的意向和心愿，结合收集到的工作作风负面清单，从筑牢理想信念、提升品行作风方面制定集体和个人学习计划 30 余项，搭建理论学习教育的阵地。同时，针对管理区基层员工"田间地头"的工作性质，创新学习形式，从理论政策等"上情"着手，对铁人先锋、共产党员网、人民网等 10 余个平台内容，实行"订单式"优选，在微信公众号 7 类专栏先后推送优质教学内容，并着重打造"素材课件库"，精心创作录制微课和教学视频，上传"知行堂"等新媒体平台，使线下讲台走向"掌上看台"，进一步解决工学矛盾、实现资源共享；另一方面，启用"在看"模式进行月积分管理，引发员工学习理论知识的兴趣和主动性。同时，引导各基层党组织、团青组织结合支部和青工站特色，制定"特色菜单"，适配当前生产经营、安全环保和合规管理等形势任务教育内容，在理论学习的基础上，进一步明晰当前的紧迫形势，引发工作所思和所悟，并适时通报积分情况。几名因事务性工作参加理论学习较少的员工，通过这种管理模式，从被动"灌输"到主动"输入"，不仅一跃成为积分榜单的前十位，还经常性投发理论学习文章和心得体会，有积分有评比，也使学习教育既"有形"又"走心"。

### （二）"微课堂"激活"大擂台"

在调动起员工学习兴趣的基础上，管理区不断摸索，从导学、同学、比学三个维度出发，使学习教育进一步变抽象为直观，从演练到实战。打造"导学"课堂，与省委党校、省纪委监委、以及专业心理咨询公司建立长期联系合作关系，邀请专家教授打造"信仰公开课""心灵导师团"，三年来共开展 20 余场次的思想教育课和心理辅导课，在强化员工党性修养和宗旨意识的同时，也解决了员工因为工作和生活压力而产生的负面情绪，成功打造形成特色公开课品牌。强化"同学"课堂，组建以领导干部、青年骨干、一线技能人才、承包商优秀管理者为主体的宣讲团，围绕生产运行、后勤保障、成本控制、科技创新、技术攻关和项目建设等方面的难点和堵点，采取准、快、简的"轻骑兵"宣讲，送课堂到场站、到施工现场，以交流为主要形式，在思想的碰撞中，寻求到多样化的解决途径和方法，内容短小精悍，实用性强，达到了培训和影响员工的作用。用好"比学"课堂，选取《中国精神》等优秀读本，制定轮读计划，依托新媒体阵地，组织员工线上读书并展示个人学习成果；建设岗位练兵台、安全警示台、技能操作台和读书角，进行流动红旗评比，在理论学习的基础上，把阶段性的生产经营任务分解成小目标，组织练兵展示，实行季度比武，做到基础工作"上接天线，下接地气"。员工间"比、学、赶、帮、超"的氛围越发浓厚，一名员工在岗位练兵中的成绩晾晒后，主动整改并举一反三同类排查，他所管理的井场也从不达标一跃成为标杆示范区，真正实现了以评促学、促比、促效。

（三）"微素材"传递"大能量"

为进一步提升员工思想教育的鲜活度，管理区从系统、深入、持久地讲好企业故事出发，将镜头对准一线、笔锋转向身边，按季度组织通讯员进行一线采风，开通"你每一面都美"宣传专栏，从典型引领入手，搜集工作中的小微素材，以"日志记录""线上喊话""风采展播"等员工喜闻乐见的形式，全方位展示和宣传员工岗位风采，并在重点项目、重要工作推进时期，联合承包商组织开展"驻班助产""我的岗位我主讲，我的工作请放心"等系列主题活动，进行年度考核，用身边事鼓舞身边人，树立干事创业"风尚标"。保8井区煤层气项目施工期间，现场员工自发组建"产建突击队"，设立责任区，将工作和生活营区搬到承包商施工现场，形成"5分钟工作圈"，各项任务指标均实现了"月检月清"，在当地政府所有企业土地手续办理案例中创造了用时最短，效率最高的纪录，节约了近1700万元的投资金额，为后期双创保德气田钻井效率纪录、国内首个实现效益开发中低煤阶煤层气田积蓄了力量。"微素材"的创作与征集，使得员工既是企业精神生成的"教化者"，也是企业理念内化的"阐释者"，消除了"看客"心理，进一步激发了奋战在生产一线的广大员工的斗志，达到了鼓士气、树形象的目的。

## 三、成效启示

通过"微平台"建设，形成了管理区苦干、实干、巧干的文化内涵。近年来管理区克服递减因素连续6年保持产气线上运行，被指定为中国石油大学（华东）和地方政府共建的"大学生社会实践与志愿服务基地"，党建责任制考核达到A级，基层支部获集团公司基层党建"百面红旗"称号，工作典型事迹先后5次被地方电视台、人民网、山西日报等主流媒体进行宣传报道，树立了良好的企业形象。

减小"温差"，提高了自主学习的热情。精神传达最忌讳层层递减。"微心愿"征集，确保了思想教育的精准"滴灌"，使党和上级的声音能够第一时间精准传达；积分管理，又将学习教育从被动灌输变为主动汲取，做到既减小"温差"，又时时"升温"。

降低"落差"，发掘了追赶超越的潜能。从面上拓展、点上精准，打造多维度课堂，使学习教育阵地进一步向工作前移；采取"双保证"，把重要生产经营任务分解成小目标进行阶段性考核，有效化解了工学矛盾造成的学习"落差"。

**修正"偏差"，激发了干事创业的活力。**将视角对准一线，聚焦到普通员工身上，让员工主动摆脱"看客"身份，从"旁观者清"到"跳起摸高"，也调动大家主动走出"舒适区"，直面"挑战区"，持续向"目标区"迈进。

（执笔人：常　瑾　赵宝山　权婷婷　黄　华　钱　伟）

# 守正创新 奋楫笃行
# 以信息化手段提升思想政治工作效能

兰州石化公司

近年来，中国石油兰州石化公司（以下简称兰州石化）紧盯新时代思想政治工作"智慧化"转型，充分应用"互联网＋"和新媒体宣传优势，在融合中持续发力，构建"两微一抖一平台"为主要载体的学习教育矩阵，形成了以员工为点、活动为线、党组织为面的"三位一体"格局，实现了形势宣讲、思想教育、文化弘扬、学习培训的动态跟进、压茬推进、无缝衔接、整体化一，显著增强了思想政治工作的时代感和吸引力，提升了整体工作效能。

## 一、背景介绍

随着信息化、数字化、智能化平台的广泛应用，如何发挥信息化优势，推动企业思想政治工作数智转型，使思想政治工作更好融入服务企业生产经营的各个方面，在强化引导、提升素质、创造和谐、提质增效等方面发挥积极作用，是新形势下国有企业亟待解决的重要课题。当前，传统的"你读我听"被动式说教方法缺乏针对性和感召力，干部员工集中学习的积极性不高，教育效果不明显，容易出现"上热、中温、下应付"的现象，思想政治工作犹如"沙滩流水不到头"，真正深入干部员工思想中去的不多，传播效果不佳。为此，兰州石化结合实际，在坚持传统有效方法的同时，应用信息化手段加强思想政治工作，不断丰富和创新思想政治工作的内容与形式，推动思想政治工作与时俱进、创新开展。

## 二、主要做法

### （一）加强顶层设计，推动思想政治工作制度化

近年来，兰州石化不断深化思想政治工作体制机制优化，全面加强顶层设计、完善实施机制、构建融合运行体系，为新时代思想政治工作创新发展奠定基础。完善的制度体系是保证"两微一抖一平台"规范化运行的基础，为切实做好信息化系统建设，兰州石化以制度建设为抓手，坚持以习近平新时代中国特色社会主义思想为指导，认真贯彻落实中共中央、国务院《关于新时代加强和改进思想政治工作的意见》，研究制定发布《兰州石化公司思想政治工作制度》，科学划分两级党委（总支）及所属宣传部门、基层党支部、班组、群团组织、领导干部等6个方面的工作职责任务，融合信息化平台建立思想动态分析、部门协调联动、"五必访六必谈"、重点人员教育引导等4项工作机制，明确了思想政治工作与信息化融合共建的总要求，突出做实基层的总基调，科学规划思想政治工作信息化运行体系，为进一步抓好新形势下思想政治工作提供了根本遵循。

### （二）顺应时代潮流，构建思想政治工作生态群

经过多年实践探索，兰州石化逐步构建形成了以"两微一抖"新媒体官方号为中心，二级单位43个公众号协同赋能，基层车间（区域）936个即时通群组信息裂变式传播的纵向联动主流声音传播矩阵，新媒体影响力在集团公司炼化企业排名中始终保持前列。做到第一时间开展重点工作传达、政策措施解读、形势任务教育，把需要员工知道的和员工想要知道的信息传递下去，利用平台编辑以宣贯习近平总书记重要指

示批示精神、新思想理念、形势任务宣讲、法律制度解读为主要内容的《员工学习导读》46期，通过文字、图片、视频等丰富多彩的解读形式，使思想政治工作更具吸引力，提升了干部员工学习教育内容的关注度。

（三）坚持多方联动，增强思想政治工作聚合力

充分运用信息化手段拉近和员工心灵的距离，突出宣传力和亲和力。兰州石化始终坚持以服务员工为中心的理念开展思想政治工作，在组织各单位党委每季、车间（区域）每月、班组常态化开展员工思想动态调研分析的同时，利用信息化平台互动性强的特点，加大意见建议征集，真实完整准确了解员工诉求，分门别类梳理总结，做好"一人一事"的思想工作，通过部门协调联动依据政策定措施，"五必访""六必谈"拉近心理距离，多措并举做好重点人员帮教转化等开展矛盾化解，有针对性地做好员工的思想政治工作。2021年，兰州石化结合"我为员工群众办实事"活动，高效完成食堂改造、停车场扩容等48项办实事项目，加快推进重病保障专项参保、老旧楼宇加装电梯等28项重点民生项目。有效建立食堂服务质量综合提升、"一对一、多对一"精准服务离退休老同志等10多项长效机制。通过积极回应员工关切，让岗位员工获得更直接、更实在的幸福感，促进了员工努力推动企业发展、共同创造美好生活的愿望与动力。探索构建以心理支持、情绪疏导、情感支持、危机干预等方面为主的"心理危机干预+思想政治工作"服务机制，把心理健康教育培训融入员工思想政治工作，紧盯员工关注的热点问题，每周通过官方微信发布"兰州石化员工'心'课堂"、设立24小时咨询热线等方式进行心理疏导，有效运用内部心理援助加外部专业支持模式开展工作，缓解了广大干部员工的心理压力，累计干预达4000余人次，有效发挥了"发泄室"和"减压阀"的作用，达到了员工心理健康促进企业和谐发展的工作目的。

### （四）强化参与互动，提升思想政治工作感染力

积极发挥自媒体作用，引导广大员工采取自编、自演方式，讲身边人、说身边事，推出一系列有情感、有温度和有服务的新媒体作品。兰州石化通过信息化平台设置"我眼中的兰州石化""兰州石化的'颜色'"等多个专题，定期发布"我的职场领路人""他们认真的样子"等新闻作品，持续用身边人说身边事、用身边事感染身边人的方式进行引导，引发了员工群众的广泛共鸣。近年来，先后组织二级单位、基层员工围绕建党100周年、党史学习教育、主题教育、系统大检修、员工成长成才等主题推出10余个系列作品。其中"带你走进新晋网红打卡地""劲爆揭秘，带你走进微美石化运营后台"等系列，采取融合"文字、图片、音频、视频"的全维度传播方式，全方位占领了舆论宣传阵地。2022年创作微电影、微视频等各类新媒体作品1000余篇，总字数达30余万字，微信、抖音等官方新媒体平台总关注人数达6.5万人，累计阅读数达2000万，其中《立大格局》等6部作品在集团公司组织的"第七届新媒体大赛"大赛中获奖。

### （五）全面融合渗透，促进思想政治教育落地生根

运用网络技术和现代通信技术开展思想政治工作，是保持思想政治工作生机活力的时代命题，也是推动新形势下思想政治工作"风生水起"的形势所需。兰州石化坚持依托新流程实现资源整合、依托新技术实现结构调整的理念，在报纸、视频、网络等传统媒体高质量运行的基础上，以虚拟组织、实体运行的方式，整合各方资源力量，建立"线上新媒体工作室"和图文、音视频、动漫工作小组，完善了组织策划、加工制作、发布推送、评价考核一体化工作机制，连续生产制作图文、动漫、H5、微纪录片等各类型新媒体产品，充分满足不同受众的信息需求。党史学习教育开展以来，兰州石化充分用好"网""图""屏"等新媒体资源，以新语态新表达丰富供给、增强互动，通过开设专题网页、

学习内容导读、系列报道推送等方法，确保全体员工通过各种渠道及时了解公司党史学习教育的最新部署、工作进展和有益经验。对党史国史企业发展史及"红色故事"进行精加工，形成"党史云讲堂"，累计推送热点栏目、视频材料160多期，刊发反映党员精神风貌新媒体作品130多件，确保把理论知识变为通俗易懂的语言，细数党史里的"石化记忆"，让党史学习教育散发"石油芳香"。

### 三、成效启示

通过信息化手段的有效融合，为思想政治工作插上"云翅膀"，为科学筹划、组织和实施思想政治工作，提供了大视野、大舞台、大课堂，使抽象的概念图片化、深邃的道理形象化、难题的破解集智化，有效增强了思想政治工作的吸引力、感染力和渗透力，使思想政治工作效能向精确、实时、快捷、高效转变，全面形成了人人心中知责、肩上扛责、行动尽责的良好氛围。

（执笔人：牟　伟　何　涛　孙　虎　程运禄　王志鸿）

# 自觉把思想政治工作贯穿纪检工作全过程

润滑油公司

思想政治工作是我们党的优良传统和政治优势。近年来，中国石油润滑油公司（以下简称润滑油公司）纪委自觉把思想政治工作贯穿纪检工作全过程，坚持把思想政治工作往深处做、往细处做、往实处做，努力实现政治效果、纪法效果和社会效果的有机统一。

## 一、背景介绍

党的十一届六中全会通过的《关于建国以来党的若干历史问题的决议》指出，"思想政治工作是经济工作和其他一切工作的生命线"。习近平总书记在党的十九大报告中强调，要加强和改进思想政治工作。纪检监察机关作为全面从严治党的主力军，工作对象是广大党员干部和所有公职人员，把思想政治工作与纪检监察工作有机结合，将思想政治工作贯穿执纪审查全过程，是做好纪检监察工作的内在要求。

总书记指出："好的思想政治工作应该像盐，但不能光吃盐，最好的方式是将盐溶解到各种食物中自然而然吸收。"润滑油公司纪委深入贯彻落实总书记重要指示精神，自觉把思想政治工作贯穿监督执纪工作全过程，注重从内、外两个方面做实做细思想政治工作，不论是日常监督、谈话函询、提醒诫勉，还是审查调查、审理谈话、回访教育，坚持重理重情、传道传情，真正做到教育人、挽救人、感化人，帮助违纪违法者唤回初心、认识和改正错误，不断提高政治监督的作用和效果。

## 二、主要做法

### （一）在队伍建设中提升思想政治工作素养

俗话说"打铁还需自身硬"，给别人做思想工作自己首先要思想政治过硬。润滑油公司纪委把纪检干部理想信念教育作为常态化工作，依托部门会议＋支部会议"两会合一"模式，形成"政治学习＋业务培训"双提升机制。在严肃党内政治生活方面，高质量开好"三会一课"、民主评议党员、组织生活会等；在强化学习培训方面，用好专题培训、结对带徒、案例教学、集中研讨等方式，把纪检干部的思想政治水平与把握政策能力、执纪监督业务素质、群众工作本领同步推进，培养纪法皆通的"专才"和思想政治工作的行家里手。无论是政治巡察还是执纪办案，组建团队后第一时间做好思想政治工作，既提高思想认识，也校准思想偏差；既强调标准制约，也关心困惑困难；既要求成果成效，也疏导工作压力。特别是在案件初核和巡察进驻前期，通过事前思想政治教育，强化大局观念、统一思想认识，树牢集体意识、明确责任要求，促成"一盘棋"和统一口径，避免因被调查人员打听案情以及被巡察单位说情、打招呼等造成人情干扰和精力外耗，保证工作顺利进行。

### （二）在政治监督中突出思想政治工作特色

润滑油公司纪委将思想政治工作作为实现政治监督的重要方式，通过思想政治工作宣传和教育，使监督对象增强"四个意识"、坚定"四个自信"、做到"两个维护"，使全党更加团结统一，使中央的大政方针、决策部署切实得到贯彻落实。例如，在开展深化改革、疫情防控、提质增效等监督过程中，润滑油公司纪委把思想政治工作做在先、说在前，对工作中存在的问题提出明确意见建议，同时召开基层纪委书记例会对基层纪委加强政治监督进行指导。通过强化政治引领，督查落实"两个责任"，有效解决了认识不到位、政治不敏锐、部署不深入等问题。

### (三) 在日常监督中发挥思想政治工作优势

润滑油公司纪委高举纪律戒尺，加强思想政治教育，坚持看见有问题就指出，发现有苗头就提醒，通过批评教育、咬耳扯袖、红脸出汗的方式，强调治未病，将党规党纪内化于心、外化于行，增强纪律规矩意识，为广大党员干部筑牢思想防线，维护整片森林的健康。2020 年，针对润滑油公司 3 名机关部门负责人重要会议期间接打手机和精神状态不佳的情况，公司纪委对这 3 名干部进行约谈提醒。在约谈中，纪委精准研判、明确问题，重点从思想认识入手，循序渐进、步步深入，传导压力，使约谈对象从思想上认识到问题的严重性，取得了良好的效果。

### (四) 在审查谈话中用好思想政治工作法宝

润滑油公司纪委把思想政治工作作为审查谈话的基本方法和教育挽救人的有力武器，谈话前，全面、细致、准确地制定安全预案，给谈话对象最大程度的安全保护，在谈话地点、谈话时机、通知方式等方面讲究技巧，让审查对象尽量放松，尊重审查对象现实需求，充分考虑"熟人社会""面子思想"等特点，严格控制知悉范围；谈话中，从问一声好、倒一杯温水、递一张纸巾等细节入手，转变"审"的思想，多用"谈"的方式，把握"说"的时机，拉近距离；谈话后，及时进行心理疏导，舒缓审查对象的思想压力。通过深入细致的思想政治工作，有效消除抵触情绪，发挥感召教化作用，使其端正思想态度，积极配合纪委工作。在某分公司销售人员私刻公章案中，面对被审查人抗拒审查、拒不交代的情况，办案人员从学习党章党规入手，耐心讲解政策，通过正反两方面案例使其认识到对抗审查的严重后果，感受到组织的温暖，选择相信组织、依靠组织，主动交代了自己所犯的错误并上交违纪所得。

### (五) 在澄清回访中坚持思想政治工作引领

对经查证举报问题属于失实的，润滑油公司纪委第一时间组织召开澄清正名座谈会，通报核查结果，及时予以澄清正名，消除负面影响，特别是涉及员工群众切身利益、历史遗留问题，对相关政策法规作详细解释，既给干部一个清白，也给群众一个明白，化解了信息不对称造成的误会和冲突，赢得了群众的理解和支持。通过澄清正名消除干部职工的疑虑，还原事实真相，代表组织为受不实举报的干部撑腰鼓劲，传达了组织关爱干部的温暖，充分调动广大干部干事创业的积极性。对于受了处分的党员干部，润滑油公司纪委坚持"惩前毖后、治病救人"的原则，把思想政治工作融入回访教育中，积极做好执纪问责后半篇文章。通过跟踪回访、实地回访、委托回访等形式，给予回访对象关怀激励，使其感受到组织的良苦用心。通过"三看三帮三促"为干部解压松绑，看是否真正知错，帮其吸取教训，促其立行立改；看是否真心悔错，帮其解开"心结"，促其提振信心；看是否真诚改错，帮其轻装上阵，促其担当作为。近年来，润滑油公司纪委持续开展处分期满人员回访指导，及时将回访情况向受处分人员所在单位党组织通报反馈，同时督促相关单位党组织将影响期满的受处分人员纳入正常的干部选拔任用范围。通过激励担当作为，促进干部从"有错"向"有为"转变，取得了良好的政治效果和社会效果。

## 三、成效启示

纪检监察工作是做人的工作，本质上是做思想政治工作，归根结底，是让党员干部在思想上认同党的路线方针政策、认同党中央重大决策部署、认同全面从严治党要求、认同反腐败工作。

用好思想政治工作这个法宝，既可以鼓舞斗志、提振士气，也可以有效减少工作阻力、节约监督资源、降低廉洁风险。润滑油公司纪委通过把思想政治工作融入监督执纪日常，使得公司各项改革全面推进，政治生态持续向好，信访总量连续五年实现硬下降。

思想政治工作是党性与人性结合、事理与情理交融的综合性说服工作，必须讲究艺术和技巧。一要增强持续性，把思想政治工作浸润到每个工作阶段、落实到工作各方面，在潜移默化中推动思想转变。二要把握政治性，遵守政治规矩，严格工作程序。比如该提要求的提要求，该称同志的要称同志，该报告的要报告。三要增强严肃性，讲政策、作解释要全面、准确，不随心所欲，信口开河，逾越纪律红线、法律底线。四要提高精准性，坚持"一把钥匙开一把锁"，不能搞"一锅煮""老套路"，要注重分析犯错误同志怎么想、顾虑什么，抓准根源、对症下药。五要发挥感召性，注重以诚相待、以心换心，通过动之以情、晓之以理，唤醒犯错误党员干部的党性觉悟和纪法意识，促使其真心认错悔错改错。

（执笔人：何龙昌　潘　龙　杜　玲　吴伟佳　白仁杰）

# 化工销售企业探索党建与生产经营深度融合机制的实践与思考

华北化工销售公司

## 一、背景介绍

坚持党的领导、加强党的建设，是我国国有企业的光荣传统，是国有企业的"根"和"魂"，是国有企业的独特优势。坚持两个"一以贯之"，是习近平总书记对新形势下加强国企党建工作的重要论断和明确要求。化工销售企业要实现高质量发展，就必须发挥党建在全面深化改革中的引领推动作用，坚持融入生产经营不偏离，找准党建与生产经营的结合点和着力点，有效建立深度融合机制，为提高企业效益、增强企业竞争实力、实现国有资产保值增值作提供有力保障。

探索深度融合机制是全面落实从严治党的现实需要。国有企业党组织发挥领导核心和政治核心作用，归结到一点，就是把方向、管大局、保落实。因此，把党的领导融入公司治理各个环节，有效建立一套党建工作与生产经营深度融合的机制，才能从根本上落实党对国有企业的领导。

探索深度融合机制是提高党建工作成效的务实举措。把党建工作融入生产经营全过程，构建以党建为引领、统筹推进管理、业务各项工作的运行机制，推动企业改革发展、提高核心竞争力，才能使党建工作的方向更明确、重点更突出、目标更聚焦、作用更实效。

探索深度融合机制是国有企业深化改革的政治保证。坚持党的领导地位，保证党委参与企业重大问题决策，迫切需要完善和创新党建工作与现代企业制度相适应的体制机制，形成与企业发展战略相一致、与企业经营管理方式相匹配的工作机制，让党的建设与生产经营同频共振，最终实现二者相融合、双促进、双提升。

## 二、主要做法

（一）建立深度融合体制机制，把党建工作政治优势转化为企业的发展优势

坚持目标同向，发挥党委"把方向"作用。坚持筑牢国有企业的"根"和"魂"，把党的领导融入公司治理各环节，严格落实各项制度，保证华北化工销售公司党委在决策、执行、监督方面的领导作用，使党建工作与生产经营管理互相融入、有机衔接。坚持党的建设与企业改革发展同步谋划，推动党组织与机构同步设置，华北化工销售公司党委和行政领导实行一套人马；党支部全部覆盖到所有部门（单位），按照"双向进入、交叉任职"要求，支部书记"一肩挑"，让党组织负责人既有行政责任也重党建责任，使党建工作和经营工作真正融为一体，共同创造价值。坚持党的建设与生产经营"两手抓、两手硬"，制定科学合理的生产经营目标和党建工作计划，华北化工销售公司党委委员带头履行好"一岗双责"，各党支部对照党建与生产经营目标细化分解，做到党建与生产经营同部署、同落实，确保为完成年度工作目标精准发力。

坚持措施同行，发挥党委"管大局"作用。坚持思想引领，充分发挥"抓生产从思想入手，抓思想从出发"等理念，持续推进"两学一做"常态化，建立不忘初心、牢记使命的制度，推动党史学习教育常态化长效化，创新党委理论学习中心组领学方式，引导领导干部深刻理解加强国企党建的重大意义。坚持党委决策，修订完善《"三重一大"决

策制度实施细则》，积极探索把党委源头参与、深度介入、调研论证、集体研究嵌入决策程序的实现形式，真正实现科学决策、民主决策。坚持立足基层，积极推行党建工作联盟、党员提质增效先锋工程、党员安全先锋岗、党员安全运输监督岗、销售状元等品牌工程，通过个人岗位指标创优保障公司提质增效目标完成。

**坚持激励同步，发挥党委"保落实"作用。** 华北化工销售公司党委进一步健全党建考核评价机制，建立党支部书记年度述职评议机制，在内容上涵盖了党建三个大方面14项指标，将考核结果与评先争优、达标晋级、干部使用等挂钩，实现党建工作与生产经营"干与不干不一样、干好干坏不一样"。

## （二）畅通深度融合的运行机制，保障基层党建工作与生产经营的有机融合

**健全完善体系建设，让深度融合有章可循。** 华北化工销售公司党委把落实党建工作责任制作为推动党建基础工作的保障，形成了党建工作责任制、全面从严治党责任制、党风廉政建设责任制、意识形态工作责任制"四方面"责任结构，强化责任落实落地落细。构建"三联"工作体系，形成党委联系党支部、党支部联系岗位、党员联系群众的网格化责任体系，成为责任落实的有力抓手，保证了党建工作"融入生产经营"有效推进。

**加大推进改革力度，让深度融合凝心聚力。** 面对新冠肺炎疫情、国内化工行业剧变等情况，华北化工销售公司党委将深入开展"转观念、勇担当、强管理、创一流"主题教育活动与提质增效价值行动深入融合，围绕优化营销、管理提升、提质增效等方面问题开展调查研究，充分破解华北化工销售公司营销机制不活、竞争力不强等深层次矛盾和问题，推进以市场为导向、以客户为中心的导向，开展产品营销模式改革，实行产品线、专业化管理。

创新基层党建载体，让深度融合落地见效。各党支部切实找准党建与生产经营融合的结合点，搭建特色主题党日平台。机关第一党支部实施"党员积分制"管理考核；机关第三党支部与山东分公司党支部紧紧围绕营销机制改革，用高质量党建促进高质量改革发展。内蒙古分公司党支部创建学习型党支部；河南分公司、湖北分公司党支部以党员责任区为载体开展"百日攻坚劳动竞赛"；天津分公司党支部创建"廉洁文化阵地"；任丘调运部党支部打造"红色走廊"，让深度融合在基层党支部见到实效。

（三）深挖党建共建互联内涵，打造基层"党建＋业务"融合特色品牌

"党建＋合作"推进工作维度互联共建，激发党建工作内生动力。深化党建互联共建定位，提出"党建资源共享、经营合作共促、社会责任共担"的工作目标，建立了工作联动、组织联建、业务联抓；区域共管、资源共通、成果共享的"三联三共"工作机制。湖北分公司党支部与武汉客运段党支部开展互联共建，河南分公司党支部与郑州物资库联合开展"学党史、增本领、强队伍、促发展"主题党日暨中国石油开放日活动，双方在党支部建设、绩效考核、团队建设、基础工作等方面互学互帮、互补优势，在营造了共建共享共进步的合作关系的同时，提升了中国石油产品的美誉度和良好形象。

"党建＋服务"推进上下游维度互联共建，实现技术服务互联互通。为着力抓好客户开发和客户维护工作，党支部搭建了与客户方的深度交流平台。山东分公司党支部与山东俊富无纺布有限公司、神州非织造材料有限公司两家战略合作伙伴联合开展共建，内蒙古分公司党支部联合中油运输公司石油苯运输车队党支部开展互联共建，初步实现了党建资源与市场情况共享的工作新格局，渠道建设持续加强。

"党建＋共享"推进系统内外维度互联共建，把典型经验请进来送

出去。华北化工销售公司立足合作共赢,与区域内石化重点企业建立和深化互联共建关系,河南分公司党支部与中国石化华中郑州代表处党支部结对共建,实现资源共享、渠道共享、技术共享、客户共享,在市场渠道、销售经营、产品信息等方面互嵌互助,对于增进区域内化工产品销售"强强合作"具有示范引领意义。

## 三、成效启示

华北化工销售公司党委通过创新党建与生产经营深度融合的机制和形式,搭建党员交流平台,丰富党支部组织生活形式,创新和激发基层党组织活力。党支部深化理念融合、阵地融合、管理融合,进一步丰富基层党建工作内容和载体、进一步推动党建与生产经营工作深度融合,形成"党建共通、资源共享、优势互补、发展共赢"的基层党建工作新格局。

(执笔人:张 欣 王涛涛)

# 探索"3+2"新模式
# 以"思想脱贫"实现扭亏为盈

东北销售公司

## 一、背景介绍

东北销售公司自1950年诞生,七十余载奋斗历程,公司在一次次困难与挑战中勇毅前行。特别是在百年未有之大变局加速演进的大背景下,国际油价跌宕起伏,成品油供需的矛盾愈发突出,加之国内成品油市场竞争激烈,公司自2013年以来连续亏损,导致资产负债率畸高,有息负债增长过快,严重制约公司高质量发展。"企业不消灭亏损、亏损终将消灭企业",扭亏成为公司迫切需要完成的核心任务,事关公司的生存发展,事关全体干部员工的切身利益。面对前所未有的"严冬"大考,公司坚决落实集团公司党组决策部署,压茬推动开展"转观念、勇担当"系列主题教育活动,引导全体干部员工始终牢记中国石油是党的中国石油、国家的中国石油、人民的中国石油。公司上下振奋精神,大力发扬"困难面前有我们、我们面前无困难"的优良传统,采取革命性举措深化内部挖潜。在集团公司大力支持下,公司2021年同比减亏112亿元,一举实现扭亏为盈,主要指标创四年来最好,结束了累计8年的亏损局面,为"十四五"良好开局奠定了坚实基础。

## 二、主要做法

东北销售公司积极探索"3+2"新模式,即把握好三个原则、运用好两个抓手，让主题教育活动贴近员工、融入日常，聚焦扭亏、取得实效。

（一）正确把握三个工作原则，明确方向精准施策

开展主题教育活动必须充分体现时代性，强化工作指向性、针对性，把企业亟需解决的问题和要做的事、做事的人紧密串联起来，开展精准教育，确保取得实实在在成效。

紧扣新时代主题主线。紧扣准确把握新发展阶段、深入贯彻新发展理念、主动融入新发展格局的主题主线，高规格加强组织领导，将党内集中教育与主题教育活动紧密结合、互相促进、有机融合，确保战略决策上坚持党的领导，推动发展上体现党的意志，工作举措上贯彻党的要求，以高质量党建破解治理僵局、化解经营困局、融解发展限局、引领高质量发展。

聚焦企业主责主业。聚焦以实现集团公司产业链价值最大化作为工作核心，紧紧围绕亏损治理攻坚任务，一体推进作风建设，嵌套开展"我能为改革做些什么"大讨论活动、"我为扭亏勇担当"主题实践活动、"石油工人心向党、建功奋进新征程"岗位讲述活动，拓宽主题教育空间，丰富手段和载体，全方位立体作战，画出最大同心圆。

眷顾员工所盼所望。坚定站稳人民立场，深入践行群众路线，眷顾员工所盼所望，将主题教育活动与"我为员工群众办实事"充分结合，制定26项重点民生项目逐项兑现，员工群众的获得感、幸福感、安全感不断增强，凝聚起全员奋进新时代、建功新征程的精气神。

（二）充分运用两个有形抓手，集中发力务求实效

主题教育作为思想发动最基本的载体，必须紧紧抓住促动激发"思想怎么解困"上落脚，引导全体干部员工在公司扭亏解困攻坚战中找准定位，一以贯之抓落实。

强化"学与思"，坚定扭亏决心。发挥"关键少数"示范作用。将党委理论学习中心组学习范围扩大至机关二级领导人员，严格落实"第一议题"制度，跟进学习习近平总书记最新重要讲话精神，通过189期读书班、166场次中心组集体学习、150余场次专题党课，重温学习《习近平：主动来一场"学习的革命"》一文，学出扭亏的高度自觉、学出扭亏的方向目标、学出扭亏的坚定意志；从"思想脱贫"入手，主动学习《摆脱贫困》，运用"弱鸟先飞"的辩证观念，以"滴水穿石"的韧劲和勇气，不断增强扭亏脱困的信心决心。坚持学习教育全覆盖。做好教育对象的区分与细化，按照机关、基层、党员领导干部、管理岗位、一线员工等分类，充分结合岗位与思想实际，开展更加高效、更加全面的教育，提升主题教育活动的覆盖面与参与度；开展852场次主题党日活动，举办30余次红色教育之旅，征集分享上千篇学习体会，让党的创新理论武装头脑，全面占领员工精神高地；开展覆盖全员的形势任务宣讲，公司党委书记带头讲清形势任务、方向目标、工作要求、措施责任，全面激发全员创新创造活力。注重学习教育守正创新。全力构建主题教育矩阵，利用学习强国、公司门户网站专题网页、铁人先锋等媒体优势，通过"讲解式""互动式""体验式"的学习形式，将学习内容直达员工、直达指尖，有效提升关注度和参与面；创新对标学习和基层调研相结合，营口分公司党委分解三级指标体系，根据对标指标性质区分为指标类对标和管理类对标，将对标客体分为外部标杆对标和内部横向对标，为企业深化改革发展提供有效数据支撑和理论保障；贴近岗位一线开展教育，冀中分公司组织拍摄"我的新年愿望""心歌给党听"等短视频，凝聚全员投身改革大潮、扭亏解困的斗志力量。

突出"践与悟"，展现主动作为。开展思想观念"大纠偏"。针对

"有集团公司包干兜底"的错误认识，基层党组织书记、党员领导干部聚焦"四个讲好""五个讲清楚"开展层层宣讲；两级领导干部通过96次基层调研、76次组织生活，为党员群众作宣讲报告，组织全员围绕"一流怎么创、高质量怎么干、担当怎么办、观念怎么转"，谈认识体会、谈责任目标、谈思路举措，大连分公司第一党支部不等不靠、主动作为，集中开展"五新五小"课题攻关，开展工艺电动阀控制模块腐蚀技术攻关，积极探讨提高新港商储库周转率，创新计量质量交接方式，提质增效成果显著，荣获集团公司基层党建"百面红旗"称号。树牢价值创造新理念。把优质服务作为大区公司最终产品和最大价值，开展"炼销体验日"活动，增强客户"黏性"，拓宽提升服务的路径；公司主要领导带头对标先进单位、找准工作差距，赢得外界普遍赞誉；持续深化"五位一体"服务保障机制内涵，精准服务内涵，主动亮出承诺，赢得用户尊重；实施"一厂一策"，加强市场信息传递，提高应急处置和统筹平衡能力，全力保障生产后路顺畅；精准产销对接，引导炼化企业生产适销对路产品，科学安排资源组织节奏，全力保障资源运行高效，产销服务和运行保障能力持续提升，2021年累计配置油品4443万吨，同比增加8.8%，大区公司价值进一步彰显。打造提质增效"加强版"。牢固树立"效益是企业生存发展之基"的理念，全员、全方位、全过程突出"四精"管理，以革命性举措和刀刃向内的勇气深化内部挖潜，极限压控费用，公司2021年五项费用、租赁费、维修费同比分别降低21%、32%和54%。南京分公司狠抓作业环节优化，三江口油库年周转次数提高5.9次，节约成本1806万元；冀中、宁波分公司提升结算效率，管理提升增效明显。公司2021年实现资源创效73.3亿元、物流优化创效2.1亿元、销售及管理费用降幅达10%。

## 三、成效启示

新形势下,东北销售公司的主题教育活动始终坚持问题导向、目标导向、结果导向,做好一人一事思想政治工作,以春风化雨、润物无声赢得上下同心、众志成城,广大干部员工深刻认识到,个人职业生涯与公司生存发展之间的紧密关联,将"小我"与"大我"高度统一,大力弘扬石油精神和大庆精神铁人精神,自觉践行"勇担当、善作为、抓落实";在全体干部员工共同努力和不懈奋斗下,公司顺利完成扭亏为盈的目标任务,有力推动了公司回归大区公司本位,重新赢得了各方认可,重塑了良好形象,公司高质量发展基础更加坚实。

(执笔人:李长安　周东宁　孙国强　李　迪　石　亮)

# 因地制宜　守正创新
# 推动党史学习教育走心走深走实

四川销售公司

## 一、背景介绍

习近平总书记指出，"要认真总结这次党史学习教育的成功经验，建立常态化长效化机制，不断巩固拓展党史学习教育成果"。四川销售广元分公司党委认真学习贯彻落实习总书记重要讲话精神，认真领悟党史学习教育"学史明理、学史增信、学史崇德、学史力行"总要求，结合地方红色文化和自身特色库站文化资源，因地制宜、守正创新，促使党史学习教育这一行之有效的思想教育方法更具特色、更受欢迎，推动党史学习教育在基层员工中走心走深走实。

## 二、主要做法

（一）开设党员讲习所，建好学史明理的核心阵地

在机关办公楼设置由理论篇、党史篇、基础篇构成的党员讲习所。

**打造理论武装高地。** 以理论为主线，图解马克思主义中国化理论成果，收集习近平总书记系列著作100余册，使之成为广元销售分公司落实"第一议题"制度、开展党委理论中心组学习研讨的重要场所。依托讲习所，成立党史和理论学习小组，通过红色观影间、经典小故事、概念早知道、金句永传承、今天我主讲、随机测效果等"六步曲"，让理论学习生动有效，促使党员干部学得进、易消化、快提升。

打造党史学习园地。以时间为轴线，图解百年党史四个重要时期，集成"四史"书籍200余册，配套收纳式投影、立体音响等设备，使之成为党员学习党史的"打卡"地。利用讲习所，推行党支部"观、听、学、讲、晒、考"集中学习新模式，举办青年读书会，掀起红色典籍阅读热潮。

打造党员活动场地。以要素为标线，设置党旗、入党誓词、党的指导思想、党的基本路线、党员的义务、党员的权利、党支部的基本任务、党的组织生活制度等标准化建设内容，使之成为支部"三会一课"、主题党日活动的核心区。

(二) 依托红色资源库，办好学史增信的移动课堂

广元是革命老区，拥有红军城、红军渡、红军山等众多红色资源，为开展党史学习教育提供了丰富素材。

设置沉浸式课堂。广元销售分公司党委组织党员干部赴巴中开展"赓续红色基因·锻造红色劲旅"体验活动；安排党支部组织党员就近参观革命遗址；指导团委制定"青春十二乐章"计划，每月到红色教育基地实地学习体悟，让广大党员和青年在感悟红色故事、历史图片、革命文物中筑牢信仰之基，把稳思想之舵。

设置宣讲式课堂。在广元市委党校举办党员干部专题读书班，邀请教授进行党史专题讲座；组织老党员、劳模代表到基层开展"石油工人心向党·建功奋进新时代"巡回宣讲；以"139 44356435""11419111"为基本脉络，结合地方党史和革命人物，分别对党史学习教育和习近平总书记"七一"重要讲话精神进行专题宣讲，促使广大党员深刻领悟党的伟大成就，增强信仰、信念和信心。

设置分享式课堂。组织青年员工轮流在"青春矍利州"微信群分享红色故事；在"油矍剑门"订阅号开辟青年红色导游栏目，以微视频形式分享地方红色景点和英雄人物，让广大青年在重温革命历史、追寻先

辈足迹中进一步传承红色精神、激发工作动能。

（三）构建库站文化群，用好学史崇德的精神家园

将"智勇坚定、排难创新、团结奋斗、不胜不休"红军训词确定为广元销售分公司司训，梳理形成以"根、干、枝、叶、果"为主要内容，以"一区一墙一阁一廊"为表现形式，以库站文化为重要支撑的企业文化体系。

**形成广销特色石油精神。** 将抗震救灾、市场保供等特殊时期涌现的典型经验和先进事迹加以总结凝炼，形成经营业务上不错过每一名客户，不错过每一次销售机会的"桶桶油"精神；网络建设上敢打硬仗，锻造维护市场稳定铜墙铁壁的"守门员"精神；管理增效上攻坚克难，敢钻敢挤的"木楔子"精神为核心的"三大精神"，集中展示广元销售分公司干部员工对中华民族优秀传统文化、中国革命文化、社会主义先进文化，以及石油精神的传承。

**弘扬油库特色吃苦文化。** 蜀道难，难于上青天。广元销售分公司大部分库油站沿蜀道布置，可以说蜀道通途发展史，就是广元销售分公司成长史，蜀道故事，就是广元销售人的奉献故事，而这些故事又浓缩于广元油库。老一辈油库人肩挑、背扛、水漂、纤拉，为将一桶油运回广元，用了推车驾汽车，走了旱路趟水路，爬过秦岭再渡嘉陵江，运回一批油，往往要花上个把月时间，吃尽千辛万苦；新一代油库员工战寒暑、拒天灾、保供应，连续五年实现吞吐量破百万吨，先后荣获"全国工人先锋号""集团公司抗震救灾先进集体"等重要荣誉。广元销售分公司在广元油库集中打造以"艰苦奋斗、埋头苦干、同甘共苦、苦中作乐、苦尽甘来"为核心的油库"吃苦"文化，充分展示广元销售分公司70年和广元油库60多年艰辛创业发展历史。

**打造油站特色文化。** 结合窗口行业特色，广元销售分公司集中打造以"服务环境优、服务产品实、服务态度诚、服务技能强、服务体

验佳"为核心的服务文化；以"业绩争先、管理争优、团队争气，雄心壮志有目标、雄风浩荡创一流、雄姿飒爽展风采"为核心的争雄文化；以"夯基固业、安居乐业、树功立业、百年基业"为核心的绿色发展文化，以"站以人兴、知人善教、人尽其才、以人为本、人才辈出"为核心的摇篮文化；以"以站为家、我爱我家、事靠大家、亲如一家"为核心的"家"文化，展示成品油销售企业员工精神风貌和价值追求。

（四）推进党建与业务深度融合，筑好学史力行的攻坚堡垒

积极转化党史学习教育成果，在深化"我为员工群众办实事"具体实践中，彰显基层党支部攻坚克难的战斗堡垒作用。

*锚定销售难点发力*。广元销售分公司党委实施党支部建设"九宫格"计划，攻关经营难点问题。利州片区党支部针对非油销售难点，开展提篮销售、站外销售、夜市销售，将销售场景延伸到城区商业街、人口聚集大广场和传统节日展销会，有效助推非油提质增收。特别是国际"女儿节"期间，该支部党员营销组成员身着唐装，提篮内装满水、小吃和应季水果，助威"凤舟赛"主会场，成为"女儿节"另一道靓丽风景。

*聚焦油站弱点发力*。要求支部充分用好主题党日活动载体，组织党员业务骨干到站帮扶。针对非油商品单一、陈列欠缺"美感"，组织非油堆头大赛，优化商品组合和陈列；针对部分站店业绩"掉队"，开展全流程诊断，找出管理短板，提出可行性方案，集体攻关管理弱项；针对"十惠"活动日、油价上调日等"特殊时间"，组织党员突击队现场协助"消高峰"。

*围绕人才痛点发力*。针对操作技能人才匮乏、经理人队伍结构老化的痛点，利用加油站闲置场地，设置青工实训点，开展"短平快"的应用式培训。实训点坚持"实战、实操、实践"和"管用、有用、好用"

的原则，梳理构建加油服务、计量接卸、开口营销、设备检维修等实战场景，配套技能操作书籍，着力打造"前站后点""即学即战"的培训现场，让员工在理论和实操中、实训和实战中提升综合技能。

## 三、成效启示

**提升干部员工认同感。** 广元销售分公司通过做实"规定动作"，做特"自选动作"，党史学习教育意义更加深入人心，干部员工葆初心，情感认同更加真切；悟思想，信仰认同更加牢固；办实事，实践认同更加深入；开新局，使命认同坚定，党史学习教育浸润人心。

**推进公司高质量发展。** 广元销售分公司通过"规定动作"，广大党员干部回望党的奋斗历程，感悟思想伟力，更加自觉地运用党的创新理论武装头脑、指导实践、推动工作；通过"自选动作"，干部员工总结广元销售分公司发展历程，感悟企业发展不易，更加创造性地将党的创新理论落实在具体工作火热实践中。

**推动党业融合发展。** 党史学习教育的关键在学以致用，真正把学习教育成效转化为加快企业发展的实际行动。"规定动作"与"自选动作"的落地，有效推进了党业融合发展，广元销售分公司连续两年获得四川销售先进工作单位，连续三年获得四川销售党的建设工作先进单位。

（执笔人：赵学锋　何晓东　杜泽明　张文凯）

# 打造媒体融合"新矩阵"
# 构建发展共赢"朋友圈"

浙江销售公司

## 一、背景介绍

这是一个快速发展、充满变革的伟大时代，它带给了人们很多便捷和惊喜，尤其是随着移动互联信息传播方式的突飞猛进，以互联网、手机、微信、微博等为代表的新媒体时代，已经"扑面而来"。新媒体作为具有时代创新标志性意义的传播载体，给人们生产、生活带来了极大方便，拓宽了人们的视野和信息渠道，丰富了人们的精神文化生活，也成为思想文化的新阵地以及宣传思想工作的新渠道和新手段。这一新形势下，成品油销售企业在面对市场竞争激烈、新兴能源冲击等严峻形势的同时，更要应对舆论生态发生的深刻变化。中国石油浙江销售公司（以下简称浙江销售）党委牢固树立"四个意识"、坚定"四个自信"，深入贯彻落实集团公司和销售板块宣传思想文化工作部署，顺应网络新媒体的发展规律，开放思维、创新探索，优化新闻资源，加快媒体转型升级，着力打造传播、互动、服务于一体的融媒体"新矩阵"，构建有温度、有热度、有担当的"朋友圈"，较好地形成了传播信息、引导舆论、服务经营、凝聚共识、塑造形象的"大宣传"工作格局，为浙江销售高质量发展提供了精神动力和舆论保障。

## 二、主要做法

**（一）创新驱动、多管齐下，打造融媒传播矩阵，全面增强"朋友圈"宣传力**

积极打造上下互通、内外协同、网微多端的全方位、多层次、立体式宣传体系，实现变"小宣传"为"大宣传"、变"单兵作战"为"协同作战"，营造"大家都是宣传员"氛围。

**构建"上下互通"内宣新格局。** 省公司制定宣传工作目标、计划和评价体系，各部门共同谋划、参与；市公司对宣传执行实施月通报、季考核、年评先"一条线"；基层库站积极选拔培育通讯员，确保"站站都有通讯员、人人唱响好声音"；成立"浙里有味"新媒体编辑之家，25位成员均来自浙江销售骨干通讯员，属地化办公、联动化协作、项目制运营，成为浙江销售新闻宣传的内容生产、运维和发布中心。聚集一批爱电影、懂剪辑、会拍摄员工，成立"千岛微剧社"视频制作团队，推进传统新闻通讯员向全媒体记者和新媒体编辑转型。

**打造"网微多端"外宣全覆盖。** 差异化设定功能定位，推进传统媒体和新媒体"互促互补"传播。门户网站发挥宣传引导主阵地功能，突出时事新闻报道、权威信息发布；停办出版15年的企业报，推出及时、共享和互动性强的数字《加油报》，传播信息更加快捷，展示内容更加丰富；微信服务号推广中油品牌，提供油品营销线上服务，粉丝量超340万；微信公众号"浙里油微"关注企业发展和员工成长，注重"细微、感动、实用、有趣"；官方微博聚焦形象传播，引导公共舆论；"微视号""抖音号""天目号"等客户端，突出营销互动、传播石油文化等功能，让社会大众和干部员工随时随地、想看就看、想说能说，打通新闻宣传"最后一公里"。

**建立"交友做客"互动朋友圈。** 走出去"交友"，与32个政府宣传主管部门、26家主流媒体、15位社会意见领袖建立常态沟通、新闻发布、定期会谈"三项机制";请进来"做客",持续举办"一滴油的奇妙旅行——走进石油开放日"活动,累计邀请26家媒体150余名记者、15家单位40位大客户代表体验成品油存、储、运、销全过程,让社会公众更信赖中国石油品牌、点赞中国石油服务。

**(二)守正创新、突出特色,把牢主流舆论阵地,不断扩大"朋友圈"影响力**

紧紧把握正确的政治方向,始终坚持"内容为王"的生产理念,注重上级精神基层化和本地探索特色化,争做企业高质量发展道路上的最佳拉拉队,多专题、多栏目唱响浙江销售创新发展好声音,激发员工爱祖国、爱石油的政治热情和实干精神。

**在共鸣共享中凝心聚力。**疫情防控期间,浙江销售官微第一时间推出《防控新型冠状病毒,浙江销售在行动》专题,讲清疫情时事,末尾附上图文并茂的"新冠肺炎防控知识",让库站一线员工快速了解疫情形势,涨了知识,稳了心神。《加油站防疫"三字经"》阅读量超22万,相关措施被销售公司采纳并写进加油站防疫手册,面向全板块推广。在抓好形势政策宣贯的同时,注重展示一线员工的生活、情怀和才艺,让广大员工只要触及新媒体矩阵,就有回家的感觉和温馨。"浙里油微"公众号推出音频和文字结合的读书专题《径山夜话》200多期,邀请员工主播朗读党史故事、名篇佳作,营造浓浓的书香气息,成为广大客户、员工每周期盼的精神大餐。以"加油拼搏未来"为主题的《2022年,一定要加油的10个理由》原创漫画,致敬每一个在奔跑中拥抱梦想、用汗水浇灌未来、用奋斗书写精彩的追梦人,让加油站成为冬日里最温暖的存在,全网阅读超10万。北京冬奥会期间,推出《一户一墩不是梦》H5,展示库站员工的手绘、黏土、漫画、雪雕、折纸等多种多样的冰墩墩,吸引客户到站打卡,线上好评如潮。

让正能量始终成为主旋律。构建"快速防控、宣传发布、媒体管理、舆论监督"工作体系，提升新闻舆情管控能力，确保意识形态阵地安全。2022年3·15前夕，"今日头条"一自媒体号炒作四年前浙江销售某加油站"45升油箱为何加出47升油"旧闻，诬陷中国石油缺斤少两。浙江销售第一时间在微博推出科学扫盲帖"油箱标定容积和实际容积的区别"，线上提醒"今日头条"关注，同时邀请"浙江日报""钱江晚报"等多家主流媒体围观。4小时后，"今日头条"客服主动致电浙江销售道歉并删帖。针对网上转发的"中国汽油相比国外的无色汽油，就像半成品一样"视频，宣传部门联合质量、营销等部门，搜集权威资料，整合集团公司、兄弟单位的报道信息，在新媒体矩阵上推出"国外汽油比国内好？点进来见分晓！"软文，发布不到半小时阅读数超10万+，留言超2000条，维护企业形象，澄清公众误解。

**（三）聚焦中心、服务发展，增强自身造血功能，持续转化"朋友圈"生产力**

牢牢把握传媒经济就是影响力经济的本质，注重将新媒体矩阵影响力发挥到生产经营的各个环节，积极探索拓展媒体经济，不断增强自身造血功能，实现社会效益和经济效益双丰收。

**在提升品牌形象认同感上下功夫。**坚持新闻宣传与经营工作相结合、品牌塑造与公益活动相结合，抓好新媒体矩阵运营。2021年五四期间，浙江销售推出"为石油后浪（杰出青年）点赞加油"微信投票活动，向参与活动的客户发放满减电子券，实现宣传先进典型事迹、增长微信号粉丝量、带动汽油销量数千吨"一箭三雕"。放大公益效应，积极参与由浙江援疆指挥部、浙江广电集团联合主办的公益活动"我在阿克苏有棵苹果树"，线上组织购买苹果苗，开辟"中国石油专属苹果林"，果树收益以企业的名义捐赠给奋战在疫情一线的医护人员，既助力了精准扶贫，又塑造了企业主动担当作为的形象。这些策划，推动了广大主流媒体从"被动相邀"向"主动上门"转变,让社会大众从"聚焦负面"到"点赞品牌"转变。

**在发展多渠道粉丝经济上出成效。**坚持"虚功实做",化"软指标"为生产力。每条官微软文均设置"留言互动"版块,增强新媒体小编的人格化,提升国企在民众心中的形象。适时派送小额电子券等福利提高粉丝的积极性,有效降低公众号的"取消关注率",锁住一大批忠实铁粉。浙江销售在做强做精内容的前提下,挑选投入优质广告资源,收取广告费,推进"流量变现",有效增加非油收入。

## 三、成效启示

2022年,浙江销售新媒体矩阵全网在线粉丝数量达400万,综合影响力始终排在集团公司前列,较好地形成了传播信息、引导舆论、服务经营、凝聚共识、塑造形象的"大宣传"工作格局,基本形成上下协作、企地联动"大宣传"的工作格局,为企业高质量发展提供了精神动力和舆论保障。浙江销售采取"互联网+党建""互联网+思想政治教育"等模式,以员工群众视角为切入点,采用视频、音频、图片等时尚元素为点缀,把党的理论政策、企业改革发展部署转化为员工群众喜闻乐见的文化产品,起到了凝聚员工共识的作用。浙江销售进一步宣扬主流思想,有目的、有计划、有步骤地去设计、制作、加工、生产正面"宣传产品",强化主流意识形态的传播,有力地展示了浙江销售的品牌形象和员工风采。

(执笔人:王 强 阳 琪 蒋 蕾 王识博)

# "四强化、四提升"主题实践活动
# 为加快推进公司高质量发展赋能

渤海钻探公司

## 一、背景介绍

2018年7月，习近平总书记作出"大力提升国内油气勘探开发力度，努力保障国家能源安全"的重要指示批示。渤海钻探工程公司党委站在保障国家油气供应安全的战略高度，坚决贯彻落实习近平总书记重要指示批示精神，切实履行服务保障油气勘探开发使命任务，围绕建设优势突出的国际化石油工程技术服务公司战略定位和低成本高质量发展要求，根据公司施工队伍点多、面广、战线长、安全风险大以及对独立作战能力要求高的特点，积极探索和创新基层思想政治工作新途径、新方法、新载体。紧紧围绕公司形势任务目标，深入开展"四强化、四提升"主题实践活动，强化基层政治思想引领、依法合规管理、企业文化建设和先锋堡垒作用，努力提升基层凝聚力、执行力、战斗力和贡献力，为公司保持战略定力，知重负重、知难而进，有效应对复杂严峻形势，战胜一系列困难挑战，持续推进高质发展，实现"十四五"良好开局提供了坚强保障。"四强化、四提升"主题实践活动逐步成为渤海钻探工程公司上下广泛认同、全员积极参与的基层思想政治工作品牌工程。

## 二、主要做法

**（一）强化政治思想引领，提升基层凝聚力**

坚持用习近平新时代中国特色社会主义思想武装头脑、指导实践、推动工作，不断增强"四个意识"、坚定"四个自信"、做到"两个维护"。认真开展思想政治教育。严格落实"三会一课"制度，充分发挥基层党支部政治理论学习"龙头"作用，把党员经常性政治理论学习和教育摆在突出位置，深学细悟党的创新理论，确保党的路线方针政策和上级决策部署在基层贯彻落实。积极组织开展"微党课"活动。基层党支部书记、党员干部带头，鼓励全体党员紧密结合生产实际，带领基层员工围绕生产经营重点，精心策划"微党课"主题，充分发挥"微党课"小型灵活的特点，通过讲、看、读等形式，推动党的创新理论成果进班组、到岗位、入人心。深入推进形势任务教育。按照"两个集中、一个经常"工作要求，突出年初、年中时间节点，组织开展形式多样的宣讲教育、座谈讨论活动，充分利用报告会、工作会、班前班后会等时机，切实发挥宣传栏、网站、微信等阵地作用，持续做好形势分析、政策解读、难点剖析、疑点阐释、热点引导。教育引导干部员工解放思想、转变观念，把思想和行动统一到完成各项任务目标上来，凝聚推动公司高质量发展强大合力。

**（二）强化依法合规管理，提升基层执行力**

狠抓基层宽松软、微腐败等重点问题，转变作风、正风肃纪、担当作为，营造干事创业、风清气正的工作环境。完善基层组织集体决策制度。详细列出党支部委员会、党员大会和基层班子会（队委会）集体决策事项内容清单、决策程序和职责分工，厘清工作界面。严格落实基层党务公开、厂务公开制度，明确公开的具体内容、主要形式和公开范围。落实党员员工参与基层集体决策的知情权、监督权，扩大党务公开、厂务公开的广度、深度。**持续深化廉洁从业教育。**基层党员干部带头学习宣传党章党纪党规，把廉洁经验分享融入到日常会议、各类活动中，用好谈心谈话、短信微信提示等手段，开展廉洁讲堂、廉洁家书等廉洁文化活动，教育引导党员干部严守底线、不碰红线。持续开展基层"微腐败"治理工作，聚焦侵害漠视群众利益等行为，重点关注考勤、薪酬、伙食费以及油料、物资管理领域，每季度开展一次专项监督检查，及时通报检查情况，集中力量整治群众身边的腐败问题。**管好用好意识形态阵地。**落实基层党支部和支部书记意识形态工作责任，按照"谁建立、谁负责"的原则，对微信群、QQ群等新媒体实行登记备案管理；按照"谁发布、谁负责"的原则，加强涉及基层员工微博、微信、抖音等自媒体管理，积极培育和践行社会主义核心价值观，弘扬主旋律，传播正能量。

（三）强化企业文化建设，提升基层战斗力

主动适应高质量发展新要求，大力弘扬伟大建党精神，积极践行石油精神和大庆精神铁人精神，打造公司"争先文化"和特色队站文化。**弘扬优良传统，传承石油文化。**扎实推进党史学习教育在基层走深走实，全面系统学习"四史"和新中国石油工业发展史，以传承石油精神为主线，以"良好形象建设"活动为载体，组织干部员工开展形式多样的大庆精神铁人精神再学习再教育再实践活动，确保中国石油优良传统传承好、发展好、弘扬好。**打造特色争先文化、四特精神。**深入推进基层党的建设与争先文化建设融合发展、资源共享、同步推进，让争先文化真正进入班组、滋养员工。积极培养选树宣传先进典型，讲好渤钻故事，带动全体员工积极践行"四特精神"。让争先文化和"四特精神"真正成为推动公司高质量发展的强大动力。**落细落小落实"我为员工群众办实事"。**坚持"五必访、六必谈"，及时了解分析员工思想动态，掌握员工疾苦需求，办实事解难题，让思想政治工作有温度、有力度；针对苗头性倾向性问题，早发现早介入，耐心细致做好心理疏导和思想引导，确保员工心理健康和队伍稳定。

（四）强化先锋堡垒作用，提升基层贡献力

按照"一支部一特色"，实施"党建＋"模式，组织基层紧紧围绕安全生产、提质提速、创新创效、控本增效等中心任务，发挥先锋堡垒作用，打造品牌工程、精品工程。**突出"党建＋安全井控"重点。**定期开展"安全在我心中"主题宣讲活动，设立"党员安全责任区""党员安全示范岗"等，发挥好"一名党员一面旗"作用，借助主题党日，结合岗位实际，有针对性地开展隐患排查、安全培训和自查整改，保障安全、环保、井控不出问题。**彰显"党建＋提质提速"成效。**大力宣贯"成就甲方就是成就自己""一家人、一条心、一股劲、一起干"的理念，在重点工程、重要项目和急难险重任务中，成立党员突击队、党员先锋队，集中力量开展项目攻关，提高施工作业效率，实现提质提速目标，树立渤钻品牌形象。**深化"党建＋创新创效"活动。**广泛发动党员干部员工立足本岗，持续深入开展不同层面、不同岗位、不同工种、全员参与的淘金行动、导师带徒、岗位练兵、技术比武、劳动竞赛、典型选树、后进转化等活动，鼓励奖励、宣传推广岗位创新创造成果，激发广大员工的劳动热情和创新意识。

## 三、成效启示

"四强化、四提升"主题实践活动开展以来，公司各级党组织动员组织广大干部员工不忘初心、牢记使命，认真履行"一体两面"责任，践行担当作为，凝聚智慧力量，攻坚克难啃硬。有效应对原油价格暴跌、新冠疫情突发、国内工程技术服务价格持续低迷、海外两大主力市场受挫等"黑天鹅""灰犀牛"事件叠加带来的巨大冲击。连续三年获评集团公司 A 级企业，连续四届蝉联"全国文明单位"称号，荣获全国五一劳动奖状、全国工人先锋号、集团公司基层党建"百面红旗"等省部级以上荣誉 70 多个。公司党委将持续深化"四强化、四提升"主题实践活动。坚持以政治建设为统领，团结带领广大员工始终听党话、跟党走，锻造坚定捍卫"两个确立"、坚决做到"两个维护"的渤钻铁军。坚持以思想教育为基础，树立"基层强则公司强"的理念，抓生产从思想入手，抓思想从生产出发，努力提升基层队伍凝聚力战斗力。坚持以合规管理建设为重点，落实全面从严治党责任和党内监督责任，营造风清气正的良好环境。坚持以生产经营为根本，坚持文化引领、文化强企，让石油精神和大庆精神铁人精神成为全员的思想高地和行为标尺。

（执笔人：刘相民　吴永刚　徐恩宏　罗永华　耿修梁）

# 着力打造有内涵有价值有意义的特色科研文化

规划总院

## 一、背景介绍

规划总院始终秉承"战略引领、创新思维、问题导向、追求卓越"的理念，紧紧围绕国家能源安全和集团公司重大战略需求，充分发挥决策参谋作用，是全国石油行业唯一能够承担油气业务全产业链规划研究与咨询服务的综合性科研机构。近年来，百年变局加速演进，保障国家能源安全面临突出压力，更加强调战略规划的前瞻性、科技研发的原创性以及运行优化的实效性，对规划总院的决策支持工作提出了更高要求，急需创新党建载体平台，强化思想文化赋能，助力总院在科研机制改革、管理模式创新、研发领域开拓、核心技术攻关、科研团队建设等方面取得新突破。为此，规划总院党委不断创新思想政治工作的方式方法，以激发员工科研斗志，充分调动员工积极性、主动性和创造性为目的，搭建既符合自身实际，又满足科研业务需要的载体平台，着力打造有内涵、有创意、有价值的特色科研文化，在推动总院高质量发展、建设世界一流能源产业规划和运行优化研究院的进程中取得了突出成效。

## 二、主要做法

（一）巩固思想提升平台，培育心怀"国之大者"素养

政治理论学习在产业规划和运行优化等工作中意义重大。规划总院党委突出以"学"为先，坚持把政治理论学习作为全体科研人员强思

维、增能力、提素质的必修课，同步抓好中层干部、全体党员、员工群众的学习和交流，着重为科研工作者提升思想境界创造条件、搭建平台。

**坚持以上率下，推进全员大学习。**通过党委理论学习中心组带头示范，两级领导班子带头讲理论应用、案例分析成果，在各种场合反复要求、大力引导，持续转变员工对"政治理论学习是党员要求"的单一认识，彻底引导员工走出"科研业务与政治理论无关"的认识误区。通过全员学习习近平总书记"能源的饭碗必须端在自己手里"等重要论述和党史、党的创新理论，增强了广大科研人员加快科技创新、建功石油事业的荣誉感责任感，提升了全员战略思维、历史眼光和哲学智慧，助力科研找准坐标、选准方位、瞄准靶心，不断将理论学习和政策运用的成果，转化为完善发展思路、推进科技创新、提升研究水平的生动实践。

**突出科研特色，创新学习载体。**在强化全员学党史、全员红色教育、全员知识竞赛、全员云上学、"走出去、请进来"等活动的基础上，注重强化理论研讨的针对性和实效性，把研讨作为业务研究、管理提升的前置环节，围绕发展抓研讨、抓实研讨促发展；为了提供更加便捷的学习工具，强化平台赋能，开辟"理论学习园地"专栏，提供理论学习指导；新上线规划总院"知识共享平台"，鼓励科研人员、管理人员将个人手中的理论知识、数据资料、项目成果等各种资源进行线上分享，打破知识信息壁垒，全面推动党建、科技等各类知识共享互通，打造特色学习共享平台。

**理论联系实际，注重学习成效。**注重引导科研人员把理论学习成果运用到科研实践中，把学习践行习近平新时代中国特色社会主义思想作为重点，注重在各类研究中运用马克思主义哲学理论剖析问题原因，解决矛盾问题，做出方向判断。比如以"两论"为指导开展的天然气产业研究，有效抓住了天然气发电产业发展不平衡不充分的主要矛盾，学深悟透、融合贯通"先立后破"等要求，完善优化了"中国石油新能源新业务发展专项规划"等一批高质量研究成果。

### （二）常设科研建功擂台，培育担当争先文化

根据科研任务重、急需创新突破等实际，规划总院党委坚持顶层设计、分类指导，紧紧围绕中心工作，紧扣技术创新、管理创新、提质增效、价值提升等主要任务，做好主题内容策划和平台载体搭建，通过开展科研竞赛、创新大赛、知识竞赛等为主要内容的科研建功活动，为员工群众搭建更多的岗位建功擂台。

**突出区分度，分类指导。** 结合全产业链、业务区分度高的实际，指导各创新创效类研究单位按照科技成果创新的程度、科技成果创效的额度、科技成果贡献的力度以及科技成果转化的数量等，分类确定参赛项目。指导决策支持类研究单位根据成果产业化应用率、决策支持成果数量、呈批件领导正向评价情况等确定科研竞赛项目，倡导科技人员以项目组、攻关小队的形式多人或几人共同参赛的竞赛组织方式，引导形成团结协作、戮力攻关的团队意识，创新攻艰、勇攀高峰的担当意识，赛出项目高质量、成果高含量。

**突出参与度，分类赋能。** 强化结果导向和定向激励，根据年度重难点工作，设立金牌项目、"价值贡献奖"、"最佳创新奖"、"全面提升奖"等多项荣誉，鼓励全员参赛，员工依事定向，明向笃行，鼓励科研人员立足自身岗位、科研任务，勇于超越前人、超越自我、超越权威，赛出能力水平、赛出精神风貌、赛出价值贡献。

**突出创新度，分类评价。** 定期举办创新大赛作为科研建功的集中竞技场，把从事战略规划、科技研发、数字化、工程咨询和经营管理过程中提出的新工艺、新技术、新方法、新产品、新模型、新工具，并实现提质增效、改进技术、提升效率、完善管理等目标的项目定为创新成果

类；将为提升本工作岗位或专业的工作质量、效率和效益，提出具有新颖性与创新性的思路和想法，有初步的解决方案，具有深入研究和推广价值的项目定为创新创意类，采取初赛筛选、复赛评选的方式，根据不同的指标分别评价创新成果，同时引导各支部层面大力开展各类创新项目评比活动，在全院上下形成了浓厚的创新氛围。

### （三）搭建展示交流的舞台，培育共享共进环境

规划总院技术人员的工作常态是坐在自己的工位闷头搞科研，终日与报告为伍，登台亮相的机会少、交流沟通的机会少、了解互动的机会少。针对这一实际，规划总院党委积极为员工搭建自我展示、相互交流的舞台，多主题、多频次、多契机举办各类讲述活动。引导员工走上讲台、站在中央，分享讲述心路历程、创新方法、研究成果等，增强员工岗位荣誉感，培植共享共进的良好环境。

**岗位讲述"立言"**。安排和邀请劳动模范、先进工作者以及优秀共产党员代表在全院表彰大会、总结大会等场合进行岗位讲述，各支部在"三会一课"和主题党日等场合让员工群众人人开口进行岗位讲述。

**技术交流"立行"**。先后开设青年大讲堂、名师讲堂、技术沙龙等活动，邀请本院技术专家和技术水平强的技术人员上台当老师，交流技术经验和技术成果。

**经验分享"立德"**。邀请老员工讲述自己的优良传统、工作经验和心得，邀请新员工讲述自己的工作体会和工作目标，形成了"典型骨干重点讲，人人开口交流讲"的氛围，引导广大员工讲出了自信心，讲出了荣誉感，更讲出了岗位奉献的激情和热情，讲出了岗位奉献的动力和活力。

### 三、成效启示

员工群众是企业的主人,坚持以人为本,激励员工的自我提高、自我发展和自我成就,是时代发展的需要,也是企业自身发展的需要。规划总院通过搭建科研立功平台,形成了内提素质、外展形象的激励作用,更在推进高质量发展,赋能规划总院一流研究院建设上取得了丰硕成果。"十三五"期间,规划总院年均运行项目1055项,同比"十二五"年均增加75项,业绩考核连续9年保持A类企业,多项国家重大课题、成果呈报中央领导并获得批示,形成了一批集团公司党组关注、影响广泛的精品项目,技术支撑作用明显增强。不久前,规划总院12项课题获评"集团公司软科学研究优秀课题",评优数量在集团公司各单位中位列第一,彰显了规划总院在软科学研究方面的显著优势。同时,"天然气在新型电力系统中作用研判""碳中和愿景下天然气发展路径研究""关于阿米巴经营模式试点情况的报告"等多个项目获得董事长签批,彰显了规划总院在集团公司技术支撑和服务方面不可或缺的作用。

(执笔人:陈艳滨　刘二利　王云涛　宋　铮)

# 赓续血脉守初心　思政育人促发展

安全环保技术研究院

## 一、背景介绍

环保技术研究所（以下简称环保所）是中国石油安全环保技术研究院的重要环保科研单位，主要负责环境保护相关技术研究工作。近年来，"石油石化污染物控制与处理"国家重点实验室获批建设，国家重大科技专项、集团公司重大科技专项相继立项并实施，环保科研创新的要求进一步提高。习近平总书记强调，一百年来，中国共产党弘扬伟大建党精神，在长期奋斗中构建起中国共产党人的精神谱系，锤炼出鲜明的政治品格。在人才队伍建设过程中如何发挥党的思想政治引领优势，深入宣传中国共产党人精神谱系，用好这一宝贵精神财富，更好地鼓舞激励青年员工弘扬光荣革命传统、赓续红色血脉，是提高团队凝聚力和战斗力的重要课题。

环保所围绕职能定位，以党的政治建设为统领，凝聚红色宣传教育力量，创新青年人才培养模式，引导青年员工传承红色基因、坚定理想信念、汲取奋进力量。切实发挥思想政治工作的精神指引与激励作用，不断优化人才发展环境，构建人才培养长效机制，走出了一条"伟大精神荡涤心灵、红色血脉砥砺品格"的思政育人之路，为环保所奠定了坚实的人才基础。

## 二、主要做法

### （一）弘扬建党精神，锻造作风过硬人才

"人无精神则不立，国无精神则不强。"伟大建党精神是中国共产党的精神之源，为"十四五"征程指明了方向。当今世界百年未有之大变局加速演进，科技创新成为国际战略博弈的主要战场，正值绿色低碳转型发展的关键时期，青年员工的高质量成长，是支撑公司未来更高远奋斗目标和可持续发展的重要保障，环保所将重温党史作为新员工的"第一课"，让坚持真理、坚守理想的信念在青年员工心中生根发芽。

党支部书记作为思想政治工作建设的第一责任人，把定期组织青年员工召开专题座谈会作为加强与青年员工沟通的有力抓手，座谈会聚焦为"高水平科技自立自强""绿色低碳转型发展的机遇与挑战"等主题，支委委员们倾听青年员工心声，指导青年员工梳理行业发展需求、明确自身发展定位、明晰技术攻关方向，勉励青年员工树立远大的个人目标，把个人目标与团队目标深度结合，在实践历练中培养经营思维，广泛聚集智慧与力量，实现团队与个人的共同成长。在建党精神的指引下，环保所青年员工紧盯重点任务攻坚，破解企业绿色发展难题，独立牵头国家专项课题研究工作，在高水平科研课题攻关过程中，不惧挑战、坚守初心，为难降解废水处理、含油污泥资源化技术攻关研究作出了突出贡献。

### （二）弘扬石油精神，历练担当奉献英才

"强国腾飞路，不朽石油魂。"石油精神是攻坚克难、夺取胜利的宝贵财富，什么时候都不能丢。作为环保科研人员，新时代的石油精神，就是立足岗位担当奉献，就是技术攻关加快创新。环保所在"石油精神"与单位实际、工作岗位结合上下功夫，对标学习石油先进代表，让石油精神形象化、具体化，引导青年员工履职尽责创先进、立足岗位争

优秀，为环保所高质量发展贡献智慧和力量。

环保所以共产党员为先锋队，青年员工为主力军，积极创建"共产党员示范工程"和"共产党员示范岗"。要求每一次现场调研都要有明确主题，每一份调研报告都要有问题剖析，每一次会议交流都要有收获分享，把科研论文写到中试现场上，石油精神和铁人精神渐渐地在石油青年心中落地开花。经过从实验室到试验现场的不断"洗礼"，年轻的博士们迅速成长为精通企业需求、擅长现场管理、掌握研究规律的业务骨干。环保所"后浪们"先后在长庆油田、兰州石化等10余个上下游企业中试现场开展试验工作，两年时间交出了新增6项省部级成果奖的优秀"成绩单"，用实际行动诠释了新时代的"石油精神"。

（三）弘扬科学家精神，锤炼专注守拙人才

"春蚕到死丝方尽，蜡炬成灰泪始干。"新中国成立以来，广大科技工作者在祖国大地上树立起一座座科技创新的丰碑，也铸就了独特的精神气质——科学家精神，在第二个"赶考之路"上，勇攀高峰、敢为人先、甘为人梯、奖掖后学的科学家精神至关重要。青年对创新工作的敏感性和思路的开阔性，与成熟科研工作者丰富的实践经验相结合，能发挥相辅相成的作用。

环保所积极组织所内的专家、模范开展岗位讲述，结合工作经历阐释新时代赋予科研人员的创新重任，勉励青年科技工作者要静心笃志、心无旁骛、力戒浮躁，甘坐"冷板凳"，用"十年磨一剑"的精神去攻克科研路上的难关。动员新入职员工积极参加"青年岗位创新大赛"，鼓励他们不畏挫折、敢于试错，在拓展创新思维、丰富创新手段上下功夫，在解决受制于人的重大瓶颈问题上强化担当作为，努力实现更多"从0到1"的突破。依托国家重点实验室高水平平台，环保所先后与多个国内著名院士团队建立合作。清华大学、北京大学、中科院的学术"大咖"们成了实验室的常客，环保所技术骨干参加高校研究团队学术研讨与交流也形成了常态，多名青年员工赴第十一届国际石油技术大会（IPTC）、联合国气候大会（COP26）系列边会等高水平会议开展成果宣讲，集中展示了环保所青年科研人员的良好风貌。

（四）弘扬工匠精神，培育专业精益人才

"竭思惮虑问题寻，创新路上匠人神。"科技创新离不开新时代的"工匠精神"，在科技创新强调"短、平、快"的今天，更需要一种坚定的态度，一份踏实的干劲，一股创新的激情，这正是新时代赋予"工匠精神"的内涵。"工匠精神"的内涵除了精益求精、追求极致和卓越之外，还具有协作和配合的内在要求。

科技成果的转化应用是环保所"十四五"期间重要的目标之一，这离不开产学研合作一体化科技创新机制的完善，为了破解专业构成单一、设计人才短缺的难题，与渤海装备辽河热采公司党支部开展"联学联建"活动，开创了科研单位和装备制造单位间以党建工作引领业务合作、以业务促进党建发展的新模式。利用"联学联建"活动的机会，更多缺少工程设计经验的青年科研人员能够深入装置设计、加工和工程一线，了解研究成果实体化、工程化的实际情况，针对性优化研究思路；设计人员可以及时反馈工程现场的需求变化，依托研究院技术优势加快装置升级改造步伐，以党建工作为"纽带"，促进生产业务深度融合。在"产研结合、良性互动"的团队带动下，青年科研人员在集成工艺弹性设计、仪器仪表优化选型等方面有了长足进步，"懂科研、精设计、会管理"的复合型人才培养模式逐步形成。

### 三、成效启示

党建工作水平跃上新台阶。"十三五"期间，环保所获集团公司党组先进基层党组织、集团公司直属机关青年文明号、集团公司先进基层党支部、环保所工会获集团公司工人先锋号等荣誉称号，连续四年被评为研究院先进单位，"中国石油低碳发展'三链'融合管理创新与实践"获2021年度石油石化企业管理现代化创新优秀成果一等奖，"科技创新团队建设在科研单位运行机制创新中的实践"课题获集团公司管理创新三等奖。支部书记党史学习教育专题党课被评为集团公司基层优秀党课三等奖。

**人才培养跃上新台阶。**环保所员工先后获得生态环境部应对气候变化领军人才、中国石油首届"感动石油人物"、孙越崎科技青年奖、集团公司杰出创业英才、中国石油科技英才等各级人才称号和奖励20余人次。2名员工晋升正高级职称，16名青年员工晋升副高级职称，45名员工中共有企业技术专家4人，一级工程师6人，二级工程师14人，结构合理的人才梯队逐步形成。

**科技成果跃上新台阶。**"十三五"期间环保所共主持及承担各类科研项目35项，其中国家级9项、集团级25项，良好的环保科研工作态势逐步形成。"十三五"期间共申报专利185项、发表学术论文107篇，获省部级科技进步奖22项，其中牵头获得集团公司、石化联合会、环保产业学会等科技进步一等奖5项。"含油固废热处理"等13项工业化应用前景良好的技术实现突破，高水平环保技术研发平台逐步形成，进一步巩固和提升了在行业环保科技创新的主力军地位。

"志不求易者成，事不避难者进"，安全环保技术研究所党支部将继续坚决贯彻党中央和集团公司党组决策部署，不断探索适应新形势下的人才培养模式和科技创新方式，推动基层党组织建设、思想政治建设与环保科技创新深度融合，全面推进绿色企业创建支撑技术、零碳生产引领技术和清洁能源保障技术体系构建，为国有企业实现绿色低碳转型发展提供有力的科技支撑。

（执笔人：李兴春　张晓飞　侯春雨　杜显元）